COLECCIÓN DIVERSIDAD SIN VIOLENCIA

Diálogos desde la subalternidad, la resistencia y la resiliencia

Cultura obrera en las maquiladoras de Ciudad Juárez

Sergio Guadalupe Sánchez Díaz

Casa abierta al tiempo
Iztapalapa
Ediciones Eón
Chicano Studies
The University of Texas at El Paso
CONACYT 40 años
CIESAS

Casa abierta al tiempo Iztapalapa

CONACYT 40 AÑOS

Primera edición: abril de 2011

ISBN UAM-I: 978-607-477-610-2
ISBN EÓN: 978-607-9124-18-2

Diseño de la portada: Aura B. Ávila Ravelo
Foto de la portada: Arturo Lara "Flama"

Impreso y hecho en México
Printed and made in Mexico

ÍNDICE

INTRODUCCIÓN

El problema de investigación o la clase obrera maquiladora en medio de la crisis

En esta investigación estudiamos a la cultura obrera en Ciudad Juárez. Para ello, indagamos dimensiones como la vida cotidiana, la migración, la vida extra fabril –en esta ciudad que hoy es la más peligrosa de México y del mundo–, hasta abordar la cultura en el trabajo en las maquiladoras de exportación. Es decir, abordamos diversas dimensiones en las que transcurre el diario bregar de este sector de la clase obrera.

Sostenemos que la cultura obrera (como toda cultura o subcultura) se encuentra en la subjetividad de aquellos que conforman esa clase obrera, de aquellos que viven de la venta de su fuerza de trabajo; en sus normas y prácticas; en sus representaciones o percepciones sociales; en sus acciones, a veces individuales, a veces colectivas; en fin, en los procesos de creación de sentido de estos sujetos, a partir de determinadas condiciones concretas de vida y de trabajo.

Esa subjetividad, que de alguna manera define el accionar de esta clase, tiene una dimensión simbólica. En ella se reproduce a la sociedad dominante, sus valores, sus puntos de vista, al tiempo que puede contener significados que son una creación propia de esa clase obrera.[1]

[1] Más adelante, en la presente Introducción, volveremos sobre estas cuestiones, centrales en nuestra investigación.

A esta "nueva clase obrera", tal y como la denominó la ciencia del trabajo en México hace algunos años (concepto que hoy debemos repensar, pues, como aclaramos más adelante, el "nuevo proletariado del norte" está conformado por quienes se han empleado en las organizaciones criminales), la estudiamos en un contexto urbano específico: Ciudad Juárez, la principal ciudad maquiladora de México, ubicada en el estado de Chihuahua, en el noroeste de nuestro país, justo en la frontera con el estado de Texas y Nuevo México, estos últimos en los Estados Unidos de Norteamérica, dentro de la región conocida desde antaño como El Paso del Norte.

Cuando iniciamos esta investigación, hacia el año de 2005, encontramos que Ciudad Juárez y el municipio en el que se asienta tenían un millón 218 mil 817 habitantes, de un total de 3 millones 52 mil 907 habitantes con los que entonces contaba todo el estado de Chihuahua, por cierto, el más extenso de México en términos geográficos. Es decir, Ciudad Juárez era la "gran urbe" de ese estado (INEGI y gobierno del estado de Chihuahua, 2003: 54-55).

Siendo la "gran ciudad" de ese estado, Ciudad Juárez fue considerada por mucho tiempo como un lugar abierto a la migración, con oportunidades para todos: oportunidad de empleo, oportunidad para explorar el paso definitivo hacia los Estados Unidos de Norteamérica. Por eso, la ciudad fue un polo de referencia para el desplazamiento de la fuerza de trabajo del resto del país a lo largo del siglo XX.

Veamos datos al respecto. Según los censos del año 2003, 106,922 habitantes del lugar tenían su residencia en otra entidad del país, y podían considerarse migrantes con raíces en otras entidades; mientras que 862,890 eran originarios del municipio de Ciudad Juárez.[2]

[2] Para este tipo de datos, los censos toman en cuenta a la población de "cinco años o más"; por eso se indican 862,890 originarios de Ciudad Juárez. Véase INEGI y gobierno del estado de Chihuahua, 2003, pp. 90 y 91.

Si atendemos a los lugares de nacimiento de los habitantes de la ciudad (tanto de hombres como de mujeres), los principales eran, según el censo del 2003, los siguientes estados: Durango, Coahuila, Zacatecas, Veracruz y el Distrito Federal.[3]

Nos encontramos así con una dimensión muy importante de la vida y la cultura de la urbe: este es un lugar en el que los migrantes buscaban medios para sobrevivir. En esta ciudad, los migrantes podían encontrar una empresa, casi siempre una maquiladora de exportación, en la cual vender su fuerza de trabajo y recibir un salario. Orientación que sin duda puede extenderse a los originarios del lugar: la búsqueda de la sobrevivencia.

Los censos ilustran muy bien esta orientación de los llegados a Ciudad Juárez. La principal "causa de migración" para el total de los pobladores con más de cinco años de edad era la "búsqueda de trabajo" (35.47% del total de posibles causas de migración), siendo este porcentaje mucho mayor en el caso de los hombres (41.67% del total de posibles causas de migración) con respecto al de las mujeres.[4]

Esa migración, como señalamos, provenía principalmente de estados del norte del país, como Durango (30%), Coahuila (19.6%) y Zacatecas (11%). Sólo a fines del siglo pasado se registró una significativa migración que fluyó desde el sur del país, particularmente del estado de Veracruz (la cual llegó a ser el 11.6% del conjunto de migrantes).[5]

Es una tarea pendiente determinar la magnitud de la migración en el lugar; por ejemplo, existen probablemente miles de habitantes del lugar que ya no tienen su residencia en otra entidad y, sin embargo, son migrantes, pues no cuentan ya con ningún lazo que los una con su lugar de origen. Este sector no aparece reflejado en los datos de los censos, y por ello pueden ser muchos más los migrantes en Ciudad Juárez. Véase INEGI y gobierno del estado de Chihuahua, 2003, pp. 90-92.

[3] Tomado de INEGI y gobierno del estado de Chihuahua, 2003, p. 87.

[4] *Op. cit.*, p. 92.

[5] Tomado de INEGI, *Cuaderno estadístico municipal Ciudad Juárez, Chihuahua*. Edición 2004; INEGI y gobierno del estado de Chihuahua, 2003, p. 87.

Además de los procesos de migración hacia Ciudad Juárez (presentes a lo largo del siglo XX, y que se acentúan en la octava década del siglo pasado como resultado de la "globalización"), nosotros estudiamos a esta clase obrera en otra dimensión de ese mismo proceso de "globalización": su incorporación a las empresas conocidas como "maquiladoras de exportación". En esta ciudad, hacia mediados de la primera década del siglo XXI, predominaban las maquiladoras de capital norteamericano; le seguían, en orden de importancia, las mexicanas, y después las asiáticas (japonesas y taiwanesas).[6]

Conviene advertir al lector que nuestro estudio se centró en las empresas norteamericanas, sin que pudiéramos recuperar toda la complejidad del sector desde el punto de vista del origen del capital de dichas empresas, lo cual dejamos para futuras investigaciones.[7]

Mucho se ha escrito sobre este sector en México, el cual surge en los años sesenta del siglo pasado. No haremos aquí un recuento de toda la literatura que ha abordado el origen y desarrollo de la "industria maquiladora de exportación"; tampoco haremos aquí el recuento de la historia del sector –común en muchas investigaciones sobre este tipo de empresas–.

[6] La investigadora María Eugenia de la O reportaba en Ciudad Juárez, hacia mediados de la primera década del siglo, 429 maquiladoras. De ellas, 271 eran de capital norteamericano, 93 eran mexicanas, 25 japonesas y 3 taiwanesas. El resto eran europeas e, incluso, había una australiana (De la O, 2006: 139). En la ciudad el sector experimentaría, a lo largo de la primera década del siglo, una crisis importante, a la que nos referiremos más adelante.

[7] En efecto, estudiar el trabajo en las maquiladoras asiáticas tal vez iluminaría condiciones de trabajo aún más precarias que las que nosotros encontramos en las maquiladoras de origen estadounidense, así como una organización del trabajo más "cuartelaria", con una organización del trabajo basada en exigencias e incluso abusos por parte del capital.

En efecto, gran parte de esa literatura se ha dedicado a la definición de las "maquiladoras de exportación", a la descripción de sus rasgos más generales, y a la exposición de cómo se han instalado y evolucionado en diversas ciudades y regiones del país.[8]

En medio de tantas definiciones, nos parece que la de Jorge Carrillo (1994) sigue siendo válida, en lo general, para caracterizar al sector. Veamos cómo definía este autor a las maquiladoras de exportación:

> a) [Que] Sean filiales de empresas extranjeras, plantas contratadas o empresas independientes, ya sean de capital nacional o extranjero;
> b) [Que] se dediquen al ensamble o fabricación de componentes y/o procesamiento de materias primas, ya sean de productos intermedios o finales;
> c) [Que] una parte importante de las materias primas o componentes que utilicen, sean importados de Estados Unidos, y una vez terminado el proceso de maquila, los productos sean enviados a ese país, y
> d) [Que] tengan jornadas intensivas de trabajo (Carrillo, 1994: 31).

Pensamos que en su generalidad, esta definición sigue siendo válida para caracterizar al sector al que aquí nos referimos, aunque, desde luego, precisiones diversas pueden hacerse a dicha definición, entre otras, que las jornadas de trabajo en el sector no sólo son "intensivas", sino "extensivas", pues al estudiarse esas jornadas puede verse la recurrencia de los obreros a las llamadas "horas extras", las cuales se llevan a cabo fuera de los límites establecidos por la Ley Federal del Trabajo (sólo 9 horas extras por semana), sumando jornadas de hasta 14 o 15 horas diarias.

Igualmente, al paso de los años se han desarrollado investigaciones que continúan explorando el sector, sus cambios y su

[8] Véase Quintero, 1990 y 1992; De la O, 1994; Carrillo, 1994; Middlebrook y Zepeda, 2006; Solís, 2009.

desarrollo, mismas que han extendido sus indagaciones a otras regiones del país donde se han establecido dichas empresas.

De esa manera conocemos ahora bastante el desenvolvimiento del sector maquilador. Sabemos de su extensión a otras regiones del país, de su complejidad, en algunos casos del creciente reclutamiento de fuerza de trabajo masculina –el cual, por cierto, ha sido y es notable en Ciudad Juárez–, su rechazo a aceptar la sindicalización de la fuerza de trabajo, así sean estos sindicatos prácticamente inexistentes en las empresas (con algunos casos excepcionales, como Reynosa y Matamoros), y desde luego sabemos de sus crisis recurrentes, resultado, entre otros motivos, de la gran movilidad del capital en estas épocas, capital que, como siempre, busca ávidamente fuerza de trabajo barata para explotarla.[9]

Conviene advertir que esas crisis se tradujeron, ya en el siglo XXI, en un estancamiento del sector en general, con algunos signos de recuperación en algunas ciudades maquiladoras. Así, en las estadísticas con las que disponemos, hasta el año 2006-2007 puede verse claramente dicha situación.[10]

Por ejemplo, a nivel nacional, el número de establecimientos maquiladores hasta 2006 era de 2,819, muy similar al de casi una década atrás, y bastante menor al año de mayor registro de establecimientos maquiladores, el año 2001, cuando se registraron 3,630 en todo el país.[11]

[9] Estudios sobre el sector en años recientes, véase De la O y Quintero, 2001; Middlebrook y Zepeda, 2006.

[10] Véase el Anexo I, "Algunos datos sobre las maquiladoras en Ciudad Juárez". Conviene señalar que, por el decreto "IMMEX" de noviembre del 2006, las dependencias oficiales dejaron de ofrecer información sobre el sector, tal vez por un "esfuerzo de transparencia" del gobierno federal para así ocultar un fracaso más en sus programas de desarrollo.

[11] Tomado de Referencias Estadísticas del Consejo Nacional de la Industria Maquiladora de Exportación, consultas electrónicas varias. Ver el apartado "Referencias electrónicas", al final de este escrito.

La situación en Ciudad Juárez a lo largo de la primera década del siglo XXI también fue de crisis del sector. Siendo la ciudad con mayor producción de autopartes por parte de la industria maquiladora, y habiendo alcanzado su mayor auge en el año 2000 con casi 250 mil empleados en el sector, a lo largo de esa primera década se observó una caída importante del empleo en este sector. Así, hacia el año 2003 la ocupación cayó a su nivel más bajo en muchos años: 194,642 era la cantidad de personal ocupado en estas empresas ese año, en 271 empresas. Es decir, en ese momento se habían perdido cerca de 60,000 puestos de trabajo –cifra que ha variado en la década, pero que, todo indica, se mantiene hacia la baja–. Véase el Anexo I.

Hacia el año 2006, el sector parecía haber experimentado cierta recuperación, al menos en términos del personal ocupado. En efecto, las estadísticas de ese año (oficiales y actualizadas con las que disponemos) reportaban 239,166 ocupados en 284 empresas. Es decir, se mantenía el mismo número de empresas reportado tres años antes, pero había unos 40 mil puestos de trabajo más que en 2003, sin que se alcanzaran los 250 mil empleos de la mejor época del sector.[12]

De una u otra manera, ese contexto de crisis de la "industria maquiladora de exportación" permeó claramente la percepción de las obreras y obreros que entrevistamos, junto al problema de la violencia en la ciudad, que en esta Introducción mencionaremos más adelante.

[12] Véase el Anexo I de esta investigación, para mayor información. No contamos con información clara sobre la situación del sector hacia fines de la década. Fuentes hemerográficas reportaban la pérdida de miles de empleos hacia esos años, como veremos en esta misma Introducción, por lo que resulta muy difícil contar con una estadística precisa sobre la situación del sector en Ciudad Juárez. Todo indica, sin embargo, que se encuentra en una gran crisis, como no se había registrado en décadas.

Ahora bien, en términos de la organización del trabajo en las maquiladoras de exportación, sabemos desde hace mucho que en ellas predomina una nueva regulación laboral, en muchos aspectos al margen de la Ley Federal del Trabajo, en la que impera la flexibilización del trabajo (en puestos, turnos y empleo), y que en muchas de estas empresas el despido de obreras y obreros ha sido una constante en años recientes. Es la "industrialización" que Enrique de la Garza definió acertadamente como "toyotismo precario" (De la Garza, 2005).

Es claro que muchos matices podrían aplicarse a la caracterización anterior, y que existen diversos debates teóricos sobre el perfil de la organización del trabajo que el capital ha ensayado para salir de sus crisis desde hace ya algunas décadas. En esta investigación no entraremos en esos debates. Para nosotros, lo dicho en el párrafo anterior sirve para pensar la información que exponemos en esta obra.

Es decir, claramente estamos ante un escenario con un control renovado por parte del capital, en su mayoría capital "norteamericano" en esta ciudad, que se las ha ingeniado (como el capitalismo a nivel mundial) para establecer una "nueva" filosofía del trabajo, basada en la productividad incesante, en la mejora continua, en simular formas consensuadas de producción entre el capital y el trabajo, en el reclutamiento de fuerza de trabajo joven, en una agresiva actitud antisindicalista, en una incesante movilidad geográfica, entre otros elementos, con el fin de lograr su reproducción, al tiempo que intenta superar sus recurrentes crisis.[13]

Ahora nos referiremos brevemente al contexto regional en el que estudiamos a la cultura de las y los obreros empleados en

[13] Una investigación reciente sobre el sector es de consulta obligada, por ofrecer una visión muy completa del mismo: Bendesky *et al.*, 2003.

la "industria maquiladora de exportación" en Ciudad Juárez. Es que para comprender cabalmente una cultura obrera es menester observar las peculiaridades regionales de esta "industria", tal y como lo han apuntado correctamente otros investigadores (De la O, 2006; Várguez, 2009, Solís, 2009).

Así, en Ciudad Juárez vemos un contexto característico de otras regiones del norte del país (y, desafortunadamente, ya no sólo característico de esa zona de la República), que explican por qué esta urbe puede verse como una especie de "patio trasero" de los Estados Unidos de Norteamérica.[14] Ciudad Juárez es el lugar donde se desechan las personas –los deportados a México desde Estados Unidos de Norteamérica, por ejemplo– y mercancías diversas. Por décadas fue el lugar de la diversión y los excesos para los habitantes de esa región, entre ellos los "americanos". Fue el lugar de los servicios baratos para los "norteamericanos"–se pagan o pagaban en pesos mexicanos–, en donde se accede o accedía al alcohol, a las armas y al sexo-servicio; es aquí donde continúan llegando las drogas del sur en su tránsito al gran mercado de las sustancias tóxicas: los Estados Unidos de Norteamérica.[15]

En Ciudad Juárez, algunos sectores de la sociedad, hasta hace pocos años, sostenían que esa mala imagen de la ciudad no se apegaba a la realidad del lugar, que esa era una visión de "los fuereños" que sólo denigraba a Ciudad Juárez, ciudad siempre "abierta" a los migrantes, ciudad "generosa" para aquellos que buscaban empleo e iniciar una nueva vida.

[14] Aunque tal vez sería más exacto decir que EU es uno de los "Estados Unidos de Norteamérica", México sería otro "Estados Unidos de Norteamérica". Tampoco debería autonombrarse "Estados Unidos de América", pues no es el único país con tal carácter.

[15] Esta imagen de Ciudad Juárez ha sido desarrollada en diversas obras académicas, así como en filmes recientes. Véase el de Carlos Carrera (México, 2009), titulado adecuadamente *Traspatio* (*Backyard*, en inglés).

Por el contrario, nosotros pensamos que esa imagen era y es la que le corresponde a esta urbe fronteriza, a la que hoy se suman alarmantes índices de violencia y criminalidad presentes no sólo en la ciudad, sino en todo el estado de Chihuahua, y que hacen de esta región una de las más peligrosas de México y del mundo, situación que originó la ocupación de Ciudad Juárez por parte del ejército mexicano a partir del año 2008, por orden del presidente Felipe Calderón –sin que ello quiera decir que nosotros creamos que esa medida solucionaría de fondo problemas sociales y económicos acumulados por décadas, que explican en gran medida la situación actual de la ciudad–.

En efecto, hoy pueden observarse claros elementos de un capitalismo depredador; con una cultura de la ilegalidad; con un sistema político incapaz e impotente ante la situación actual y tal vez cómplice, algunas áreas de ese sistema político, de organizaciones criminales que desde hace décadas imperan en la urbe, tales como el poderoso Cártel de Juárez, el cual en la actualidad aparentemente se mantiene en pugna con el Cártel de Sinaloa por el control de la ciudad (2008-2010).[16]

Todo ello en medio de un estancamiento de las maquiladoras de exportación, las cuales habían ofrecido empleo (precario, pero trabajo al fin) a cerca de 250,000 personas, en los momentos de mayor auge del sector maquilador en la ciudad, como ya hemos mencionado.

Cultura y cultura obrera

Una vez expuesto nuestro objetivo de investigación, pasamos a la definición de los conceptos centrales que nos guían. En efecto,

[16] Es imposible, en esta Introducción, abordar todas las complejas dimensiones que intervienen en la condición obrera de Ciudad Juárez. Sobre el Cártel de Juárez, véase Cruz, 2008.

nuestro concepto central es el de *cultura*, concepto que, como sabemos, tiene muchas definiciones. En medio de tantas definiciones, nosotros nos apoyamos en la elaborada por Gilberto Giménez, definición ya clásica que ha sido retomada por diversos investigadores de la cultura obrera, entre ellos el antropólogo Raúl Nieto (1998):

> [...] se puede concluir que la cultura, considerada como hecho simbólico, se define como una configuración específica de reglas, normas y significados sociales constitutivos de identidades y alteridades, objetivados en formas de instituciones y de *habitus*, conservados y reconstruidos a través del tiempo en forma de memoria colectiva, actualizados en forma de prácticas simbólicas puntuales, y dinamizados por la estructura de clases y las relaciones de poder, y actualizados en forma de prácticas simbólicas puntuales (Giménez, 2005: 132).

Recuperamos esta definición, al tiempo que la desarrollamos, así sea modestamente. Es decir, para nosotros la cultura comprende, además de las reglas y normas que constituyen identidades y alteridades de las que habla Giménez, las condiciones materiales-objetivas (económicas, sociales y políticas) en las que se desenvuelve cotidianamente un sector de la sociedad, la clase obrera en este caso; condiciones caracterizadas por las precarias situaciones de trabajo, los bajos salarios y la pobreza, por empresas (las maquiladoras de exportación) en las que el capital impone sus condiciones, incluso al margen de la Ley Federal del Trabajo.

La objetivación de esas reglas y normas en instituciones y *habitus* nos remite a las formas en que éstas se conservan en la memoria colectiva de sectores de la sociedad, es decir, al estudio de las dimensiones simbólico-culturales: experiencias, sentimientos, emociones y acciones de diverso tipo, entre ellas, las de resistencia ante la dominación y el poder; dimensiones en las que observamos la subjetividad de los actores sociales, en este caso, la subjetividad de aquellos quienes trabajan en el sector que aquí nos ocupa: las maquiladoras de exportación.

Es una subjetividad marcada por la convivencia entre los "originarios" y migrantes, dentro y fuera de los espacios de trabajo, convivencia ambivalente porque puede ser armoniosa, pero que también propicia el conflicto entre "originarios" y "fuereños"; subjetividad marcada hoy por el miedo cotidiano ante la violencia presente en todos los espacios de la vida; por la subordinación obrera en los espacios de trabajo; por el control patriarcal de las obreras por parte de quienes organizan y dominan el proceso de trabajo en las maquiladoras –supervisores, gerentes, hombres, aunque, desde luego, hay mujeres que tienen esos puestos y ejercen esta dominación de una manera patriarcal–; y hasta por la resistencia para sobrevivir en un mundo con pocas y precarias opciones de empleo, e incluso enfrentar el férreo control del capital en estas empresas.

En este último sentido, como parte de la cultura en este lugar, resulta ineludible referirnos a las relaciones de género, caracterizadas en nuestras sociedades por la dominación masculina –aunque, al respecto, reconocemos los cambios vividos en este aspecto en el siglo pasado, en el cual las mujeres lograron cambios importantes, aunque no suficientes–.

El análisis de dichas dimensiones nos permitirá mostrar los rasgos específicos de la cultura de la clase obrera, así como su heterogeneidad, tanto en el trabajo como en la ciudad, así como los elementos de homogeneidad que la constituyen como grupo: las condiciones de trabajo, la situación de la ciudad y la búsqueda de medios para vivir y reproducirse.

Los recursos para satisfacer esos medios de vida –el salario que permite la reproducción de la fuerza de trabajo– no son plenamente accesibles (en cantidad y calidad) a estos obreros, hombres y mujeres de las maquiladoras, lo que produce una situación de precariedad en estos sujetos.

Insistimos: esta clase obrera labora en procesos de producción globales, y enfrenta problemáticas comunes, configurando subjetividades que constituyen al sujeto como clase social y desde el género. Ambos, la clase social y el género, nos remiten a la condición que creemos común a estos sujetos: la *subalternidad*, la cual, siguiendo a Antonio Gramsci, es un fenómeno complejo, pues es un concepto que remite a la situación de dominación que viven las clases obreras y todas las clases dominadas por parte del sistema capitalista en las formaciones histórico-sociales que hoy denominamos "países", y, desde luego, remite a la idea de *hegemonía* de las clases dominantes, las cuales son capaces de imponer proyectos culturales a los subalternos por medio del trabajo, de la familia, la escuela, los medios de comunicación; dominación que hoy puede verse como un triunfo cultural del capital ante el derrumbe de la opción socialista hacia fines del siglo XX, triunfo sin duda frágil ante la incapacidad del capitalismo de brindar una vida digna a amplios sectores de la humanidad.

Pero la *subalternidad* también remite a los elementos de resistencia de las clases populares, las cuales se llevaban a cabo al momento en que "los subalternos" (es decir, los dominados) pueden ser capaces de reelaborar los mensajes ideológicos de las clases dominantes, transformarlos, y traducirlos en acciones dirigidas al cambio, proceso que Gramsci denominó *folclore*.[17]

No podemos soslayar esta condición de *subalternidad* de la cultura obrera en el capitalismo contemporáneo. Reconocemos la condición de explotación y subordinación históricas de las clases obreras al sistema capitalista y sus clases dominantes, condición

[17] Una reflexión sobre los conceptos de *hegemonía/subalternidad* y otros más elaborados por Antonio Gramsci, en el trabajo clásico de Cirese, 1979.

de *subalternidad* que hoy, bajo el neoliberalismo, se ha acentuado, luego de las transformaciones de los procesos de trabajo y de un periodo de regresión de las conquistas que de una u otra manera habían alcanzado diversas clases obreras a lo largo del siglo XX, entre ellas, importantes sectores de la clase obrera en México; *subalternidad* que no es ajena a algunos elementos de resistencia y de toma de conciencia de la situación que viven los sujetos obreros.

En este contexto, adquiere relevancia el tema de la *subalternidad obrera* en sus dimensiones de clase y género, en un ambiente donde conviven grupos originarios de la ciudad que investigamos: Ciudad Juárez, así como personas provenientes de la ciudad de El Paso, y de otras poblaciones de los estados de Texas y Nuevo México, así como grupos de otras regiones del país y de otros países, lo que le imprime a esta clase una determinada especificidad cultural.

La *experiencia* de este sector obrero implica su incorporación a la modernidad, al insertarse en empresas capitalistas "modernas", cuestión que involucra, por un lado, su subordinación al sistema fabril maquilador, pero también el desarrollo de elementos de resistencia a ese sistema de dominación, resistencia sutil y muchas veces oculta, así como una visión de futuro, así sea parcial, tal vez sólo limitada a aspiraciones concretas, individuales la mayor parte de las veces.[18]

Pasamos ahora a definir otro concepto central en esta investigación: el de cultura obrera. El desarrollo de nuestra comprensión

[18] El concepto de *experiencia* se lo debemos al historiador inglés E. P. Thompson. Recordemos que, además de la idea de *experiencia de clase* (a partir de que los obreros ingleses habían sido capaces de generar esa cultura desde los inicios de su formación), sostenía que la cultura obrera se había formado también por las influencias culturales de las clases dominantes. Es decir, el *condicionamiento de la clase obrera* por parte de quienes la dominaban era un hecho indudable, idea que nos resultó útil en esta investigación. Véase Thompson, 1977, pp. 7-14.

sobre esta cultura obrera ha sido largo y complejo. No entraremos en detalles, sólo apuntamos aquí que muchos investigadores aportaron al respecto ideas y conceptos diversos. Como sabemos, en los orígenes de estos estudios en México, Victoria Novelo y Juan Luis Sariego plantearon que las condiciones materiales, así como la determinación "objetiva" del espacio fabril, eran centrales en la construcción de la cultura obrera y sus posibles formas de identidad (Novelo, 1986; Sariego, 1997).

Muchos debates hubo al respecto, en los cuales no ahondamos por falta de espacio. El hecho es que se dejó de hablar de cultura obrera, y en la literatura científica al respecto apareció el concepto de cultura laboral. Luego se introdujo la idea de subjetividad para comprender la cultura obrera. Veamos la definición que al respecto desarrolló Rocío Guadarrama:

> [...] la cultura laboral es el complejo proceso de formación de las identidades obreras conformado por las múltiples y zigzagueantes trayectorias biográfico-laborales, por las redes sociales que entrecruzan el espacio de trabajo y los espacios sociales más amplios, por la acumulación y sedimentación de valores y estrategias que guían la acción espontánea y organizada, por el conflicto entre las culturas corporativas y las subculturas ocupacionales, de género, étnicas, etcétera (Guadarrama, 1995: 22).

Esta conceptualización de la cultura laboral abarcó las estructuras sociales y las subjetividades, incluyendo las biografías obreras, pues se decía que en éstas se encontraban los elementos de las estructuras sociales, es decir, todo aquello que los sujetos portaban consciente o inconscientemente: su cultura.

Ya entrado el siglo XXI, este tipo de reflexiones sobre la cultura obrera se enriquecieron con las elaboraciones del antropólogo mexicano Raúl Nieto. Al tiempo que él recuperaba la idea de la heterogeneidad de la cultura obrera, indicaba con certeza que ella no podía verse al margen de otras culturas (populares, regionales y nacionales), al tiempo que consideraba que ella era una cultura peculiar, pues se negaba a sí misma, es decir, se negaba a manifestarse como una cultura distinta; no aparecía como una clase opuesta a la cultura hegemónica a partir de sus elaboraciones, así hayan sido escasas, como era el caso de la clase obrera en México en el siglo XX.

Así reflexionaba Nieto esta cuestión:

> [...] la cultura en una sociedad industrial y dividida en clases no es algo estático o inamovible, sino que, en la medida en que se reproduce la contradicción explotados/explotadores (hegemonía/subalternidad, si se quiere), la cultura se transforma y escinde en polaridades clasistas... por lo que legítimamente podemos hablar de una cultura obrera que... coexiste con otras formas de cultura popular, y por tanto podemos afirmar que *no existe una única cultura obrera* que represente una especie de ontología de la clase; en todo caso, estamos ante una gran evidencia etnográfica que demuestra la gran heterogeneidad y complejidad de las *culturas obreras* (o subculturas de clase, si se quiere) que existen en México, y que forman parte de complejos culturales de dimensión regional o nacional más amplios, donde se hace evidente la dialéctica que generan los distintos tipos de vida obrera y la paradoja de intentar aprehender formas de vida que se niegan a sí mismas, y a ser reconocidas como específicas (Nieto, 2005: 108-109).[19]

Esta fue una contribución importante para la comprensión de lo que llamamos "la cultura obrera en México". Nieto indicó el dinamismo que vive la cultura en general en una sociedad industrial, y la cultura obrera en particular. Pero esta no es una cultura pura; no se encuentra aislada de otras expresiones culturales, producto de

[19] Cursivas en el original.

la división de clases en las sociedades actuales, sino que aparece al lado de otras expresiones culturales. Hay entonces una relación (dialéctica si se quiere) entre las clases sociales. Lo notable para nuestro estudio es la idea de que la clase obrera en México se niega a ser tal; sus elementos prefieren que sus miembros (sobre todo los jóvenes) dejen de ser obreros, y por lo mismo parece querer ignorar sus propias elaboraciones culturales.

Hasta aquí algunos aspectos de este debate. A lo largo de esta investigación iremos presentando nuestra percepción acerca de la cultura obrera. Pasamos ahora al escenario que estudiamos: la cultura obrera generada en torno a las maquiladoras de exportación en el escenario señalado.[20]

Cultura obrera en las maquiladoras de exportación

Sobre este sector de la clase obrera se ha escrito mucho desde hace años. Por el sociólogo Enrique de la Garza sabemos que nos estamos refiriendo a un sujeto obrero "nacido flexible". Son obreras y obreros que no conocieron el Estado pos-revolucionario, el cual brindó protección a la clase obrera mexicana y con la cual incluso sostuvo una alianza política por décadas. La clase obrera de las maquiladoras de exportación no conoció las políticas nacionalistas y populares de los primeros gobiernos pos-revolucionarios,

[20] Por falta de espacio, no detallaremos aquí las transformaciones de la clase obrera en México a partir de las políticas neoliberales de los años 80 del siglo pasado. Sólo diremos que ellas están marcadas por el retroceso en las condiciones de vida y de trabajo, por la flexibilidad del trabajo en las empresas y por un desánimo generalizado que, en algunos casos, ha dado lugar a respuestas aisladas de la clase obrera. El desánimo parece cundir en esta clase, aunque también hay algunos sectores caracterizados por la rebeldía y la protesta (como algunos sectores del magisterio nacional, agrupados en la Coordinadora Nacional de Trabajadores de la Educación, la CNTE). Para la cultura obrera del periodo corporativo, véase el trabajo clásico de Enrique de la Garza, 1991, pp. 235-268.

por lo que se ha enfrentado a un régimen laboral flexible, con intensos ritmos de trabajo, y en general sin conocer, o incluso sin siquiera pretender, conformar sindicatos.

Las empresas que conforman "la industria maquiladora de exportación" configuran un amplio abanico de ramas industriales; no es sólo una rama industrial, sino un conjunto de ellas bajo un mismo régimen fiscal. El panorama laboral era y es muy claro: amplia flexibilidad en el puesto de trabajo, en turnos, en salario, y en el empleo; antisindicalismo empresarial; "regresión" en los derechos laborales en esta "nueva clase obrera", en relación a los que había adquirido la clase obrera en el largo periodo del corporativismo, durante la alianza de la clase obrera sindicalizada con el Estado posrevolucionario priísta.

Era y es un sujeto joven, un sector de él, migrante, que ve el trabajo en las maquiladoras como una alternativa para acceder a un salario y a las llamadas "prestaciones sociales", como las que otorga el Instituto Mexicano del Seguro Social (IMSS) para los obreros empleados en la industria. Es un sujeto sumamente pragmático; no se opone realmente a los despidos (comunes y muy amplios), "rota" intensamente –es decir, cambia de empresa con mucha facilidad–, cuenta con escasa o nula experiencia de lucha, y no cuenta con las experiencias que fueron comunes a otros movimientos obreros, como los sindicatos y las huelgas.[21]

[21] La caracterización de los rasgos culturales del "nuevo proletariado del norte", en Enrique de la Garza, 1992, pp. 53-106.

Los conceptos sobre el sindicalismo maquilador, en la obra de los investigadores Cirila Quintero (1990) y Jorge Carrillo (1994). Este último sostiene, con mucha razón, que en realidad todos los sindicatos en las maquiladoras son "funcionales" al capital. Nosotros pensamos que en realidad los sindicatos de Reynosa y Matamoros no son "tradicionales"; más bien son tan "regresivos" en su "accionar" como los de otras ciudades maquiladoras.

Otras obras, en años más recientes, han reflexionado la cultura de esta clase obrera. Sinteticemos los planteamientos de algunos de estos autores. Luis Reygadas se centró en la "cultura del trabajo" en maquiladoras coreanas en Guatemala y en dos maquiladoras de origen norteamericano en el estado de Chihuahua, en Ciudad Juárez y en la ciudad capital de este estado. En este tipo de empresas, caracterizadas por la modernización tecnológica, el autor advierte lo que llama la "eficacia laboral" de la cultura. Ve sujetos obreros muy diferenciados en cada uno de esos lugares, que, al enfrentarse a procesos laborales complejos, transforman sus concepciones del mundo y sus valores, al tiempo que asimilan la disciplina industrial, conforman redes sociales, y asumen nuevos valores como la calidad y la productividad.

El autor ofrece una interpretación polémica sobre estos procesos, pues trata de presentar empresas que se adaptan a las tradiciones locales y a las exigencias de los colectivos obreros. El autor da ejemplo de esta "adaptación" de las maquiladoras, al tiempo que recrea un panorama de "confrontaciones" casi permanentes en torno a muchos aspectos de la organización del trabajo en estas empresas, que incluye la resistencia de las y los obreros. Todo ello en medio de una atmósfera laboral que, inevitablemente, es autoritaria y vertical por parte de los distintos capitalistas que gobiernan estas maquiladoras, existiendo en Reygadas la esperanza de transitar (quién sabe cómo, pues el autor nunca lo explica) "por otras vías que implican elevación de los salarios y constitución de organismos sindicales fuertes" (Reygadas, 2002: 302).

Luis Méndez se manifiesta mucho menos esperanzado que Reygadas. Méndez nos presenta más bien un panorama desolador sobre la cultura de esta clase obrera. Para él, este sector obrero está atrapado en un "rito de paso trunco". Los obreros que iniciaron ese tránsito, ese rito de paso desde sus lugares de origen, no concluyen el pasaje. No hay manera de ello, pues al capital maquilador sólo le interesa la productividad y el control de la fuerza de trabajo. No se crea una identidad obrera; más bien hablamos de ambigüedad y ambivalencia en los fenómenos sociales. El "símbolo maquila" resulta extraño y ajeno a los sujetos obreros; es un símbolo ideológicamente confuso y engañoso, el cual, junto al "absoluto social mercado", ha forjado un "híbrido laboral" que se ha impuesto en contra del "viejo absoluto nacionalista revolucionario". Para Méndez, entonces, la clase obrera de este sector "expresa una identidad laboral difusa y… una débil construcción de un nosotros" (Méndez, 2005: 278).

Marlene Solís publicó una obra sobre la identidad laboral de estos obreros en Tijuana. Esta autora se adentró en la vida cotidiana de un grupo de obreras y obreros del sector; una parte de ellos, migrantes. Observó la vida cotidiana de ellas y ellos, sus expectativas, sus anhelos –muy pocos centrados en las empresas, a las cuales estos obreros consideran como una estación de paso o un lugar de "refugio" al cual volver episódicamente, sobre todo en el caso de los obreros hombres–. Sin embargo, un sector minoritario encuentra ciertas posibilidades de ascenso y hasta promoción en estas empresas.

La autora introduce la perspectiva de género en todo su análisis. Encontró que las obreras logran redefinir su identidad a partir de laborar en las maquiladoras, redefinen su rol tradicional de alguna manera, y alcanzan una "renegociación identitaria" que las lleva incluso al empoderamiento personal. No sucede así en el caso de los obreros, sostiene la autora. Para ellos, el trabajo en las maquiladoras se vive como la reedición de una trayectoria laboral precarizada.

Solís encontró dos tipos de narrativas en el grupo de obreros y obreras que entrevistó: las narraciones "de continuidad" y las "de ruptura". Las "de continuidad" son aquellas que hablan de progreso y promoción de los sujetos en las maquiladoras

–simplificando los argumentos de la autora, claro está–. En cambio, las narrativas "de ruptura" hablan de conflicto en los obreros, pues no pueden ejercer oficios aprendidos en otros momentos de la vida, y tienen que buscar "formas identitarias fuera del trabajo"; "narraciones de ruptura" también presentes en las obreras, que pueden darse tanto a nivel personal (el cambio de identidad sexual), hasta la participación en asociaciones comunitarias para la defensa de los derechos laborales de obreras y obreros en las maquiladoras (Solís, 2009). Es esta, entonces, una percepción sobre la cultura obrera en las maquiladoras que se ubica entre el optimismo de Reygadas y el pesimismo de Méndez.

Veamos otra dimensión de la cultura obrera en las maquiladoras; veamos la dimensión sindical. Como sabemos, el panorama sindical en estas empresas es diverso, y varía de región a región. Por ejemplo, siguiendo la conceptualización de Quintero, podemos decir que hay sindicatos "regresivos" –que han admitido retrocesos en los derechos laborales y son funcionales, pero para los intereses de las maquiladoras– en Tijuana (en el noroeste del país) y "tradicionales" –que reproducen algunas características de los sindicatos de la era corporativa, con algunos logros, en verdad muy modestos, para las y los obreros, como los salariales– en Reynosa y Matamoros (en el noreste de México). Para Carrillo, en cambio, los sindicatos en estas empresas son claramente "funcionales" a ellas.[22]

Ahora bien, en Ciudad Juárez, una vez instalado el programa maquilador en la frontera norte a mediados de los años sesenta del siglo pasado, quienes se ocuparon mayoritariamente en las

[22] El debate sobre el sindicalismo en las maquiladoras de México puede consultarse ampliamente en las obras de Quintero y Carrillo ya señaladas en la nota anterior. Los conceptos señalados son creación de estos autores. También puede verse la obra de Sánchez (2000), quien propuso otros conceptos para pensar estos sindicatos, tales como el de "sindicatos de la circulación de nuevo tipo".

empresas de este tipo fueron mujeres, una parte de ellas migrantes del mismo estado de Chihuahua y de otros estados del país. Ellas fueron internalizadas en la subjetividad de la población local como las *maquilocas*, además de *fuereñas*, en el caso de las obreras migrantes. En la ciudad, la *vox populi* decía que "sólo habían llegado a Juárez a loquear", es decir, a ejercer su oficio de "locas", como sexoservidoras. Desde entonces llevaron consigo esa asignación estigmatizada, ligada a estereotipos sexuales y culturales claramente discriminatorios, como lo ha indicado Balderas (2002).

Como vemos, en un principio el *atributo cultural estigmatizante* de estas obreras fue fijado por actores sociales dominantes, entre los años sesenta y setenta del siglo pasado, atributo que reproducen otros miembros de esta clase obrera y otros sectores populares.[23]

Posteriormente se produjo la masculinización del sector, lo que implicó una ampliación de estos estigmas hacia los hombres, y el desarrollo de otros nuevos, dirigidos hacia la población obrera homosexual y lesbiana.

Sobre la cuestión de la "masculinización" de la fuerza de trabajo en las maquiladoras de la ciudad, es menester detenernos

[23] La anterior es una de las interpretaciones sobre cómo se generó este estigma hacia las mujeres obreras de las maquiladoras del lugar. Para el sociólogo Pablo Vila, este prejuicio se generó entre las y los migrantes que habían llegado a la ciudad (a la cual estos veían como "la ciudad del vicio"), y por lo mismo concebían a las obreras de las maquiladoras originarias del lugar como "locas" o "prostitutas". Para este autor, el prejuicio se extendió después a todas las obreras de este tipo de empresas. *Cfr*. Vila, 2007, pp. 179-208. Nosotros nos acercamos a la interpretación de Balderas. Creemos que este es un prejuicio propio de los habitantes de la ciudad, que los migrantes han reproducido de alguna manera. En realidad este sería el problema en torno de qué fue primero, el huevo o la gallina; es decir, se trataría de entender en qué sector se originó el prejuicio y el estigma. Dejamos planteado este problema para el desarrollo de investigaciones posteriores.

un momento. Según el censo del año 2000, al referirse a la población ocupada en la ciudad –479,771 personas–, indicaba que 122,988 eran operadores de máquinas fijas, y de ellos, 65,780 eran hombres y 58,208 mujeres. Es decir, la inclusión de hombres como obreros en las líneas era un hecho incuestionable, incluso los hombres parecían rebasar a las mujeres, al menos en esos momentos.

Sin duda, estamos ante un fenómeno peculiar en este contexto, pues el empleo maquilador en otras ciudades y otros contextos maquiladores continúa feminizado en gran medida.[24]

Ahora bien, esta "nueva clase obrera", inserta en empresas con amplia flexibilidad laboral –en puestos de trabajo, en turnos de trabajo, en el salario, compuesto hasta hace pocos años por estímulos diversos–, presentó características particulares de clase, género y étnico-migrantes.[25]

En efecto, una característica notable de estos obreros, apuntada ya por nosotros, ha sido la composición migrante de una parte de ellos y ellas. En años recientes, el ejemplo más claro es el de los veracruzanos, autodefinidos y heterodefinidos (es decir, definidos por otros) como *juarochos,* continuando así con la tradición del lugar: una *asignación cultural obrera estigmatizada* para la clase obrera empleada en las maquiladoras. También están los *torreoneros* (originarios de Coahuila), y qué decir de los *chilangos*, y, en general, de *los del sur*, a los cuales siempre se les asignan características estigmatizantes.

En general, casi todos estos migrantes han configurado redes de solidaridad entre ellos, aunque no compartan necesariamente un cuerpo común de normas y valores.

[24] Al respecto, véase De la O, 2006.

[25] Para la discusión sobre la flexibilidad del trabajo, véase De la Garza, 2000, pp. 148-178.

Con estos antecedentes, enseguida esbozamos, así sea someramente, el contexto en el que se desenvolvió el "nuevo proletariado" de Ciudad Juárez; por ello nos referimos a algunos rasgos de la cultura de esta región.[26]

Cultura en el Paso del Norte. Antecedentes

La cultura regional en este lugar está marcada por la historia, como cualquier cultura. Aunque no es nuestro objetivo hacer un recuento pormenorizado de la historia de esta región, mencionaremos algunos elementos que nos ayudan a explicar en parte la cultura de la clase obrera generada en torno a las maquiladoras, así como en la dramática situación en la región en el siglo XXI, pues hoy (2008-2010), Ciudad Juárez es, simple y llanamente, la ciudad más violenta del mundo, pues cuenta con los mayores índices de criminalidad de todo el orbe.

[26] En esta investigación no expondremos una historia de la implantación de las maquiladoras en Ciudad Juárez, pues nuestro interés principal es la cultura y la subjetividad de estos obreros y obreras en el siglo XXI. Sobre las maquiladoras en el lugar, véase el Anexo I y el siguiente apartado de este capítulo introductorio. En ellos puede observarse la caída (relativa, aparentemente) del empleo en las maquiladoras de esta ciudad durante la primera década del siglo XXI, hecho muy importante para entender el contexto de los testimonios de obreras y obreros que presentamos. Aunado a la violencia que en esta ciudad se desató en esos años, puede entenderse que temas como el miedo entre estos obreros, el acoso laboral, el despido (por lo demás característico en esta rama) y las pugnas entre originarios de la ciudad y migrantes, hayan cobrado relevancia en nuestro estudio.

Para mayor información sobre la historia de la industrialización maquiladora en Ciudad Juárez, véase Santiago, 1997; Pequeño, 2003; De la O, 2006, entre otros trabajos citados en "Referencias".

Finalmente, diremos que mantenemos entre comillas la idea de que estamos ante un "nuevo proletariado del norte", generado en las maquiladoras de exportación, pero es evidente que es un concepto que ya está rebasado por la realidad. En realidad, como nos aclaró el investigador de la Universidad de Texas, Héctor Domínguez, el "nuevo proletariado del norte" es el que se ha generado en torno al crimen organizado en las dos últimas décadas, al menos.

La región donde se ubica Ciudad Juárez, el llamado Paso del Norte, hasta casi finales del siglo XIX fue un lugar colonizado por rancheros, pequeños propietarios, que manifestaron fuertes rasgos de autonomía frente al Estado nacional. Fue el lugar donde los colonizadores vencieron a los apaches, luego de cruentas guerras. Donde se resistió al imperialismo norteamericano. Y fue también uno de los centros de operaciones de Francisco Villa y su División del Norte.

Tal vez por ello, sus habitantes constantemente se reivindican como "los vencedores del desierto" y "de los apaches", algo que no debería ser motivo de orgullo para ellos, sino más bien de vergüenza, pues implica reivindicar, ni más ni menos, el genocidio cometido por sus antepasados en contra de los grupos étnicos originariamente establecidos en esa región. Desde esa muy cuestionable óptica regional, sus habitantes presentan orgullo y soberbia ante *los del sur*; además, piensan equivocadamente que en esta región no se llevó a cabo un proceso de mestizaje (Orozco, 1991).

Pero no todo es orgullo y soberbia; los habitantes del lugar también portan sentimientos encontrados, como los de resentimiento e incluso inferioridad ante los habitantes del "sur" del país, a los que genéricamente llaman *chilangos*, y a los que ven erróneamente como privilegiados. Esos *chilangos* son vistos siempre con sospecha y, por lo mismo, hay que tratarlos con desconfianza. Frente a esa actitud hacia "los del sur", encontramos en cambio cierta simpatía hacia Estados Unidos de Norteamérica y su estilo de vida, simpatía no exenta de deslindes y diferencias de todo tipo.[27]

[27] La historiografía al respecto es extensa. Además de González de la Vara, puede verse la obra de Luis Aboites (1996). La obra de Pablo Vila (2007) registra las diferencias que los habitantes de Ciudad Juárez presentan ante los habitantes de El Paso, de todo tipo: religiosas, de género e, incluso, de clase. La literatura también nos ha obsequiado obras sobre esta región y cómo se conformó en el siglo XIX, en medio de las guerras contra los apaches, como la novela de Cormack McCarthy,

Puede ubicarse entonces, en la cultura de Ciudad Juárez y su región, un atributo cultural en donde predomina el rechazo al "centralismo" del país, el cual se traduce en rechazo a sus habitantes, los llamados *chilangos*. El "anticentralismo" puede deberse a que los recursos producidos en estas regiones se concentran en la federación, generando sentimientos de abandono, de marginación y de sometimiento frente al centralismo del país. El *antichilanguismo*, en cambio, es una actitud más generalizada en todas las regiones del país, cuyo rasgo principal es el rechazo y la discriminación hacia "el defeño" –el originario de la Ciudad de México, conocida como "el D.F.", por haber sido muchos años "el Distrito Federal"–, el cual, suponen los habitantes del resto del país, goza de más beneficios que cualquier otro habitante de México (Orozco, 1991).

Ya diversos historiadores se han ocupado de señalar algunos de los principales momentos en el desarrollo de Ciudad Juárez, polo de atracción de importantes corrientes migratorias a lo largo del siglo XX, y escenario de batallas importantes durante la Revolución Mexicana de 1910-1917, como la célebre Batalla de Ciudad Juárez, en 1911, cuando el ejército porfirista fue derrotado por las fuerzas revolucionarias contrarias a la dictadura (González de la Vara, 2002).

Ya desde esos años, Ciudad Juárez era el lugar privilegiado para cruzar hacia los Estados Unidos de Norteamérica; era el lugar histórico también para la diversión, tanto de "gringos" como de mexicanos, en donde el sexoservicio, el tráfico de mujeres, el de armas, la violencia, las drogas y el alcohol no son nuevos, y en donde se vive de día, pero sobre todo de noche; o mejor

Meridiano de sangre (2007). Alfredo Espinosa (1989) también se refirió a esa simpatía de los habitantes de Chihuahua (y de la frontera norte) con el modo de vida de los habitantes de Estados Unidos de Norteamérica, al lado del desprecio hacia los "del sur".

dicho, donde se *vivía* de noche, pues los habitantes de la ciudad han perdido el disfrute de la noche y del día, ante la violencia de los últimos años (2008-2010), disfrute que tuvieron por décadas tanto hombres como mujeres.

La época posrevolucionaria se caracterizó en todo el país por una agitada violencia política: fraudes electorales, asesinatos, asonadas, rebeliones militares, entre otros episodios. Las rebeliones militares en el norte cobraron peculiaridades, tal vez por las características de esta región, y en el caso de Ciudad Juárez por su colindancia con El Paso, Texas, la cual alberga una de las principales bases militares de Estados Unidos, junto con la del Fuerte de San Diego: Fort Bliss (González de la Vara, 2002: 145).

Los servicios de entretenimiento que configuraron desde entonces a la ciudad, se vieron beneficiados por la ley seca que se decretó en Estados Unidos en 1918, pues muchos civiles y militares cruzaban para disfrutar de la venta de alcohol y algunos servicios. Cantinas, bares y restaurantes tuvieron que mudarse de El Paso a Ciudad Juárez.[28]

Parecería entonces que la violencia no es algo nuevo en la región, sino un atributo cultural presente desde el siglo XIX, al lado de la generación de una identidad localista, llena de prejuicios y estigmas hacia "los otros", la cual está presente en los estigmas hacia las obreras de las maquiladoras, las *maquilocas*, y en general hacia quienes ahí trabajan.[29]

[28] Casi un siglo después, entre 2008 y 2010, se vive el proceso inverso: miles de juarenses se han mudado a El Paso, huyendo de la violencia, además de abrir ahí comercios de diversa índole. En esta investigación ofreceremos más adelante la información con que contamos al respecto.

[29] Es evidente que para nosotros esta es una de las principales identidades de los habitantes del lugar, a diferencia de Pablo Vila, quien llega a afirmar, contradiciendo su discurso, que en Ciudad Juárez hay "una sociedad bastante igualitaria, no tan jerarquizada como en el centro y sur de México o Ciudad de Chihuahua" *Cfr.* Vila, 2007, pp. 271-272.

Entre 1920 y 1940, Ciudad Juárez vivió momentos de cierto auge económico. Además del turismo fronterizo, la región alcanzó cierto desarrollo en la agricultura y la industria. El cultivo del algodón fue el más importante. Asimismo surgieron plantas despepitadoras, y se desarrollaron otras industrias, como las del vino y otros licores. Pese a que el comercio juarense experimentaba altibajos, la estabilidad y recuperación económica en general permitieron el crecimiento de la población. Para los años cuarenta del siglo pasado, la ciudad era ya el lugar de residencia del 90% de la población del municipio (González de la Vara, 2002: 151).

También prosperó la industria minera, así como otras industrias ligadas al cultivo del algodón. El comercio y los servicios comenzaron a proliferar, pero la depresión económica afectó a los sectores productivos de la región, y las políticas que permitían el flujo de personas se endurecieron. El levantamiento de la ley seca en 1933 en Estados Unidos también incidió en una nueva crisis del comercio y los servicios turísticos en Ciudad Juárez, los cuales se fueron recuperando después de la Segunda Guerra Mundial. El Fuerte Bliss creció en tamaño y población, hasta convertirse en la tercera mayor base militar estadounidense. Igual creció la ciudad de El Paso. En los fines de semana, el flujo de soldados que llegaban para relajarse tras los entrenamientos, y con la posibilidad de ser enviados nuevamente a combate, aumentó considerablemente, reactivando los servicios de entretenimiento, los cuales mejoraban la economía de la ciudad, siendo el gobierno local el más beneficiado, debido a la recaudación de impuestos. Además, en todo ese periodo parece que se dio una vía de "acumulación originaria" basada en el contrabando, obviamente ilícito, de bebidas alcohólicas hacia El Paso, negocio muy próspero que enriqueció a sectores de terratenientes durante los años de la prohibición (Vila, 2007: 271-272).

De una u otra manera se inició la *leyenda negra* sobre Ciudad Juárez, la cual, desde los prejuicios de propios y extraños, se volvió la ciudad del vicio, la violencia, el crimen; la ciudad donde imperaba el bandolerismo, las drogas, los homicidios, el sexo servicio; donde se gestó, a lo largo de las décadas, el poderoso Cártel de Juárez, a partir de la mítica Nacha, mujer que desde los años treinta del siglo pasado se dedicó al tráfico de drogas.[30]

Ya hacia la última parte del siglo XX asistimos a episodios que marcaron profundamente la historia y la cultura de la ciudad: el surgimiento de la industria maquiladora de exportación; las luchas civiles por "la democracia", por la alternancia en el poder, y el auge de la violencia. Sobre las maquiladoras en el lugar ya nos referimos en esta introducción, y remitimos a algunos de los estudios más notables al respecto, así que en lo que sigue daremos algunos elementos sobre las luchas por la alternancia política y sobre la violencia en esta ciudad, aspecto sin los cuales comprenderíamos poco la cultura de esta región.

Transformaciones de la cultura en Ciudad Juárez hacia fines del siglo XX

Sobre las luchas civiles por la alternancia en el poder se escribió mucho en sus épocas de auge, a partir de los años ochenta del siglo pasado. En efecto, desde los primeros años de esa década, en todo el estado de Chihuahua se presentó una especie de "insurgencia electoral" por parte de amplias franjas de la población, que atrajo la atención del país. Desde entonces, el Partido Acción Nacional empezó a obtener triunfos electorales en Chihuahua (y en otros estados de la República), hasta conseguir transformarse

[30] Véanse los siguientes autores: González de la Vara, 2002, pp. 159-161; Vila, 2007, p. 184; Páez Varela, 2009, pp. 22-25.

en la segunda fuerza electoral en nuestro país, convirtiéndose en una oferta real de gobierno, al punto de conquistar la Presidencia de la República en el año 2000, la cual retuvo durante las controvertidas elecciones del 2006.

En ese ascenso de la derecha a nivel nacional, la situación en Chihuahua contó, y mucho. En efecto, es en 1983 cuando el PAN conquistó las principales presidencias municipales del estado, entre ellas la de la capital, la ciudad de Chihuahua, y la de Ciudad Juárez, las dos principales concentraciones urbanas, hasta que ganó la gubernatura del estado en 1992.

Durante las elecciones para gobernador del estado, en 1986, el PRI puso en acción su maquinaria electoral en favor de Fernando Baeza, su candidato a la gubernatura, frente a Francisco Barrio, candidato del PAN, dando lugar a una importante lucha ciudadana por el respeto al voto, encabezada por este segundo partido. Entonces el PRI reconoció haber llevado a cabo un "fraude patriótico" con el fin de impedir la llegada de la "reacción" a ese cargo.[31]

La década siguiente fue muy agitada también. En julio de 1992, el estado de Chihuahua vivió una contienda electoral histórica, donde los partidos se disputaron la gubernatura estatal, presidencias municipales y diputaciones locales. En estas elecciones

[31] Nos referimos a la primera parte de la década de los ochenta, que corresponde a la de la efervescencia electoral, a la "insurgencia electoral": Esta etapa se adelanta algunos años a la que viviría el conjunto del país, cuando en 1986 se dio la ruptura dentro del PRI, dando lugar al surgimiento de la Corriente Crítica encabezada por el cardenismo (o neocardenismo), del Frente Democrático Nacional, y a las disputadas elecciones presidenciales de 1988.

Los procesos políticos anteriores son complejos. Aquí sólo nos referimos muy brevemente a ellos. Para mayor información, véase la obra del politólogo Alberto Aziz (1994, 1996 y 2000). En particular las dos últimas obras citadas se refieren a la gestión de Barrio como gobernador del estado, entre 1992 y 1998. Este autor analiza centralmente algunas de las políticas públicas impulsadas por el PAN, siendo ya partido en el poder.

resultó triunfador el PAN, tanto en la gubernatura del estado (con Francisco Barrio a la cabeza), como en trece de los municipios más importantes (en Ciudad Juárez triunfó Francisco Villarreal). El PAN también logró la mayoría en el Congreso del Estado, con un total de quince diputaciones.[32]

Se pudo observar así la transición del PAN, de un partido de oposición en sus orígenes, a un partido en el poder, pues para los años noventa del siglo XX, este partido se había convertido en una opción real de gobierno en el estado de Chihuahua y en Ciudad Juárez. Por su parte, el PRI pasaba a la oposición, luego de muchas décadas de tener el poder en el estado.

Pero ese ascenso panista no fue lineal, menos definitivo. Como lo ha señalado el politólogo Alberto Aziz, asistimos a los "ciclos de la democracia" en Chihuahua. En unas elecciones, un partido puede ser oposición, y a las siguientes puede estar en el poder, para luego volver a ser oposición. En efecto, a pesar de las no pocas iniciativas del primer gobierno de alternancia en el estado de Chihuahua, al paso de los años se asistiría a la restauración del viejo régimen (Aziz, 2000).

No detallaremos las diversas y complejas causas que llevaron al PAN a un rápido deterioro. Al respecto, encontramos pistas en los trabajos de Aziz, quien apuntó los no pocos errores del PAN en el gobierno estatal y en los gobiernos municipales: mucho "gobierno", muchos planes, y muy poca política, error grave ante las poderosas redes del PRI. Entre muchos otros elementos a destacar, hay que agregar la creciente inseguridad pública, sobre todo en

[32] A partir de ese momento, se puede observar durante 12 años la continuidad del PAN en la alcaldía de Ciudad Juárez. El PAN ganó las elecciones desde 1992 con Francisco Villarreal (1992-95); en 1995 con Ramón Galindo (1995-98); en 1998 con Gustavo Elizondo (1998-2001); y en 2001 con Jesús Alfredo Delgado (2001-2004). El PRI recuperó la presidencia municipal en 2004, y hasta la fecha (2010) no ha vuelto a perder las elecciones para presidente municipal ante al PAN.

Ciudad Juárez, con la oleada de asesinatos de mujeres desde principios de los años noventa del siglo pasado, la cual fue atendida de manera parcial por el PAN, al crear una fiscalía especializada y una Unidad de Delitos Sexuales y Atención a Víctimas (Aziz, 2000: 65, 141-161).

Las bases políticas estaban dadas para la restauración del PRI. Así, este partido logró en 1998 reconquistar la gubernatura del estado de Chihuahua, con Patricio Martínez a la cabeza, empresario priísta que había sido presidente municipal de la capital, y quien fue muy cuestionado por no poder resolver la cada vez más alarmante situación de inseguridad y de impunidad presente en toda la entidad, en particular en la ciudad de Chihuahua y en Ciudad Juárez. Él mismo vivió en carne propia esa situación de peligro y riesgo, pues sufrió un atentado en el mismo Palacio de Gobierno en la capital del estado.

En el año 2004, el PRI refrendó su triunfo a nivel estatal, con José Reyes Baeza como candidato a la gubernatura. Y en el mismo 2004, por primera vez en doce años, el PAN perdió el municipio de Ciudad Juárez, el cual fue recuperado por el PRI, de nuevo, con otro empresario: Héctor Murguía Lardizábal, el "Teto", el cual volvería a ganar en 2010.

Sin lugar a dudas, la situación política en el estado de Chihuahua es sumamente compleja. Por un lado se observa una actitud de franjas del electorado chihuahuense, interesado en acabar con el monopolio electoral del PRI y en alcanzar la alternancia política como vía para promover cambios diversos (tanto políticos como económicos), lo que algunos analistas han ubicado como una especie de "nueva ciudadanía" (Aziz, 2000: 126-127). Pero por otra parte, nosotros creemos que franjas importantes de este electorado se han mantenido dentro de los marcos de tradiciones políticas corporativas, sin dejar de mencionar que hoy observamos un creciente abstencionismo en esa "nueva ciudadanía".

Es decir, pensamos que Alberto Aziz, al que venimos citando, se equivoca al sostener en su obra que el corporativismo en Chihuahua fue sustituido por una nueva relación del gobierno con la sociedad (Aziz, 1996: 151-160). Más bien nosotros encontramos la permanencia de una importante cultura ligada a las corporaciones priístas, a la representación monolítica, a la cultura vertical y autoritaria, a cambio de prebendas, de beneficios inmediatos y concretos y favores de todo tipo; sólo que ahora se aceptan las elecciones y la competencia, muy disputada, por los puestos de representación popular.

Es una cultura política que puede observarse en los sindicatos, en las organizaciones urbano-populares y campesinas, la cual, junto a la revancha de un electorado insatisfecho con los resultados de la "alternancia política", ha optado por la "restauración" del viejo régimen.

Desde luego, al lado de esa cultura corporativa es inevitable referirse al electorado decepcionado por la falta de resultados por parte del PAN para trasformar sus precarias condiciones de vida y de trabajo, situación que puede generalizarse en otras regiones del estado de Chihuahua, en las que es ancestral la pobreza de sus habitantes, tal y como sucede en la sierra.

Tampoco podemos olvidar la situación en la industria maquiladora de exportación, la cual, hasta fines del siglo pasado, empleaba a casi 250,000 trabajadores bajo un régimen laboral de excepción, sin los controles corporativos sindicales que se vivieron en otras épocas en el país, con una fuerza de trabajo desorganizada, sin una representación laboral colectiva dirigida a defender sus intereses económicos y sociales.

De esta manera, y sin entrar en todos los detalles de estos complejos episodios, el deterioro de la política partidario-electoral es un hecho. Los tibios intentos de reformas en el PRI, y el fracaso al frente del gobierno estatal por parte del PAN, a pesar de las políticas públicas que impulsó, no pueden opacar las grandes limitaciones del accionar de ambos partidos en muchas cuestiones, pero sobre todo limitadas para resolver la problemática de la inseguridad pública, en particular de la delincuencia generalizada que se mantiene –la del crimen organizado y la delincuencia común–, la deficiencia de las instancias de procuración e impartición de justicia, y la falta de resultados de los programas y acciones del gobierno.

En efecto, desde finales del siglo pasado el tema de la violencia (y no sólo en el estado de Chihuahua) empezó a inquietar cada vez más a los habitantes de este estado, de Ciudad Juárez en particular. Hoy este problema define la cultura en el lugar en muchos sentidos, y la clase obrera de las maquiladoras, obviamente, no escapa de dicha situación. Veamos algunos aspectos de esta cuestión.

El fenómeno del narcotráfico es un elemento de la cultura regional fronteriza, pues esta actividad económica también ha generado una *narcocultura* –sin que con ello queramos decir que todos los habitantes de la ciudad estén ligados a esta cultura–. Pero sí es un hecho que un sector de la vida fronteriza conforma una especie de *narcomundo*.[33]

Esa situación, sin embargo, ha ido evolucionando. Por ejemplo, antes de 1980 no existía "el narco". Según Villaveces (2000: 13), el vocablo "narco" aparece en el léxico popular de varios países latinoamericanos para referirse a sujetos involucrados en algún segmento del proceso de producción, circulación y/o distribución de drogas ilícitas. Este vocablo, según el autor, moviliza un sentido de alteridad marcado por la censura hacia sectores que han emergido en la actual etapa del capitalismo.

[33] Al respecto, pueden consultarse los siguientes autores citados por Ovalle (2010): Restrepo, 2001; Valenzuela, 2002.

Por su parte, Ovalle se refiere a esos procesos de la siguiente manera:

> Surge el 'drogo', el 'adicto', concebido como la víctima de la situación, un enfermo, preso de una sustancia mortífera, personaje que justifica toda la lucha contra esta actividad, y surge la idea de la existencia del 'cártel', concebido como una rígida estructura mafiosa, capaz de atentar contra el orden nacional y regional (Ovalle, 2010).[34]

En ese sentido, el narcotráfico implica legitimidad, representaciones sociales y frentes culturales para algunos sectores de la sociedad: "el narco", "el adicto" y "los cárteles" no son sólo imágenes identificadas por la sociedad del lugar; pasan a ser categorías sociales objetivadas en actores sociales que practican la opulencia y el derroche (consumo demostrativo), como los narcos. El narcotráfico es una especie de frente cultural delimitado por las culturas oficiales y la *narcocultura.* Al "plantear los frentes como un campo cultural en el que las fronteras y líneas divisorias son bastante porosas entre los desniveles de la cultura, esta categoría permite explicar las articulaciones entre la *narcocultura* y las culturas populares, y comprender la forma en que el narcotráfico es acogido no sólo económicamente, sino también culturalmente, por las naciones, regiones y localidades en las que se asienta" (Ovalle, 2010), pese al comercio de mercancías ilícitas que lo caracteriza.

Tal parece entonces que la frontera es caldo de cultivo para el trueque de drogas, armas, mujeres, niñas y niños, indocumentados, etc., situación que, por lo demás, se ha extendido a todo el territorio nacional.

No olvidemos que la ilegalidad también se extiende al principal contexto laboral de este lugar: las propias maquiladoras de exporta-

[34] Consultar al final las "Referencias electrónicas".

ción. Ya lo mencionamos, e insistimos aquí en ello: esas empresas operan en un marco de relaciones laborales que, en diversos aspectos, está fuera de la legislación laboral vigente; ilegalidad laboral que ha sido aceptada socialmente, situación que muy pocos se atreven a plantear públicamente, menos a denunciarla o salirle al paso.

En este sentido, podríamos afirmar que el "poder público", con el PRI o el PAN a la cabeza, ha sucumbido ante el poder del capital transnacional, siendo entonces un hecho el debilitamiento del Estado ante poderes fácticos como éste o el narcotráfico y los cárteles involucrados en él y en otras actividades delictivas en años más recientes.

La violencia en la ciudad representa un fenómeno realmente complejo, el cual ciertamente no sólo proviene de la presencia del narcotráfico o de la impunidad de las maquiladoras de exportación, aunque estos son elementos muy importantes para explicar dicho fenómeno. Hoy la violencia la encontramos en múltiples espacios de la ciudad. Se presenta a nivel individual, en las calles, en la delincuencia común y corriente, en los hogares, entre hombres y mujeres, en las escuelas. En esta ciudad asistimos a una suerte de *descomposición social generalizada*, ante la cual parecen impotentes las instituciones encargadas de brindar seguridad a la sociedad, situación que llevó a la ocupación de la ciudad por parte del ejército a partir del año 2008.

No exageramos en lo antes dicho. A la etapa de *feminicidios* (desde principios de la última década del siglo pasado) siguió, ya en el siglo XXI, la de la generalización de la violencia (Domínguez y Ravelo, 2006). Imposible sintetizar este agitado y conflictivo periodo, en torno al cual se ha generado una profusa literatura. El resultado de esta situación es contundente: en esta ciudad, todos sus habitantes, sin excepción, viven en riesgo y en peligro, ante la muy real posibilidad de experimentar la violencia en carne propia. Veamos someramente la situación actual en esta ciudad.

La cultura en Ciudad Juárez en el siglo XXI

Los sentimientos arriba descritos ya son parte de la cultura regional: el riesgo y el peligro y, ante ellos, el miedo de los habitantes del lugar. Sucede que en la primera década del siglo XXI, la violencia en la región y en la ciudad se ha agudizado. Por ejemplo, 2008 fue uno de los años más violentos en la historia del lugar, con unas 1,656 muertes violentas, de un total de 5,300 en el país, según las cifras oficiales al respecto.[35] 2008 también fue el año del "Operativo Conjunto Chihuahua", que implicó la ocupación militar de la ciudad por orden presidencial, con el fin explícito de impedir que siguiera la escalada de violencia.

Ahora el peligro es permanente, y son pocos los recursos para proteger la vida. Las muertes violentas se producen en un escenario donde no parece existir el Estado de Derecho, y el crimen organizado –en sus diversas manifestaciones– ha logrado el control de espacios públicos y podría haber penetrado en áreas del Poder Judicial y otras del gobierno estatal. Se ha podido observar su fuerza y poder ante el mismo ejército, cuando éste inició operativos conjuntos con las autoridades locales precisamente para combatirlo en todas sus manifestaciones: narcotráfico, robo, secuestro, extorsión.

Estas demostraciones del crimen organizado han causado miedo e incluso terror entre la ciudadanía, más cuando se ha vivido un año violento como el 2008, en el que continuó la criminalidad contra hombres, mujeres y niñas; año en que el crimen organizado dio un giro hacia actividades como las señaladas: secuestro, extorsión y chantaje –sin abandonar sus actividades clásicas–.

Son múltiples los episodios, en años recientes, de eventos violentos que han conmocionado no sólo a la ciudad, sino a todo el

[35] Tomado de <http://mx.news.yahoo.com.mx>. Ver referencias electrónicas.

país. Basta algunos ejemplos: el 4 de marzo del 2009, una banda de sicarios tomó el supuestamente muy seguro Centro de Readaptación Social (el Cereso) de Ciudad Juárez durante más de dos horas, lapso en el cual fueron ajusticiados 21 miembros de otras bandas encarcelados ahí. Policías y militares tardaron más de tres horas en llegar al lugar de los hechos, mientras las cámaras de video grababan todo el incidente y las alarmas permanecían en silencio.[36]

Este episodio puede verse como un abierto desafío del crimen organizado a la presencia del mismo ejército. En días posteriores a los sucesos arriba relatados, se dio cierto descenso de los niveles de violencia, para que, a fines de mayo, volviera a repuntar la violencia en la ciudad. En esa nueva ola de violencia cayó acribillado, en un crucero, el 29 de mayo del 2009, el profesor de la Universidad Autónoma de Ciudad Juárez, Manuel Arroyo, entre otros.[37]

En suma, hoy Ciudad Juárez es el escenario de complejos procesos que implican al crimen organizado, la violencia y el

[36] Tomado de *Proceso*, 29 de marzo de 2009, pp. 6-9.

[37] Debido al asesinato perpetrado a fines de diciembre de 2008 y principios de 2009 contra otros dos profesores de esta misma universidad, así como a la desaparición de dos estudiantes, un grupo de profesores y alumnos de esta universidad crearon en enero del 2009 el proyecto *Universidad contra el Miedo,* cuya misión "es asumir, mediante la reflexión y la acción, la crisis de violencia y gobernabilidad experimentada por Ciudad Juárez, la frontera México-USA y los estados que la conforman" <http://universidadcontraelmiedo.blogspot.com/>.

En los momentos en que concluimos esta investigación, Ciudad Juárez y el país entero son sacudidos por la masacre de jóvenes el 31 de enero del 2010 durante una fiesta, en una colonia del sureste de la ciudad, llamada Villas de Salvárcar, por un comando armado que arribó al lugar en varias camionetas, con todos sus miembros encapuchados y fuertemente armados. La calle donde tuvo lugar la masacre fue cerrada por el comando armado. La policía y el ejército tardaron en llegar al lugar, a pesar de la ocupación militar de la ciudad que todavía existía en ese momento.

miedo. Creemos que para entender estos procesos hay que profundizar en aspectos como la cultura del terror, la ingobernabilidad y/o los actos fallidos del Estado, el cual ha llevado a cabo una estrategia errónea para afrontar los altos grados de criminalidad alcanzados en los años 2008 y 2009, privilegiando la presencia militar en las calles, primero, de la Policía Federal, después, en lugar de atacar problemas de fondo, los cuales sólo parece atender hasta principios del 2010, luego de la masacre de Villas de Salvárcar.

En estos años, diversos analistas han referido incluso la existencia de una cultura del terror, propia del crimen organizado; incluso se ha llegado a hablar de una *cultura del sacrificio y el castigo*, pues se potencia el sentimiento de victimización y el control de las mujeres, así como de los hombres, estén cercanos o no a las redes del crimen organizado.

Esa cultura, que desde luego incluye la *violencia feminicida*, se constituye y es constituyente de la impunidad. Esta última se manifiesta como un conjunto de prácticas que obstaculizan la democracia, la justicia, el Estado de Derecho, y se apoya en una variedad de formas de abuso de autoridad en diversos niveles del gobierno local, sin que se aplique ninguna sanción.[38]

Las muertes violentas de los últimos dos años representan para la sociedad una especie de *sufrimiento colectivo* y un *trauma social*, por la escalada de actos de violencia que se perpetúan y articulan procesos de traumas colectivos, cuya profundidad y extensión no conocemos todavía.

[38] Seminario Internacional "Feminicidio, derecho y justicia", Comisión Especial para Conocer y dar Seguimiento a las Investigaciones Relacionadas con los Feminicidios en la República Mexicana y a la Procuración de Justicia Vinculada, 8 y 9 de diciembre de 2004.

Dicha violencia también ha representado un *dolor histórico* que permanece en la memoria de la sociedad, en una *memoria lastimada y herida.*[39]

Las instituciones del Estado encargadas de procurar e impartir justicia no han podido frenar la violencia y todas sus consecuencias; hacia fines del 2009, el gobierno federal ya anunciaba el retiro del ejército de las labores de vigilancia, para ser sustituido por cuerpos de la Policía Federal. Esas instituciones ni siquiera pudieron sancionar a los 81 funcionarios investigados por López Urbina, ex fiscal federal en 2004. Solamente 20 funcionarios fueron sancionados con responsabilidad penal por el delito de abuso de autoridad, y otros 22 funcionarios por su responsabilidad administrativa.[40]

El gobierno local y estatal también han mostrado incapacidad para evitar la situación descrita; han sido incapaces de brindar seguridad a la ciudadanía, la cual tiene la certeza de encontrarse desprotegida, de ahí que sea también la *ingobernabilidad* una fuente de miedo, pues la ciudadanía desconfía de las autoridades, de las policías, de los partidos, de la política, en una grave crisis de la democracia electoral y la alternancia política alcanzadas desde la "insurgencia electoral" de los años 80 y 90 del siglo pasado (Ravelo, 2006).

Sin que pretendamos hacer una historia pormenorizada de la situación actual, resulta claro que, en años recientes, entre los diversos elementos que coadyuvan a la crisis que se vive, destaca

[39] En la mesa redonda sobre "Violencia y muerte en Ciudad Juárez", realizada en el Instituto de Investigaciones Jurídicas de la UNAM el 21 de enero de 2003, se definió este dolor como un *dolor histórico*. Es decir, nos referimos a las aportaciones teóricas y conceptuales de otros estudiosos de la violencia en Ciudad Juárez, con las cuales desde luego se puede disentir, pero que han sido elaboradas a partir de la investigación y la reflexión social.

[40] Tomado de Procuraduría General de Justicia del Estado, 2008.

la situación de la industria maquiladora: con una pérdida de cerca de 50,000 puestos de trabajo en los primeros años del siglo XXI, a los cuales hay que sumar los que se vienen acumulando desde el año 2007 a la fecha (2009), y que podrían acercarse a los 80,000 puestos de trabajo perdidos en tan sólo dos años.[41]

Todo ello al tiempo que obreras y obreros continuaban laborando en condiciones sumamente adversas, pues los llamados "paros técnicos" en estas empresas han proliferado. Para mayo del 2009, los datos oficiales indicaban 37 maquiladoras en paro técnico, con alrededor de 40,000 obreras y obreros.[42]

Creemos que la pérdida de esos empleos o la disminución drástica del salario –de por sí reducido– debe haber afectado profundamente a las familias obreras, hundiendo en la desesperación a muchas de ellas.

Recordemos que es común, en épocas de crisis, que los individuos busquen un "chivo expiatorio" en el cual se cobren las "cuentas pendientes". En buena medida pareciera que ese "chivo expiatorio" lo han representado las mujeres, jóvenes y pobres, obreras de la maquila, dando lugar al fenómeno del *feminicido*. O lo que, en palabras de René Girard (1998) es "la víctima sacrificial". En años más recientes, esta *víctima sacrificial* parece ser el joven: hombres y mujeres del lugar, pues en el momento en que concluimos esta investigación, se habla ya de *juvenicido* en Ciudad Juárez.

[41] *Cfr.* Asociación de Maquiladoras (2003 y 2004); *El Universal*, 19 de mayo del 2009, Sección Estados, p. A-16.

[42] Las cifras de desempleados y de obreras y obreros en "paro técnico", en *El Universal*, nota al pie anterior. El "paro técnico" en estas empresas es complejo, y merecería una investigación aparte, pues implica desde la suspensión de labores por un periodo, durante el cual las y los obreros no perciben salario alguno (para tal vez ser recontratados posteriormente), hasta la continuidad de las labores por algunos días a la semana, con la consiguiente reducción de los salarios.

Sobre cómo se hizo esta investigación y sobre las partes que conforman este libro. Agradecimientos

Creemos que con temas aquí expuestos brindamos al lector los elementos necesarios para introducirse en la investigación que enseguida presentamos. Esta información proviene del trabajo de campo realizado en diversos momentos entre los años 2003 y 2007, durante el cual llevamos a cabo entrevistas en profundidad a informantes "clave" y a "grupos focales", observación de diversos contextos en los que vive y trabaja esta clase obrera, consulta de archivos y hemerografía, entre las fuentes principales de información que tuvimos en esos años. El lector puede consultar las características generales de los "informantes", cuyos testimonios aparecen en estas páginas, en el Anexo II.

La información empírica que exponemos proviene de ese trabajo de campo. La presentamos con el formato de diálogo, siguiendo de alguna manera el llamado método dialógico. Con este método, las ideas y puntos de vista de los sujetos entrevistados cobran una dimensión distinta. Las preguntas y comentarios que, en su momento, se dieron entre "investigador" e "investigado", revelan percepciones, intenciones, puntos de vista de los sujetos, que nos permiten entender sus orientaciones y conocer sus acciones en otros contextos y momentos.

Pensamos que, de esta manera, el lector puede entender mejor el punto de vista de obreras y obreros entrevistados, y acercarnos a sus modos de ver y concebir el mundo que los rodea, asomarnos a su cultura, la cual, creemos, se configura desde la *subalternidad*, desde la dominación en la que viven (Tedlock, 1998; Dalton, 2010: 16).

Contamos con un enfoque metodológico para llevar a cabo esta investigación. No nos detendremos en explicitarlo para no extendernos más en esta introducción. Sólo diremos que somos tributarios de las elaboraciones de Hugo Zemelman (1987) y Enrique de la Garza (1983), quienes desarrollaron una propuesta para la investigación social que busca una aproximación compleja a la realidad, en la que juegan un papel central la ideas del concreto-abstracto-concreto y la perspectiva de totalidad, para llevar a cabo una aproximación a un problema concreto de investigación, despojado del modelo hipotético de investigación. Es una aproximación abierta a los descubrimientos de dicha realidad concreta, y a su elaboración conceptual novedosa. En el fondo se trata de una recuperación de los sujetos sociales, de su cultura, su subjetividad, a través, en este caso, de la recuperación del discurso de obreras y obreros de las maquiladoras de esta ciudad, en un momento histórico determinado.

Decíamos que no nos detendríamos en esta propuesta metodológica. El lector (a) podrá encontrar, en los capítulos de esta obra, un esfuerzo por analizar la cultura de esos obreros a partir de sus propios mundos de vida, configurados a partir de diversas experiencias vitales, tales como la migración, la cultura urbana de Ciudad Juárez, cargada de estigmas hacia otros sujetos que habitan la ciudad, la búsqueda por insertarse en el trabajo maquilador y acceder a un salario y sobrevivir a través de la venta de su fuerza de trabajo, así como por la experiencia que para ellos reviste el trabajo diario en las maquiladoras de exportación. Podremos observar que ese trabajo es asumido por estos obreros como el único medio de vida que tienen al alcance de sus manos, aun cuando estas empresas han entrado en una aguda crisis que ha derivado en condiciones de trabajo sumamente precarias, en las que impera el autoritarismo y el despotismo por parte de los agentes del capital en el piso de las empresas.

En suma, hemos intentado un acercamiento a los mundos de vida de sujetos obreros en las maquiladoras de Ciudad Juárez que viven en la subordinación, tanto en el contexto urbano como en el fabril, y cómo, a veces, estos sujetos se despojan de esa subordinación y luchan por rehacerse y por buscar una situación no sólo menos opresiva, sino incluso esperanzadora, a través de caminos inesperados.

Finalmente, externamos aquí nuestro agradecimiento, forzosamente breve, a todos aquellos que contribuyeron para que este trabajo pudiera desarrollarse. Es imposible citarlos a todos. En especial, nuestro agradecimiento a las y los obreros que amablemente nos abrieron las puertas de sus casas y nos compartieron sus experiencias y sus mundos de vida. Sin Alex Pérez, ex-obrero de maquiladoras, activista comprometido con la lucha por la defensa de los derechos de obreras y obreros de las maquiladoras, esta investigación tampoco habría sido posible. Lamentablemente su muerte prematura le impidió conocer los resultados de este trabajo. Patricia Ravelo, colega del CIESAS, nos animó a volver al estudio de las maquiladoras de exportación hacia el año 2003. Ella participó en las principales etapas del trabajo de campo y coadyuvó al desarrollo de muchas ideas plasmadas en este libro sobre la cultura regional en Ciudad Juárez. Con ella escribimos artículos (varios de ellos ya publicados) y ponencias sobre el tema, resultados parciales que luego se fueron integrando a esta obra. Sin embargo, otros proyectos y otras inquietudes sobre Ciudad Juárez la requirieron, y por ello no pudo colaborar en la redacción final de esta obra, la cual, insistimos, no habría sido posible sin su cercanía. Sigo pensando que ella debe ser vista como coautora de este libro, a pesar de que tenga que afirmar aquí, como suele decirse, que es mía la responsabilidad de las ideas vertidas en esta obra.

1
LOS ORIGINARIOS

Introducción a la vida de los originarios

En este capítulo nos acercamos a las experiencias de la gente originaria de Ciudad Juárez. Son estas las experiencias de la mayoría de las y los obreros de las maquiladoras de la urbe. Ello nos permitirá adentrarnos en la subjetividad de dichos individuos, hombres y mujeres, e ir desentrañando la gran variedad de sentimientos que han desarrollado en un contexto como el descrito. Podremos ver que este sujeto obrero es heterogéneo, cruzado por las variables de género, y también de generación. Brindaremos en realidad una polifonía de testimonios a través de los cuales nos asomamos a la cultura obrera en las maquiladoras de esta ciudad.

Veremos que hay algo común a los obreros de la maquila: son mujeres y hombres jóvenes. Y aunque la idea de juventud es relativa, hablamos de mujeres y hombres que se insertan desde la adolescencia en las maquiladoras, y llegan a los 30 y hasta los 40 años de edad trabajando en ellas; los 40 parece ser el límite de permanencia de estos trabajadores en estas empresas, pues hacia esa edad suelen ser desechados y/o despedidos por ellas.

Veremos que pocas obreras y obreros llegan a conservar un solo empleo por mucho tiempo; es frecuente la rotación de una empresa a otra –por diversos motivos, siendo una de las principales la falta de expectativas para ascender en los escalafones de las empresas–, pero lo que es casi seguro es que ese obrero u obrera será desechado por la maquiladora cuando se acerque a cierta edad y haya acumulado ya bastantes años de trabajo en la misma empresa, entre otras causas, por los reajustes de personal que estas empresas suelen llevar a cabo periódica y sistemáticamente.

Ahora bien, a pesar de que el despido es muy común, nosotros encontramos obreras y obreros con una antigüedad de más de 10 años en una sola empresa (por cierto, migrantes). Incluso contamos con el caso de una obrera (originaria del municipio de Juárez) que, luego de trabajar en las líneas, se desempeñó como jefa de línea por casi 30 años, siempre en la misma empresa, antes de ser despedida y recibir una indemnización.

Conviene señalar que una parte de estos obreros está compuesta por migrantes, una parte minoritaria, sin lugar a dudas, en relación al conjunto de habitantes del lugar, pero con un peso simbólico significativo.[1]

Por lo antes dicho, la cultura de esta clase social es heterogénea. Veamos primero las experiencias de los originarios del lugar, de aquellos que nacieron y crecieron en esta ciudad y que, en algunos momentos de su vida, conviene decirlo, también fueron migrantes, pues en este lugar es común trasladarse al vecino país del norte, a veces por largos periodos.

Sobreviviendo en medio de la violencia cotidiana

Riqui contaba con unos 16 o 17 años cuando lo conocimos, en el año 2004. Interrogado sobre las causas por las que entró a la maquila, nos dijo: "*Necesitaba feria;*[2] *estaba desempleado, y ya*

[1] Según algunas fuentes, los migrantes pueden representar hasta un 32% del total de la población del lugar, estimada en un millón 218 mil 817 habitantes, hasta antes del éxodo de fines de la década. Véase INEGI y gobierno del estado de Chihuahua (2003), pp. 90 y 91.

[2] Dinero.

pues después dije: 'vámonos'. Uno necesita feria, porque si no, no trabajaría uno".

Vemos así que la necesidad de sobrevivencia explica el ingreso a la maquila, en este caso, el ingreso de un joven que apenas empieza su largo recorrido por el trabajo maquilador. Él ya había estado en una primera maquiladora, y cuando lo entrevistamos se encontraba en otra llamada RB. En ambos casos, la razón para emplearse era clara: él necesitaba "feria", aunque fuese poca, y esa sólo se lo podía ofrecer la maquiladora, a través de un salario.

Le preguntamos cuál es la imagen que él o sus compañeros de trabajo tienen sobre la maquila. Y este fue el diálogo que se dio entre nosotros y el entrevistado:

> Entrevistador o entrevistadora:[3] *¿Qué piensan los obreros de la maquila?*
> Riqui: *Nada, que les da trabajo.*
> E: *¿Les gustaría mejor otro trabajo que ese?*
> Riqui: *No, pues sí; si hubiera mejor otro trabajo, pues sí.*

Y cuando lo interrogamos sobre qué pensaba al respecto de la maquiladora en la que actualmente trabaja, vemos que no tiene mayor interés en ella, salvo que le pagan un poco mejor que en la primera maquiladora.

> E: *¿Tú cómo la ves? ¿Qué opinas de la empresa en la que actualmente trabajas?*
> Riqui: *Pues que pagan mejor que en la otra.*
> E: *¿Y te tratan mejor que en la otra?*
> Riqui: *Sí.*

Ya volveremos al interior de estas empresas, y regresaremos, entre otros temas, al de los sentimientos de estos obreros, hombres y

[3] En adelante E.

mujeres, hacia la maquiladora. Veremos la lejanía que ellos tienen hacia estas empresas, aunque sean las que les proveen el escaso sustento diario. Para ellos, realmente el empleo maquilador es un medio, no un fin. No parece haber mayor interés en integrarse a "las firmas", las cuales, realmente, sólo representan un salario, el pago por alquilar su fuerza de trabajo durante la jornada de trabajo.

Desde luego puede encontrarse al obrero u obrera "integrado" a la empresa, que se siente "parte de ella". Algunos hacen ostentación de su vínculo con las empresas, afirman que "*hasta sus calzoncillos llevan grabado el nombre de la empresa*" –claro está que esto sucede en el caso de los obreros–, o aseguran que desearían que su ataúd fuera envuelto en un estandarte con el logotipo de la empresa. Pero esto lo oímos de muy pocos obreros. En general, priva esa actitud instrumental hacia las empresas por parte de obreras y obreros.

Regresemos a las percepciones de un joven originario de Ciudad Juárez, quien creció en una de las zonas más precarias de esta ciudad en el noroeste de la mancha urbana, hacia la colonia Guadalajara Izquierdo, hacia Anapra, hoy "célebre" zona en la que se puede observar uno de los rostros más pobres de esta ciudad.

En las lomas de esta zona proletaria se encuentra un conjunto de asentamientos irregulares, una "urbanización" improvisada y caótica. No hay pavimento en la gran mayoría de las calles. El agua llega a través de las llamadas "pipas", y muchos se "cuelgan" de los postes de luz para allegarse electricidad de manera irregular, por ello algunas calles suelen estar cubiertas por alambres multicolores que bajan de los postes y llegan a las casas de estos obreros.

Pero más allá de estas imágenes del subdesarrollo, podemos decir ahora algo más acerca de lo que significa vivir en estas colonias. Aquí la pobreza y la falta de oportunidades se traducen en un ambiente social sumamente difícil. Los jóvenes se agrupan en "pandillas". Sin opciones de estudio y de trabajo digno, realmente sin futuro, fácilmente entran en contacto con las drogas y la violencia. En Riqui se encarna esta situación:

E: *¿Cuál era tu barrio?*
Riqui: *Los "Tiznados".*[4]
E: *Órale; oye, "tiznado".*
Riqui: *No, pero ya no; ya vivo acá.*
E: *Ya eres bueno.*

Es decir, él recuerda que antes vivía en el barrio, el "de los tiznados". Probablemente se está refiriendo al nombre de su banda, y así identifica a su antiguo barrio.

El siguiente diálogo ilustra el ambiente en el que se encontraba inmerso.

E: *¿Y allá qué hacías? ¿Qué consideras que hacías en ese barrio?*
Riqui: *Porque le íbamos a pegar a los otros.*
E: *O sea, que igualito que los de acá de abajo.*
Riqui: *Sí, pero estos batos*[5] *van y vienen, y les pegan a los de acá y se agarran aquí mero.*
E:*¿Y por qué razón? ¿Nomás porque los miró feo y ya?*
Riqui: *¡Ah! ¿Yo? pero eso ya son cosas que...*

El entrevistado está aludiendo a la violencia cotidiana en la que se encontraba inmerso en ese lugar; alude a los enfrentamientos cotidianos. Entre los jóvenes del lugar circulaban drogas como la cocaína, por ejemplo, a la que Riqui se empezó a volver adicto, y también circulaban las armas. Veamos el siguiente diálogo:

[4] Estar tiznado, lleno de tizne, tener manchado el rostro de carbón o suciedad.
[5] Individuos; conlleva un dejo de desprecio.

Riqui: *La tranza*[6] *es que esos se bañaron*[7] *con unas pistolas.*
E: *Se bañaron con una pistola...*
Riqui: *Se las prestamos ahí, y ellos ya no las regresaron. Y luego les vendimos una escopeta, se la vendimos, la pagaron y luego se la pedimos prestada, y ya no se la devolvimos, y desde ahí empezó todo el rollo ese con los "Tecos".*[8]

Riqui ilustra así esa parte de la cultura que existe en estos barrios. Desde muy jóvenes, los habitantes de estos barrios proletarios suelen estar en contacto con las armas; están al alcance de la mano, por así decirlo. "Bañarse" con una pistola significa que los "Tecos" les "tranzaron" o robaron una o varias pistolas a los "Tiznados". Luego éstos se "la cobraron" vendiéndoles un rifle a los "Tecos". Posteriormente, Riqui y su banda se la pidieron prestada a los "Tecos", y ya no se la devolvieron. Entonces estos últimos agredieron a los "Tiznados".

Antes de seguir narrando aquel incidente, adentrémonos en esa cultura de las armas a través del siguiente diálogo:

E: *Y las armas, ¿de dónde las consiguieron?*
Riqui: *¿Eh?* [expresión de sorpresa ante la pregunta].
E: *Dices que tenían una escopeta.*
Riqui: *Sí, pues donde quiera; ir de barrio en barrio a ver quién vende una.*
E: *O sea, se vende igual que la droga.*
Riqui: *Nosotros podemos tener una ahí, y luego llegan otros y nos dicen* [simula un diálogo entre miembros de las diversas bandas]:

–*"Queremos comprar esa".*
–*"Pues ahí está esa".*

[6] Maniobra ilegal para obtener algo.
[7] Se robaron.
[8] Probable abreviación de tecolotes, búhos.

Y luego con esa feria volvemos a comprar otra, pero diferente, porque esa ya la usamos.

E: *Tú aprendiste a manejarlas, obviamente. ¿Cómo practican?*
Riqui: *Tiro al blanco.*
E: *Pero no tienen... por ejemplo... que pongan los botecitos en algún lugar.*
Riqui: *Pero eso es nomás para calarlo.*[9]
E: *¿Te gustaba?*
Riqui: *Sí.*

Y el incidente en el que desembocó la pugna entre ambas bandas es descrito en el siguiente diálogo que sostuvimos con Riqui:

E: *¿Y cuáles fueron las consecuencias de esa violencia? ¿Hubo cosas que lamentar o no?*
Riqui: *Sí.*
E: *¿Cuántos cayeron?*
Riqui: *No, no hubo muertos.*
E: *No hubo muertos, ¿pero sí hubo sangre?*
Riqui: (Silencio).

Fuera de grabación, Riqui nos contó más detalles sobre el incidente. En realidad hubo un enfrentamiento armado entre las dos bandas. Los "Tecos" buscaban "cobrarse" la afrenta a los "Tiznados", es decir, "cobrarse" el robo del rifle. En la balacera suscitada entre ambas pandillas, una muchacha ajena al problema, una vecina, resultó herida. Hubo aprehensiones; Riqui fue detenido y acusado de las heridas infligidas a la joven. Pasó un tiempo detenido en la cárcel, luego fue puesto en libertad condicional, y

[9] "Calar", probar algo; en este caso probar el rifle "tirando al blanco".

estuvo obligado varios años a pagar las atenciones médicas de la muchacha que resultó herida en la balacera.

Su familia lo protegió. Era menester cambiarlo de lugar de residencia. Se fue a vivir con una tía a unos kilómetros de su casa y de su barrio, alejado de los "Tecos", los cuales lo tenían "en la mira", con riesgo de que se cobraran las cuentas pendientes, es decir, el rifle que los "Tiznados" nunca les devolvieron a los "Tecos".

Lo conocimos portando la experiencia de la unidad con los miembros de la pandilla para enfrentar a otras bandas, además con la experiencia del manejo de las armas, y de la violencia. Vemos así que, en estos barrios, el tiempo libre de los jóvenes incorporados a las bandas puede estar ocupado por el "entrenamiento" para manejar armas, ¿cómo?, practicando el "tiro al blanco" en las afueras de la ciudad, en los cerros cercanos que la circundan.

En realidad, nada extraño en estos medios; una cultura de la violencia que en estos jóvenes está "a flor de piel", por así decirlo.

Luego de esa experiencia, como vimos, Riqui se encontraba en una especie de proceso de regeneración, bajo el cuidado de su familia. Nos pareció que estaba arrepentido de todo lo sucedido. Cuando lo conocimos (en el año 2004), él ya trabajaba en su segundo empleo en la maquila. Se mostraba preocupado por obtener los índices de producción diaria que la maquila le requiere. Aparentemente no tenía más proyectos que *"sacar una feria"* de la empresa. En algunas ocasiones, disfrutaba de las "tardeadas" en las "discos" del centro de la ciudad; eludiendo unas veces, otras enfrentando a la policía, que en esa zona de la ciudad suele hostigar, detener y extorsionar a los jóvenes con aspecto de "cholos", tal y como era el aspecto de Riqui en esas épocas.[10]

[10] En el capítulo 4, " Peligro, miedo y resistencia obrera", veremos en el diario bregar de Riqui por las calles del centro de Ciudad Juárez, el acoso y hostigamiento policíaco que vivía por su forma de vestir y de caminar, típica de los "cholos".

En las entrevistas que tuvimos con Riqui, pudimos observar sus sentimientos de tristeza, lo cual era hasta cierto punto lógico, pues para él la vida no significaba felicidad, más bien era drama y tragedia.

También encontramos el sentimiento de tristeza por la separación temprana de su madre, suscitada con el fin de alejarlo del "barrio bravo" en el que estaba inmerso dentro de la cultura de las drogas y las armas. Para Riqui, la juventud no parecía ser sólo la etapa de la confusión, sino la de los eventos trágicos y dolorosos.

A pesar de ello, Riqui tejía entonces los sueños de un futuro mejor. Cuando lo conocimos, él nos habló de sus aspiraciones, de la posibilidad de estudiar para ser ingeniero en el futuro. Encontramos así que, en medio de la pobreza y la violencia, puede haber un resquicio de esperanza para aspirar y luchar por una vida mejor. Y para ello, el medio privilegiado que imaginan estos obreros jóvenes es la educación, la posibilidad de llegar a la universidad, la cual es vista como una puerta muy importante para el ascenso social. Es este el camino hacia una nueva vida y no la organización colectiva, la lucha obrera: cuestiones inexistentes en el horizonte de estos obreros.

En otras palabras, encontramos que, a pesar y en contra de la tristeza y la depresión, Riqui podía sentirse capaz de superarse y dejar atrás el medio hostil que lo había rodeado todos esos años. Él no se desvalorizaba como individuo, y se consideraba alguien dotado de la inteligencia suficiente como para emprender esos estudios y terminarlos, cuestión que tal vez no estará nunca al alcance de sus manos.

Pero el hecho de que Riqui tuviera cerrada esa puerta hacia una vida mejor, no quiere decir que él cejara en su intento por protegerse de ese medio violento en el cual creció. Al poco tiempo de conocerlo (en 2004), él vivió el drama de la muerte de su madre, trabajadora en una maquila, pues sufrió un infarto en la empresa en la que trabajaba. La atención que ella recibió por parte del personal de la empresa fue muy lenta; además, el personal carecía de los medios para atender oportunamente un caso como éste, así mismo, se perdió mucho tiempo en su traslado a un hospital. Este incidente fue otro golpe más para Riqui.

Pocos años después lo encontramos como miembro del grupo o secta religiosa conocida como los Testigos de Jehová. Riqui había sido capaz de sobreponerse a un medio que le era adverso. Al respecto, pensamos que Riqui vivió un proceso de *resiliencia*, en el cual no sólo resistió a ese medio, sino que se recuperó e inició una nueva vida.[11]

Al respecto, pensamos que Riqui, ante el drama social que se encarnaba en su aún corta vida –la experiencia de la pobreza, de la violencia cotidiana, de las drogas (recordemos que muy joven usó primero marihuana, después cocaína), del trabajo repetitivo y muy poco satisfactorio en las maquiladoras–, logró sobreponerse a esas situaciones.

De alguna manera empezó a buscar una salida, una puerta para superar toda esa situación, para recuperar el control sobre sí mismo, sobre su yo interior. La puerta de salida la encontró en la religión, en las ideas que profesan los testigos de Jehová. Para cruzar esa puerta, una suerte de "espiritualidad" se apoderó de él, proceso que ha descrito el antropólogo Felipe Vázquez (2003) para entender la experiencia de los ancianos que se vuelcan a los grupos religiosos anglicanos.

[11] Incorporamos en esta investigación el concepto de *resiliencia* que nos remite a la capacidad de los individuos para resistir las situaciones más adversas, superarlas, y salir fortalecidos de ellas (como la de algunos individuos en los campos de concentración). En las conclusiones retomaremos esta idea, luego de encontrarnos en esta investigación con individuos que consideramos *resilientes*.

Veamos cómo es que Felipe Vázquez describe el papel de la religión en este tipo de conversiones. Él piensa que las ciencias sociales han perdido de vista:

> [...] la función manifiesta de la religión como bálsamo y guía espiritual, como experiencia trascendental, transformadora, capaz de prodigar una sensación de plenitud, de seguridad personal y protección divina, que calma, mitiga y sana, que ayuda a aceptar el paso de los años e incluso la propia muerte (Vázquez, 2003: 189).

Al referirse a la experiencia anglicana, el antropólogo encuentra claramente la experiencia de la "espiritualidad", la que concibe como:

> [...] una experiencia singular por medio de la cual el creyente construye su propio sentido de identidad, mismo que se mantiene entre lo imaginario y lo real, entre lo que se desea y lo que se es... es una experiencia que permite a quienes la viven separarse de sí mismos, definirse y definir a los demás, y transformarse en sujetos activos (*Ibid.:* 189-190).

Algunas de las causas de la conversión de los ancianos a las prácticas de la espiritualidad anglicana pudieron darse en Riqui en su lucha por retomar el control hasta alcanzar seguridad en sí mismo, al tiempo que encontraba su yo interior y se dotaba de un horizonte de esperanza, proceso que, creemos, habla de la capacidad de *resiliencia* de Riqui. No en balde optó por las ideas de los Testigos de Jehová, las cuales conocemos por el antropólogo Carlos Garma. Para esta secta, al menos centenaria, la cual se encuentra dispersa por el mundo, la sociedad actual no sólo es imperfecta, sino pecaminosa. Por ello, los Testigos (o la Torre de la Vigía, como es su nombre "oficial") rechazan esta sociedad, se oponen a la idea de nación y sus diversos símbolos y ceremonias.[12] También se oponen a votar en los procesos electorales, y a las vacunas y a las transfusiones de sangre, pues creen que ambas inciden en la impureza del cuerpo.

Esta es una secta milenarista. Sus miembros creen que esta sociedad, impura y pecaminosa, será destruida; que el fin del mundo es inevitable, pero que llegará un nuevo milenio, que "un nuevo reino bajo el orden divino" llegará inexorablemente (Garma, 2007: 251 y 252).

Aunque una parte del ideario de los Testigos pudiera parecernos absurda, sus ideas conllevan elementos de cuestionamiento al actual orden de cosas. Pueden representar una suerte de resistencia a un sistema que es incapaz de resolver satisfactoriamente la vida de las mayorías. A lo cual hay que sumar la victimización que este grupo ha vivido por sus ideas en diversas partes del mundo, pues incluso ha sido declarada ilegal en varios países, por la amenaza que diversos gobiernos –de derecha o de izquierda, incluido el mexicano en diversos momentos– han visto en el ideario de esta secta, una amenaza a la "unidad nacional", un agravio a los "símbolos patrios".

Ciudad Juárez –con sus profundas desigualdades, con sus exclusiones, con sus estigmas hacia las mujeres, los jóvenes, los homosexuales, en fin, con su "desarrollo" maquilador, con la pobreza de la mayoría de sus habitantes– es un lugar privilegiado para que ideas de esta índole puedan arraigar, tal vez no de una manera masiva, pero sí selectiva, individual.

Es lo que nosotros encontramos en la experiencia de vida de este joven trabajador de las maquiladoras. Tal vez, como en los orígenes de la Revolución Industrial en Inglaterra, el sufrimiento de las mayorías ante el "desarrollo" industrial propicia las ideas de la rebelión; éstas pueden aparecer incluso en el seno de las reli-

[12] Banderas, actos patrióticos, servicio militar, entre otros.

giones, como sucedió con el auge del metodismo en Inglaterra, tal y como lo relata el historiador inglés Thompson (1977).[13]

Individualismo y desconfianza hacia las instituciones

El mismo año de 2004 conocimos a Arturo, quien entonces contaba con 16 años de edad. Él era muy allegado a su madre, Rosalía. Residían en el noroeste de la ciudad, en una de las colonias proletarias de esa zona. Ambos conformaban una familia, a la que había que sumar el padre de Arturo.

Siendo originarios de Ciudad Juárez, Arturo y Rosalía portaban la experiencia de la migración. Cuando Arturo era un niño, ambos se internaron ilegalmente en los Estados Unidos de América. En ese lapso vivieron dos deportaciones desde los EUA a México, por su calidad de ilegales. En la más reciente, Rosalía fue "castigada" (como ella lo refiere); es decir, fue sancionada por el gobierno estadounidense con 20 años durante los cuales no puede acceder a algún tipo de visa para ingresar a EUA, sea visa de turista o para residir y laborar legalmente en los EUA.

En ambas ocasiones, ella laboró en el vecino país del norte como trabajadora doméstica, labor que ejercía de lunes a viernes. Los fines de semana vendía "segundas", es decir, objetos usados. Hay que decir que la venta de "segundas" la continuaba ejerciendo en Ciudad Juárez; los sábados la veíamos cerca de su casa,

[13] Cuando ya habíamos escrito un borrador de esta investigación, en el año 2008, conocimos la obra del sociólogo Pablo Vila (2007), quien en el capítulo 2 de su obra, titulado "Protestantes mexicanos y mexiconorteamericanos", refiere estos procesos de *conversión religiosa* en la frontera, similares al proceso que observamos en Riqui. Agregamos que, si bien no podemos saber de la profundidad y la extensión de este tipo de procesos, sin duda son propiciados por el difícil contexto que hoy se vive en la ciudad: violencia generalizada, pobreza, escasas opciones de empleo por la crisis de la maquila, ocupación militar a partir del 2008, entre otros elementos.

instalada en la banqueta, cerca de una avenida. Bajo la sombra de un árbol vendía "segundas": discos compactos usados, ropa usada, utensilios plásticos de cocina también usados, juguetes viejos, entre otros objetos.

Con respecto a la experiencia de la deportación de Rosalía, ella nos relató las causas por las que la detuvo la "migra" en Estados Unidos de América:

> *Es que falleció un hermano mío... dos hermanos fallecieron en 1996: uno el primero de junio, y el otro el dieciséis de septiembre. Del primero* [del primer hermano] *me crucé muy bien* [hacia México], *del segundo ya me torcieron,*[14] *y me castigaron cinco años y ya los cumplí. Y ahí voy otra vez de mojada, y chin,*[15] *me agarraron, y me castigaron 20* [años]. *Pues... ¿ya qué voy a hacer? Pues ya mejor voy a hacer mi casa aquí y ya.*

Es decir, Rosalía viajó hacia México para asistir al velorio de sus hermanos y luego retornar a EUA ilegalmente, como hacen tantos mexicanos en busca del "sueño americano". Un "cruce" ilegal fue exitoso; el siguiente ya no lo fue: fue detenida y castigada por el gobierno de EUA. La última sanción fue severa: 20 años sin poder ingresar a ese país.

Ya establecida definitivamente en Ciudad Juárez, Rosalía desarrolló diferentes actividades; una de ellas fue como vigilante en diversas maquiladoras. Pero su horario de trabajo le impedía atender a sus hijos;[16] los dejaba solos durante muchas horas. Luego decidió entrar a la maquila para tener cierto ingreso y, sobre todo, para acceder a los servicios del Instituto Mexicano del Se-

[14] *"Torcer"* a alguien significa sorprender, agarrar a alguien infraganti.

[15] Expresión de contrariedad, pero también es la forma de decir, de una manera abreviada, "chingado" o "chingada madre".

[16] Rosalía tiene otros dos hijos además de Andrés, un hombre y una mujer.

guro Social (IMSS). Por esas fechas, su padre se encontraba muy enfermo, y la única posibilidad de acceder a la atención médica gratuita era el IMSS, siempre y cuando, claro está, ella fuese derechohabiente. Rosalía finalmente pudo inscribir a su padre en el IMSS. Veamos el testimonio de Rosalía al respecto:

> *Y yo no hacía las cosas por hacerlas* [en la maquiladora], *porque temía que me corrieran, y en ese instante yo necesitaba el seguro, porque tenía a mi papá enfermo; yo tenía que aguantarme de todo por el Seguro Social.*

La actitud de Rosalía es claramente utilitaria: no le interesaba la empresa o hacer una "carrera" laboral en ésta; nada de esto. Lo que le interesaba era el servicio médico, el cual utilizó hasta el fallecimiento de su padre.

Al mismo tiempo, ella nos revela las orientaciones de muchos de estos obreros, hombres y mujeres: el miedo al despido, sentimiento muy extendido el día de hoy entre ellos. En contra de la idea de que estos obreros "rotan" de una empresa a otra sin ningún problema, en realidad vemos que en la actualidad, con la caída del empleo en estas empresas, los obreros prefieren no rotar y permanecer en aquella empresa que los pueda "asegurar" –o sea, inscribir en el IMSS–, pues este instituto público los protege a ellos y a sus parientes próximos, ofreciéndoles servicios médicos gratuitos.

Ahora bien, para esta obrera, la experiencia de trabajo en la maquiladora fue muy poco grata. Nunca se adaptó a la disciplina laboral estricta que ahí encontró y que caracteriza a este sistema fabril. Continuamente se confrontaba con los supervisores y también con los migrantes, los cuales trabajaban intensamente y le imprimían un ritmo intenso al trabajo en las líneas de producción. Creemos que esto es la causa del coraje que Rosalía le tiene a la maquiladora, y que se evidencia en su testimonio lleno de rabia ante la disciplina fabril, de ánimos de pelea y confrontación constantes.

Veamos el testimonio de esta obrera, en el cual simula un diálogo con personal de la maquiladora:

> *A cada rato nos cambiaban de área, porque ahí va por área, y eran muchos problemas porque, por ejemplo, en alguna ocasión me mandaban a áreas a soldar y no me daban el equipo, y yo me empezaba a marear, y me decían: "Usted no quiere trabajar". Y me mandaban a la supervisora* [comienza a simular un diálogo con la supervisora]:
>
> Supervisora: *"¿Por qué no quieres trabajar, Rosalía Isela?"*
> Rosalía: *"Simplemente porque me estoy mareando con el [...] que suelta la soldadura, y a mí no me están dando equipo".*
> Supervisora: *"Pues ve a la enfermería".*
>
> *Y en la enfermería ahí te echaban la pelota:*
>
> Enfermera: *"Es que usted no quiere trabajar".*
> Rosalía: *"Es que cómo quieren que trabaje si realmente me duele la cabeza".*
> Enfermera: *"Es que usted lo que quiere es andar en la enfermería".*
>
> *Y eran pleitos que tenía yo ahí porque decía: "Bueno, si no me dan equipo, pues no trabajo y háganle como quieran".*
> *Y eran cositas que nos ponían como rebelde(s).*

Rosalía concluye refiriéndose a los castigos que recibía por "rebelde" (imitando la actitud y las palabras de la supervisora):

> *"Esta es rebelde; pues la voy a echar acá, a la 531".*

Luego la misma Rosalía explica:

> [La 531 es la línea de producción...] *En donde están los ayudantes de los supervisores; los llaman líderes, y era más la presión...*

Por el testimonio anterior, podemos observar diversas acciones de esta obrera destinadas a eludir la disciplina fabril, y la generación en ella de cierta "malicia de odio de clase", tal y como la define E. P. Thompson (1977: 20).

La situación descrita la llevó a establecer un trato más estrecho con un vecino suyo, al cual llamaremos Jesús y quien, para entonces (2003-2004), ya había militado en diversas organizaciones no gubernamentales. Él se había autoimpuesto, como misión en la vida, luchar por los derechos laborales de las y los obreros de las maquiladoras, luego de su formación a través de las lecturas de algunos teóricos de la teología de la liberación de la Iglesia Católica, tales como Ernesto Cardenal.

Él, hombre joven, de unos 30 años de edad, inició una labor de convencimiento de Rosalía y de su hijo Arturo, con miras a que ellos participaran de alguna manera en las actividades encaminadas a dar esa lucha, la lucha por los derechos laborales de las y los obreros en las maquiladoras.

Rosalía y Arturo en realidad entraron en contacto con un activista, con un elemento vinculado a ONGs, con un experto (Giddens, 2000: 14-15) cuya influencia parece haber coadyuvado al desarrollo de la conciencia de clase en ambos, al menos, al desarrollo de esa "malicia de odio de clase" (Thompson, 1977: 20).

En 2004 ella había dejado de trabajar en la maquiladora; su paso por ésta no había sido grato, como ya mencionamos. Dejó el trabajo aprovechando un hecho importante: había regresado a vivir con su marido o compañero (luego de episodios de separación), el cual posee el oficio de albañil. En ese entonces, él trabajaba diariamente en EUA. Es decir, cruzaba todos los días "al otro lado" para trabajar en la construcción, recibiendo por ello un pago aproximado de unos mil dólares al mes (unos 10,000 pesos en la época en que los entrevistamos), suficiente para sostener a Rosalía y a sus hijos.

La gran preocupación de Rosalía era la violencia que existía (y, desde luego, existe hoy) en los barrios y colonias pobres de la ciudad, en este caso los del noroeste de la urbe, donde ellos habitan. Temía la posibilidad de algún incidente violento, en el cual Arturo pudiera verse involucrado. Por eso, ella siempre le aconsejaba, en el sentido de que "no se metiera en broncas". Vemos así que la cuestión de la violencia estaba ya muy presente en la vida cotidiana de los habitantes de Ciudad Juárez.

¿Cómo asumen Rosalía y Arturo esa situación de violencia? Pareciera que la principal actitud de ellos es el repliegue, el repliegue hacia la familia, un acentuado individualismo. En efecto, el sentimiento de individualidad era muy fuerte entre madre e hijo. A ambos no parecía importarles más que la seguridad propia. Los vecinos o los amigos no importaban mucho, según pudimos constatar.

Oigamos a Rosalía:

> *Cuando le digo "métete* [a la casa]*", se mete. No anda* [Arturo] *de pandillero aquí; no me da problemas ni con la policía ni aquí en la casa. Muy tranquilo, eso sí: la música y la televisión. Es lo que yo le digo: "¿Pa' qué te buscas broncas gratis?" El día que me le den un balazo... Yo le inculco que él defienda a su familia, no al barrio.*
>
> *Sí, yo me siento orgullosa de que él no sea callejero; que él no me da problemas de que yo tenga que andar diciéndole que "córrele que hay balacera", o que me llegue borracho o drogadicto; no, no tengo esos problemas.*

Rosalía concluye de esta manera la imagen que tiene de su hijo Arturo, el cual es tranquilo y no ha caído en las redes de las bandas juveniles en estos barrios.

Ni cholo ni nada. Yo siempre le digo a Arturo que se lleve un número de emergencia para que me avise, pero él siempre llega bien, nunca me ha llegado drogado ni nada. Yo le doy gracias a Dios que tengo un chavalo... Nunca he dicho "mi hijo es perfecto", no... él tiene sus defectos como todos: contestón, renegón,[17] *aburrido, que nada qué hacer, pero yo le doy gracias a Dios que los problemas principales que hay de bandolismo*[18] *no me los da. No se viste cholo; hasta ahorita me hace caso, hasta ahorita tiene mamitis.*[19] *Ya al rato que me lo cambie una mujer, pues ya es otro rollo.*

Es posible que el individualismo, presente en el testimonio de Rosalía, sea una respuesta hacia el entorno amenazante que la rodea a ella y a su familia, sobre todo a su hijo. Por eso ella le inculca a él la idea de que debe defender, sobre todo, a su familia, "no a su barrio".[20]

El problema de las drogas también aparece claramente. Esta obrera (ex obrera, al momento de la entrevista) sabe que en las calles circula la droga, y que Arturo, su hijo, puede caer en algún vicio o adicción. El riesgo los rodea, a madre e hijo, como algo cotidiano, al igual que a Riqui.

Junto a esa actitud, que se explica por el entorno peligroso, encontramos esa búsqueda de cierto apoyo por parte del vecino, del activista experto en la defensa de los derechos de obreras y obreros, con el fin de que él la guíe en su accionar dentro de la maquiladora. En otro capítulo tendremos la oportunidad de observar la acción de esta obrera, bajo la asesoría de ese activista. Es, en-

[17] "Contestón": que contesta a su madre; "renegón": que reniega, que siempre parece decirle "no" a su madre.

[18] Se refiere al bandolerismo, al pandillerismo.

[19] Se refiere a que Arturo es muy allegado a ella, su mamá.

[20] El tema del individualismo en la modernidad capitalista es complejo; una interpretación optimista sobre él en la época actual, en Giddens, 2007, pp. 86-87.

tonces, una actitud ambivalente: se observa individualismo, pero también la búsqueda de asesoría para la defensa de sus derechos laborales en la maquiladora. Sin embargo, como veremos más adelante, hay una especie de confusión en la conciencia de esta ex obrera acerca de cuáles son esos derechos laborales de ella.

A lo largo de la entrevista con Rosalía y Arturo, encontramos otro tipo de elemento en esta cultura obrera: el "aburrimiento" de Arturo, mencionado por su madre. Es una cuestión que habla de la falta de opciones y de perspectivas para los obreros, obreras y sus hijos en estos barrios con grandes carencias, sin opciones educativas o de esparcimiento importantes.

Vemos así que la experiencia de vivir en estos barrios de Ciudad Juárez es la de la falta de acceso a opciones como el cine (el buen cine), el teatro (el buen teatro), las bibliotecas, los centros deportivos. Esas opciones no están al alcance de las y los obreros ni de sus hijos debido a su costo, la muy escasa oferta, o simplemente por las distancias que ellos tienen que recorrer en un transporte muy precario para acceder a ellas.

Lo que estos obreros y obreras tienen a su alcance, según pudimos constatar, es la televisión, la cual suele estar prendida muchas horas, sin que a veces le presten demasiada atención; en realidad la tienen prendida como un radio, como para que las voces que surgen de la televisión "llenen" el silencio cotidiano de estos barrios.

Además, como pudimos observar en varios hogares de obreros, muchos de estos núcleos familiares carecen de líneas telefónicas, y por lo mismo carecen de acceso a Internet. Aun así, en casa de Rosalía y Arturo pudimos ver una computadora, en realidad un antiguo procesador de palabras que sirve como máquina de escribir.

Pero el aburrimiento no es lo único que siente el joven Arturo. Él reconoce sufrir estrés. Veamos el siguiente diálogo:

E: *¿Qué llegas a sentir?*

Arturo: *Estrés. Sí, no sé qué hacer; los problemas los acumulo y no hallo cómo echarlos.*

E: *¿Como qué problemas, si se puede saber?*

Arturo: *Pues mire, el caso este de mi tío que se enferma, y "no, pues que no hay dinero". Y yo, porque no estoy trabajando, no puedo ayudar. ¿Si me explico? Me pongo tenso y no sé qué hacer.*

En el fondo del estrés de Arturo, está la tensión por la falta de ingresos para atender urgencias como la enfermedad de un familiar. Ante la falta de recursos necesarios para atender los problemas de salud que pueden presentarse en alguno de sus miembros, esta familia se llena de aprehensiones. Y no hay muchas alternativas ante tal situación: hay que trabajar y olvidarse de los planes de estudiar.

En el caso de Arturo, la situación era la siguiente: había ya terminado la secundaria abierta, al mismo tiempo que cursaba estudios de "contabilidad". Estos estudios ya no pudo concluirlos, a pesar de que, dice, se había "*ganado*" a los maestros. "*Les llevaba sus tequilitas*", comentó.

Él tenía el sentimiento de haber dejado la *"carrera"* trunca (así la llama, "*carrera*", cuando es obvio que no se refiere a estudios de nivel licenciatura). Sin embargo, pensaba continuarla, como todos los jóvenes que entrevistamos. Pensaba en la preparatoria, y para eso estaba buscando una especie de *"palanca"*. Por ello se refirió a un amigo que lo llevaría a una preparatoria en la que le cobrarían menos dinero de colegiatura, pues en la que estaba era muy cara la cuota para Arturo. Él refirió que la mensualidad era de unos 450 pesos, cantidad que estaba fuera de su alcance.

Cuando la opción de continuar sus estudios en preparatoria se canceló, Arturo empezó a laborar, pero no en maquiladoras. Aún estudiaba la secundaria, cuando empezó a trabajar en una pizzería. Él elaboraba las pizzas, en un horario que iba de las cuatro de la tarde hasta la madrugada, tres o cuatro de la mañana, en una jornada de 12 horas, que los martes se volvía de 14 o 15 horas, cuando salía hasta las cinco o seis de la mañana.

Cuenta que para él fue muy duro este tipo de actividad, la cual en realidad lo agotó. Apoyado por su madre, dejó pronto de trabajar en la elaboración de pizzas. Además, no fue una experiencia grata:

> *No nos pagaban exactamente lo que era exacto, no. No nos pagaban ni las horas extras; nos pagaban la mitad de las horas extras, nada más.*

A pesar de ello, Arturo no parece guardar un recuerdo tan desagradable de su paso por la pizzería. Veamos su testimonio:

> *De la maquila a un restaurante, prefiero el restaurante, porque es un trato amable. Te dicen* [simula un diálogo con algún jefe en la pizzería]:
>
> Jefe: *"Manéjate con la palabra CEDA".*
> Arturo: *"¿Por qué CEDA?"*
> Jefe: *"Porque si se queja un cliente hay que creerle, escucharlo, disculparse y agradecerle".*
>
> *Entonces uno convive con los clientes; convives hasta con los supervisores, porque llegan y te ayudan y nos invitaban a comer y todo. Entonces es una gran diferencia, porque es como en familia, no te toman como un empleado, te toman como un hermano, y no hay racismo ahí porque ahí entraban* [a trabajar] *jarochitos, de México, y chilangos y todo, y llegaban y como si nada.*
> *Teníamos nuestras broncas de repente, pero ahí nos las resolvían* [vuelve a simular un diálogo]:
>
> – *"Pídele perdón", decía el gerente.*
> – *"No, no te sometas", pensaba uno. Otros decían: "Me voy a humillar".*

– "No es humillarse, solamente es que están trabajando y tienen que convivir", es lo que nos decían ahí.

Es lo que nos manejan en un restaurante que tiene poco nivel, que es de comida, y acá en la maquiladora, que es de piezas de autos, que es más original... y acá es un restaurante que no vale, y nos tratan mejor que en la maquiladora.

Y es que, en efecto, su siguiente trabajo sería en una maquiladora. A ésta Arturo entraría bastante entusiasmado; hasta podría afirmarse que con cierto interés y con expectativas de ascenso, de superación. Si embargo, pronto se topó con un régimen laboral autoritario e injusto hacia los obreros, con fuertes elementos de acoso moral hacia obreras y obreros, lo cual lo llevó a cobrar aún más conciencia acerca de las maquiladoras de exportación, y a pensar en nunca más volver a trabajar en ellas.

Es decir, esta experiencia radicalizó a Arturo. Las injusticias que él vivió, el acoso moral que vivieron él y su hermana (la cual también conoció el acoso sexual), lo hicieron cobrar cierta conciencia de su situación de subordinación y de explotación.

De esta manera, la ambivalencia de Rosalía y su hijo Arturo, ya mencionada, se mueve entre el individualismo y la búsqueda de cierta participación social, con miras a la defensa de sus condiciones de vida y de trabajo; a ambos parece caracterizarlos cierto *instinto de clase*.

Pero retomemos otro tipo de aspiraciones que tienen estos trabajadores: para los jóvenes, cuyas experiencias hemos revisado hasta aquí, no hay otra opción más que incorporarse al trabajo maquilador, una vez que se han cerrado las puertas de los estudios de nivel bachillerato y, por ende, los universitarios.

A pesar de que la rotación en el empleo es una realidad entre ellos, y cambian continuamente de actividad, no por ello carecen de ciertas ideas estratégicas de largo plazo. Entre ellos hay un ideal de superación y mejora a través del estudio. La posibilidad de un futuro mejor sigue estando presente, aunque no lo vinculen con un cambio social mayor. Al cerrarse esta posibilidad, quedan algunas puertas abiertas, al menos para algunos de ellos: la militancia en sectas religiosas, o cierto activismo, una vez que han entrado en contacto con "expertos", en este caso, vinculados a ONGs.

Una obrera juarense y su lucha por "salir adelante"[21]

Veamos ahora lo que significa vivir y trabajar en Ciudad Juárez para una mujer que, cumplidos los 50 años de edad, dejó gran parte de su vida en una sola maquiladora, la RCA, de donde fue despedida de una manera cruel, realmente inhumana.

Para esta obrera, como para los anteriores sujetos cuyos testimonios venimos ilustrando, la vida es una *lucha constante por la sobrevivencia*. Hay que buscar un ingreso, un salario, que permita la reproducción diaria de ella, primero, y de su familia después.[22]

[21] Nos referimos al impulso de los individuos por "salir adelante" en la época actual de "modernidad desbocada", apuntado por Giddens. Véase Giddens, A., 2000, pp. 66-67.

[22] Aquí debemos citar de nuevo a Pablo Vila (2007). Para este autor es fundamental la identidad religiosa entre los mexicanos, y la religiosidad en Ciudad Juárez/El Paso, Texas, es diferente de la del sur. Los habitantes de Ciudad Juárez ven la religiosidad de los "del sur" como "atrasada y fanática", y la de los "americanos" y "mexicoamericanos" la perciben "moderna", menos fanatizada, más "cercana a Dios". Sin negar la gran importancia que toma la cuestión religiosa en este lugar y en todo México, a nosotros nos parece que *la lucha por la sobrevivencia* puede ser vista como una de las "identidades fronterizas" más fuertes, pues a partir de ella se unifican los sentimientos de los originarios y de los migrantes, con las obvias diferencias y conflictos entre ellos que veremos más adelante. Cabe mencionar que esta "identidad", *la lucha por la sobrevivencia*, puede encontrarse en los habitantes de regiones de México, y no sólo en los de la frontera norte.

Toda la vida de Francisca transcurrió en el sentido indicado. Todos esos años en los que trabajó, el salario semanal le significó dinero, y éste a su vez le significó bienes básicos: alimento, transporte, vestido; también le fue posible cubrir la manutención de su único hijo y pagarle estudios. Además, su relación laboral con la empresa le permitió el acceso a un crédito para construir vivienda, del Instituto del Fondo Nacional de la Vivienda para los Trabajadores (INFONAVIT), el cual le permitió edificar su casa en un terreno que previamente había comprado.

Veamos algo de la vida de esta obrera, desde su ingreso a la maquiladora como obrera en las líneas, luego como jefa de grupo, hasta ascender como supervisora. Ella terminó la primaria, y ya no siguió estudiando. Tardíamente (todo es relativo aquí), a los 19 años de edad, se incorporó a laborar en la RCA, la maquiladora en la que permanecería por casi treinta años.

Mientras Francisca vivió con sus familiares, pudo disponer de parte de sus ingresos para su diversión, el baile, siempre el baile para estas mujeres, y, desde luego, ropa.

> *Sí duraba* [el salario mínimo en ese entonces, a fines de los años setenta y principios de los años ochenta], *porque cuando yo me quería ir a bailar nos comprábamos... que un pantalón y una blusa, cada ocho días; eso era de cada ocho días. Y ahora no, ahora* (2004) *para comprar un pantalón, olvídese...*

Ella recuerda que a fines de los años 70 del siglo pasado, el salario mínimo que recibían tenía mucho más poder de compra que en la actualidad (primera década del siglo XXI). Ella podía darse el "lujo", cada semana, de comprar alguna prenda de vestir. Pero a la vuelta de 30 años, ese "lujo" ya no estaba al alcance de su salario. De esa magnitud es el retroceso en las condiciones de vida de algunos sectores de esta *nueva clase obrera* –en realidad ya no tan "nueva", como ya indicamos–.

Es clara la percepción de esta obrera sobre la pérdida del poder adquisitivo de su salario. No hay mejoría, sino empobrecimiento para estos obreros. Es la misma percepción que encontramos en otras obreras, como veremos en el siguiente capítulo.

Pero no sólo eso. A lo largo de todo ese tiempo, la maquiladora le significó un salario permanente a Francisca, pero también una suerte de esclavitud. Es una percepción que no está en su conciencia, pero que nosotros desprendemos de su testimonio.

Ella, a partir del imperativo de acceder a un salario, se ató al empleo. Como ascendió pronto (de operadora pasó a jefa de grupo) y tuvo ingresos mayores a los de la generalidad de las obreras, prácticamente se esclavizó a la maquiladora RCA, famosa en ese entonces por el salario y las prestaciones que brindaba.

Al principio, su jornada era de 6:30 de la mañana a las 3:15 de la tarde, más media jornada de trabajo los sábados; de 6:30 a 10:30 de la mañana. Luego pasó a la jornada vespertina, de las 3:30 p.m. a las 12 p.m., en la cual se mantuvo por muchos años.

A esas jornadas normales se agregaban las temibles horas extras (temibles para nosotros, claro está), pues para las obreras más bien parecen ser una bendición, porque a través de ellas accedían a un mayor ingreso –o un ingreso menos bajo–.

En el turno vespertino continuaba sus labores luego de las 12 p.m., llevando a cabo horas extras hasta las 6 ó 7 de la mañana. Esta extenuante jornada con horas extras la llevaba a cabo comúnmente, fuera de las limitaciones que impone la Ley Federal del Trabajo en este aspecto –recordemos que por ley sólo se permiten nueve horas extras durante una semana de labores–, pues vemos aquí que Francisca trabajaba seis horas extras al día. Ella admite que "*doblaba turno*" toda la semana, en una jornada de trabajo que claramente violaba las disposiciones de la ley.

De lunes a viernes, Francisca sólo regresaba a su casa para dormir durante la mañana, despertarse y prepararse para la misma jornada de trabajo; los sábados laboraba solamente media jornada. Ella recuerda así estas prolongadísimas jornadas de trabajo:

> *Había veces que trabajábamos tiempo extra toda la noche. Venía* [a mi casa] *a dormir un rato, a bañarme,* [y había que] *irse otra vez. Decíamos que* [la maquiladora] *era nuestra segunda casa. Había veces que doblábamos turno toda la semana, y decíamos: "No, mejor ya tráete la cama para acá, ja-ja-ja"* [da a entender que esta situación era asumida por las obreras con alegría, riéndose]... *Sí, a ese grado.*

Esa situación laboral no provocaba mayor reflexión en Francisca o entre las demás obreras; más bien era asumida con buen humor. Ni reflexión ni acción para enfrentar una situación realmente injusta, alejada de la Ley Federal del Trabajo, la cual establece una jornada de trabajo racional y humana.[23]

Debido a esas largas jornadas de trabajo, que nos hacen verla como una "esclava moderna", esta obrera accedió a un ingreso que le permitía su reproducción y la de su hijo (Dusster, 2006).

Entoces, para Francisca vivir significaba trabajar, trabajar y siempre trabajar, en pos de un ingreso que le permitiera alcanzar ciertos satisfactores. En este horizonte de vida, poco tiempo quedó para el estudio, para el esparcimiento y la recreación. Sus únicos momentos de esparcimiento son los que le dedicaba al baile, siempre el baile. Veamos testimonios de Francisca al respecto:

[23] Al respecto, véanse los capítulos I y II del Título Tercero de la Ley Federal del Trabajo, en *Nueva Ley Federal del Trabajo 2003*, pp. 18 y 19. En el último capítulo de esta investigación volveremos sobre la cuestión de la jornada de trabajo, clave para entender muchas cuestiones de las condiciones laborales y de vida de esta clase obrera.

Nos íbamos cada ocho días al baile; había veces en que doblábamos turno toda la semana y no, el viernes era de ley ir al baile.

Saliendo de trabajar, llegábamos a las doce y media al centro en la noche.

Antes los salones de baile se cerraban a las seis de la mañana, y ahí se estaba uno. Preferíamos estar allí en el baile, que venirnos [a nuestras casas] *tarde, nos veníamos hasta la mañana cuando empezaba a haber rutas* [de camiones], *nadie traíamos carro.*

Pasado un tiempo, Francisca tuvo un hijo. Tal parece que nunca contó con el apoyo de esposo o compañero. Siendo "madre soltera", encaró sola las exigencias de la vida, entre ellas lograr una vivienda. Fue así que accedió a un terreno en la zona noroeste de la ciudad. Como ya mencionamos, con el paso del tiempo y su progreso en la empresa (su ascenso a jefa de grupo), pudo acceder a un crédito del INFONAVIT para terminar de construir su casa en ese terreno.[24]

En estos momentos de la vida de Francisca está presente el apoyo familiar, la red familiar que le permite continuar trabajando, pues ella no cuenta con ayuda de la "pareja". Vemos cómo ella contó, para la atención y crianza de su hijo, primero, con la solícita presencia de su madre. Cuando su mamá murió, apareció el "relevo": una hermana.

Vemos así que los niños de esta clase obrera cuentan con varias madres a la vez: las abuelas y las hermanas, mientras las madres (y también los padres, como veremos en otro capítulo)

[24] En este aspecto parece que estamos ante una "nueva femineidad": obreras, mujeres que tienen un ingreso propio, que no se atan a un hombre, que enfrentan la vida ellas solas relativamente, pues, como veremos más adelante, en realidad ellas no están solas, cuentan con el apoyo de familiares. Estamos ante un gran cambio cultural entre estas obreras, que deberá dar lugar a nuevas investigaciones.

están esclavizadas a la maquiladora. Cuando estos niños cambian de "madre", viven el episodio como una pérdida, como si perdieran a su madre realmente.

> *Me lo cuidaba mi mamá* [a mi hijo]. *A raíz de que murió mi mamá, se fue con mi hermana. Si resintió mucho* [el niño] *la pérdida de la abuelita, de mi mamá; allá terminó la primaria con mi hermana, luego ya me lo traje para acá; ahora está estudiando la preparatoria.*

Hay otro elemento en la vida de Francisca que nos interesa resaltar. A lo largo de esos casi 30 años en la misma maquiladora, ella fue disciplinada y leal a ésta. Llamamos la atención acerca de un hecho: ella era personal de confianza, desde el momento en que ejercía las labores de organización del trabajo y vigilancia del mismo como jefa de grupo, más tarde como supervisora.

Nunca promovió un conflicto con la empresa o con sus superiores; sólo trabajó y trabajó. Su escaso interés por sus derechos laborales es claro. Indiquemos que en esta maquiladora había uno de los pocos sindicatos del sector, afiliado a la Confederación de Trabajadores de México (CTM) y "sector obrero" del Partido Revolucionario Institucional, con una problemática específica. Por ejemplo, en una época, este sindicato vivió un conflicto interno, caracterizado por la lucha por el control del sindicato por parte de varios grupos; incluso vivió un conflicto importante, como el desarrollo de una huelga con la cual la CTM más bien parecía confrontar al "panismo" (al Partido Acción Nacional) en la ciudad, cuando este partido ganó la presidencia municipal, antes que defender los derechos de los obreros.

Aún con esa problemática, Francisca nos manifestó su claro distanciamiento hacia esta situación. Su testimonio es contundente al respecto: *No, yo no estaba enterada* [de lo que pasaba en el sindicato]*; no me gustaba andar en esos problemas.*

Se revela así su *condicionamiento* en lo laboral: a ella no le importó el sindicato ni la militancia, tampoco la lucha obrera, en esas épocas en las que podría haberse afiliado al sindicato. Al respecto, hay que señalar que con frecuencia la lucha del sindicato cetemista en la RCA era una lucha manipulada por el Partido Revolucionario Institucional (PRI) para lograr espacios de poder en la administración pública de la ciudad, y no siempre una lucha económica legítima. Así que hasta cierto punto podemos entender el desinterés de Francisca por el sindicato.

Pero esa entrega de Francisca al trabajo no bastó, y fue tratada como todas las obreras y obreros de la maquila. En efecto, cuando la conocimos tenía poco tiempo de haber sido despedida (o "liquidada", como también suele decirse) de la maquiladora, en la cual se desempeñó por ¡casi 30 años!, la RCA, muy buscada por los obreros por sus altas prestaciones. El despido fue para ella un duro golpe. Sin duda estamos ante un episodio dramático en la vida de esta obrera: el despido, a una edad "avanzada", hacia los 50 años de edad.

Ella se vio obligada a buscar un nuevo trabajo como operadora de línea en otra maquiladora, en donde sí admitían obreras y obreros "viejos". Por ello, en Francisca pudimos percibir el sentimiento de que sus condiciones de vida y trabajo no sólo habían disminuido, sino que esas condiciones se habían *derrumbado*: sus ingresos disminuyeron en más de la mitad con respecto a los que había alcanzado durante décadas.

Siendo una persona en plenitud de sus facultades físicas, le había tocado el destino de gran parte de estos obreros: ser *desechado por la maquiladora*, y vivir el desprecio de un sistema fabril sumamente injusto hacia sus obreras y obreros.

A pesar de ello, Francisca conservaba objetivos en la vida: el estudio, el cual parece ser una meta bastante generalizada entre estos obreros. A través del estudio puede aspirarse a una vida mejor (como en el caso de Riqui), y puede permitirle a Francisca ser todavía competitiva para seguir trabajando en el medio maquilador. Afirma:

> *Yo llegué a sexto de primaria; quiero seguir estudiando, porque ahora que me liquidaron y empecé a buscar trabajo ya piden* [las maquiladoras] *la secundaria como mínimo.*

Vemos así que la situación de Francisca no sólo no mejoró, al contrario: hay un claro descenso en su nivel de vida. Ahora (primera década del siglo) existe en ella la claridad de que hay mayores exigencias para laborar en la maquiladora, a diferencia de la época en que inició su actividad en la maquila.

Podría decirse que es la historia de siempre del capitalismo: para el obrero, poco, pero cada vez con más exigencias (en este caso, haber concluido la secundaria). Pero así como estos obreros se las han ingeniado por generaciones para laborar, alterando sus actas de nacimiento para cambiar sus edades y así poder ingresar a trabajar, podría pensarse que en el futuro ellas y ellos también alterarán los certificados de secundaria.

Estamos ante una situación paradójica y contradictoria de esta cultura obrera: cotidianamente Francisca lucha por sobrevivir, por acceder a un empleo asalariado, por mejorar en la empresa, por tener un puesto mejor que el que implicaría ser simplemente "operadora" en las líneas de producción, y de esta manera ganar un poco más; pero ideológicamente ella se encuentra fuertemente condicionada por esta necesidad: acceder a un cheque semanal. Ella no se plantea *"meterse en problemas"*; ella estuvo dedicada a laborar. No hay en ella visos de rebeldía, de búsqueda de alguna alternativa unitaria con otras obreras y obreros. Nada de eso.

Sin duda, ha sido este diálogo con Francisca, un diálogo desde el *condicionamiento obrero por el capital*, un diálogo desde la *subalternidad* obrera en las maquiladoras de Ciudad Juárez.

2
LOS DEL SUR

Introduciendo a "los del sur"

En este capítulo trataremos ahora de rescatar algunas de las orientaciones de obreras y obreros vinculados a la experiencia de la migración desde el sur, y al hecho de habitar en un espacio urbano particular, binacional: Ciudad Juárez y El Paso. Como hemos ido esbozando, este es un espacio con una identidad regional compleja, un lugar donde hay "muchos" sujetos: los "del sur"; donde los mismos "juarenses" son "otros" para los migrantes; y donde, cruzando los puentes peatonales sobre el Río Bravo, hay "otros" sujetos: los "mexico-norteamericanos", los "americanos", o los afroamericanos. En suma, una verdadera constelación de grupos y sectores sociales, a los cuales los acompaña una constelación de prejuicios de unos hacia otros.

Pero no nos adelantemos al problema de los prejuicios en la región. Para la lectura de este capítulo sugerimos al lector tener presente la idea que ya adelantamos en el apartado anterior: la migración es un medio para lograr la supervivencia. A partir de los testimonios que reunimos, podemos constatar que no hay futuro para estos migrantes en sus lugares de origen, en lugares cercanos o lejanos de Ciudad Juárez, aunque también podremos observar la complejidad de las causas de la migración, la cual encuentra su explicación en otros elementos, que tienen relación con otras motivaciones de los individuos que se han desplazado a esta ciudad, ya sea desde lugares cercanos o regiones lejanas, desde "el sur" .

De primera impresión parecería que no podemos hablar de "oleadas" de migración a Ciudad Juárez; más bien asistimos al arribo sistemático de migrantes a este lugar desde 1942, cuando inicia el Programa Bracero, el cual finalizó en 1964. El acuerdo de este programa fue firmado entre México y EUA, con el fin de contratar mexicanos que cumplieran los requisitos para trabajar en el vecino país (González de la Vara, 2002: 162). A partir de este hecho, asistimos al desplazamiento de migrantes hacia Ciudad Juárez. En este sentido, es de notar que desde hace décadas, México es un país en crisis económica permanente, incapaz de generar bienestar para una parte importante de sus habitantes.

Muchos de estos migrantes llegaron en busca de la sobrevivencia, la cual está simbolizada en una empresa que otorga trabajo y una remuneración salarial que les permite hacerse de los productos básicos para vivir, y en la posibilidad de acceder a prestaciones laborales como el seguro social, en el momento en que establecen una relación laboral.

Esa parece ser la explicación básica de la migración; sin embargo, como ya mencionamos, son muy diversas las causas que llevan a la gente a migrar.

¿Acaso podemos establecer diferencias significativas entre la experiencia de los migrantes y de quienes han habitado la ciudad desde hace al menos dos o tres generaciones, y a la cual ya nos referimos?

Antes de responder a esas preguntas, nos volvemos a remitir a la experiencia directa de los actores, hombres y mujeres que entrevistamos. En primer lugar, nos referiremos a la migración que provino de ciudades y zonas del centro y sur del estado de Chihuahua, y que ha tenido lugar desde hace ya varias décadas.

Hablan mujeres migrantes

Encontramos que hay migrantes de la ciudad capital, Chihuahua, que arribaron a la ciudad en los años 60, casi dos décadas antes de la era neoliberal, tiempo en que se ubica el inicio de una gran oleada de migración en el mundo y de la cual México no escapó. Rocío, una mujer que tenía 43 años de edad cuando la conocimos en 2004, con diversos periodos de trabajo en las maquiladoras, nos contó lo siguiente:

> *Yo nací en Chihuahua* [se refiere a la ciudad capital del estado de Chihuahua, con el mismo nombre], *pero desde bebé me vine para acá. Mi papá era gastronómico y mi mamá también. Trabajaban en hoteles los dos. Mi papá en el bar; fue barman de muchos lugares, y mi mamá en la cocina; mi mamá era chef. Se vinieron para acá porque el trabajo empezó a escasear en Chihuahua; fue alrededor de los sesentas que mi papá se vino primero y consiguió trabajo en el hotel que antes era el Camino Real, que después fue el Presidente; ahí trabajó desde que se vino de Chihuahua hasta que cerraron el hotel. Como treinta y tantos años ahí trabajó.*

Continúa Rocío, quien ha tenido una experiencia de migración en la que el grueso de su familia abandonó su ciudad originaria. Por cierto, todos los integrantes de esta familia perdieron casi todos sus vínculos con su lugar de origen:

> *Estaban mis abuelos maternos... ellos también se vinieron para acá porque mi abuelito era ferrocarrilero y entonces, cuando la Casa Redonda cerró y el sindicato ferrocarrilero ya no tenía como que gran cosa por hacer en Chihuahua, pues se vinieron acá. Sí, mis abuelos maternos se vinieron para acá; toda la familia de mi mamá vive acá con sus hermanos. En Chihuahua ya no queda nadie. Por parte de mi papá, sólo queda una tía.*

En los años ochenta del siglo pasado puede identificarse la llegada de más migrantes a Ciudad Juárez. Esta migración sí pareció corresponder a los primeros efectos de las políticas neoliberales, que dejaron a millones sin empleo y sin más opción que buscar sobrevivir en otros lugares. Provino del mismo estado de Chihuahua y de otros estados cercanos, como Durango y Zacatecas. Obviamente, una parte de estos migrantes se insertó en las maquiladoras de exportación, la única opción laboral para muchos de los habitantes pobres de este lugar, o para quienes han migrado a éste.

Entre los casos que estudiamos identificamos un núcleo familiar, el cual se desplazó del sur del estado hacia el norte, a Ciudad Juárez, dejando atrás sus raíces. Al parecer, todos los miembros de esta familia decidieron buscar un medio de vida en la ciudad donde el imaginario popular suponía que siempre habría empleo: Ciudad Juárez –imaginario que en el 2010 ha cambiado drásticamente–.

Veamos el testimonio de Celia, mujer de poco más de 30 años de edad, cuya familia migró del sur del estado de Chihuahua (recordemos que es el estado más grande de México), desde la zona minera de Santa Bárbara y San Francisco hasta la frontera norte, a Ciudad Juárez.

A fines de los años 70 del siglo pasado, esa zona minera entró en decadencia, y su población empezó a migrar hacia otras partes del país, siempre hacia el norte.

> *Pues mi abuela y algunas tías abuelas llegaron primero a Ciudad Juárez. En ese lapso mi papá se fue a Estados Unidos, y cuando ya regresó se quedó a radicar acá, y ya después se fueron viniendo otros tíos, según como fue acabándose todo el trabajo en la mina. Porque mis tíos fueron trabajadores de las minas en Santa Bárbara y en San Francisco, y entonces allá, yo creo que quedarán dos tíos abuelos, nada más quedan ellos, los mayores y sus hijos han emigrado a Estados Unidos o algunos aquí, pero más bien casi la mayoría de la familia está acá.*

Los migrantes empezaron entonces a abrirse un espacio (laboral y social) en Ciudad Juárez, como se observa en el siguiente testimonio de Celia:

> *Mi familia siempre ha trabajado en la maquiladora, mi papá y mi mamá. Mi papá, desde que llegó a Juárez, empezó a trabajar un tiempo en restaurantes y otro tiempo en la maquiladora, en donde se hacían los casetes para grabar; y mi mamá, desde que yo tenía 6 años, empezó a trabajar en la maquila. Mi papá es de Santa Bárbara, Chihuahua, y mi mamá es de Durango. Cuando se casaron, se vinieron a vivir para acá.*

Vemos así que familias enteras abandonaron sus lugares de origen desde los años sesenta del siglo pasado, situación que continuó en las décadas siguientes. Los miembros de esas familias se disgregaron; algunos de ellos se dirigieron al norte, cruzaron la frontera, y se internaron en los Estados Unidos de Norteamérica. Otros fueron directamente a establecerse a Ciudad Juárez. De los primeros, algunos lograron asentarse en el país vecino, pero otros volvieron y se establecieron en Ciudad Juárez; así, algunas familias dispersas se reintegraron nuevamente.

De esa forma se instalaban, de manera definitiva, muy cerca, a escasos minutos de una ciudad norteamericana, con la opción de cruzar todos los días los puentes que separan a los países, para ganar en dólares, muchas veces sin permiso legal para trabajar en la nación del norte.

Habla otro género (en busca de la salvación)

Entre nuestros entrevistados, seguimos encontrando la experiencia de la migración. Nos referimos ahora a Andrés, quien nació en la ciudad capital, Chihuahua, y que nos muestra otro ángulo de este desplazamiento permanente de población hacia Ciudad Juárez.

En este caso no encontramos claramente la búsqueda de la sobrevivencia como una explicación de su movilidad. En su memoria desaparece este elemento, para encontrarnos con alguien que se desplaza de una ciudad a otra a partir de que en ambas ciudades, Chihuahua y Ciudad Juárez, radican miembros de su familia, y a que existe un fuerte vínculo familiar y personal con una institución: la Iglesia Católica.

Parece que el cambio de ciudad se debió principalmente a este elemento ideológico: Andrés buscaba, sobre todo, superar de alguna manera el hecho de ser homosexual, al tiempo que buscaba expiar su pecado y alcanzar el perdón. Para ello quería servir a la misma institución que le había imbuido la idea de su homosexualidad como un pecado: la Iglesia Católica. Más que un proceso de *conversión religiosa*, lo que encontramos en la vida de Andrés es una búsqueda por encontrar una solución a su condición homosexual.

Encontramos también que, desde muy joven, Andrés ya contaba con experiencia laboral en las maquiladoras. Como muchos de estos jóvenes trabajadores suelen hacer, alteró su acta de nacimiento para ser admitido en el trabajo a los 13 o 14 años de edad. En ese entonces, trabajar ahí le significaba estar con sus amigos, un grupo de obreros homosexuales, con una identidad sexual diferente, según el imaginario de esta ciudad y muchos otros lugares; en realidad él no trabajaba por necesidad, según nos relató el entrevistado.

Pronto, el trabajo en la maquiladora lo alternó con continuos cruces a El Paso. Primero para estudiar, posteriormente para trabajar, siempre de manera no legal, pues sólo contaba con su visa de turista para cruzar los puentes que separan a Ciudad Juárez de El Paso.

De esa manera, cursó el llamado *high school* del lado "americano", utilizando el seguro social de su abuelo, es decir, con el nombre de éste y no el de él, por lo cual su certificado de preparatoria está a nombre de ese familiar, y no le sirve en ninguno de los dos países.

Posteriormente, una de sus actividades principales en El Paso fue la de asistencia a un sacerdote en un templo católico, por la cual percibía ingresos en dólares: en un día ganaba lo que en una semana de trabajo en las maquiladoras de Ciudad Juárez. Esta actividad la alternaba con el trabajo en las maquiladoras.

Sin embargo, un día fue detenido por guardias fronterizos norteamericanos al momento de cruzar la frontera. Su paso frecuente hacia la ciudad de El Paso levantó las sospechas de las autoridades, las cuales lo detuvieron y lo acusaron de realizar actividades distintas a las de un turista. Detenido por horas en el puente fronterizo, finalmente le retuvieron su visa de turista y fue regresado sin ese precioso documento a Ciudad Juárez. Entonces sólo le quedó buscar empleo en el lado mexicano, a través de sus contactos con la Iglesia Católica, primero, y con organizaciones no gubernamentales y asociaciones civiles, después.

Veamos las causas de su participación en ambas organizaciones, y su paso de una a otra. Andrés explicó su fuerte adhesión a la Iglesia Católica, que lo llevó a ser parte de ella como voluntario, "coordinador de grupos", sacristán en las misas, ayudante de sacerdotes durante varias horas al día en uno y otro lado de la frontera (mientras conservó la visa de turista):

> *Digamos... no es tanto como hacer el bien* [la participación en la iglesia] *sino dejar de ser parte del problema y entrar en las soluciones ¿No? Si puedes hacer un poquito, pues bueno, tómalo por ese lado; más o menos así lo siento yo. No siempre está el... bueno, es que somos tantos homosexuales, pero ¿qué hacemos con nosotros mismos?*

O son tantos los pobres, pero ¿qué hacemos por nosotros mismos y todo eso?

Aunque las ideas de Andrés no son completamente claras, él se refiere a las motivaciones profundas que entonces lo vinculaban con la Iglesia Católica. "*Entrar en las soluciones*" para él significaba realmente tratar de resolver positivamente su identidad sexual diferente, pecaminosa ante esa Iglesia. Implicaba hacer el bien para tratar de saldar ese pecado, sobre todo para que Dios se lo reconociera a través de la Iglesia.

En otro testimonio, él lo expresa de esta manera:

Estaba haciendo algo bueno. Sí. También se lucha contra no pecar, supuestamente, porque ser homosexual ya es un pecado. Entonces, yo trataba de recompensarle a Dios.

A pesar de sus esfuerzos, Andrés pronto experimentó un amargo episodio de discriminación por parte de un sacerdote en Ciudad Juárez, precisamente por su condición de homosexual, episodio que nos remite a la extendida y compleja gama de prejuicios y estigmas que encontramos en esta región. Con una cultura patriarcal, los prejuicios hacia la población homosexual, transgénero y lésbica –es decir, con orientaciones sexuales diferentes– son muy acentuados. Por ejemplo, la población homosexual en Ciudad Juárez recibe el mote de "buchones", sin que hayamos podido averiguar su significado.

Volvamos a ese episodio de discriminación hacia Andrés. A él se le impidió trabajar como sacristán en una iglesia, por su condición de homosexual. Se le cerró el paso a esa labor, y el sacerdote que ejerció la discriminación ni siquiera se lo dijo de frente a Andrés. Y no sólo eso: el mismo sacerdote lo evidenció en público durante una misa. Andrés recuerda así este incidente:

Andrés: *Una vez en plena misa así la soltó,*[1] *la soltó el padre, porque la soltó; en el sermón dijo... felicitó a todos, había habido una kermes o no sé qué chingados, y dice "pero estoy muy preocupado con el grupo de jóvenes", y nada más había un grupo de jóvenes.*
E: *El tuyo.*
Andrés: *Sí* [continúa simulando el diálogo del padre], *"porque ahí anda un homosexual que se dedica a andar publicando sus intimidades".*
E: *Se refería a ti, obviamente.*
Andrés: *¡Claro! y todos los jóvenes pues se quedaron viéndome. Y yo con mis compas, con mis amigos, pues sabían que yo era "mariquita", y pues hasta ahí, y es más, ningún hijo de su pinche madre me gustaba, si me hubiera gustado alguien, yo se la canto. Y le digo "¿Sabes qué? Pos..."*
E: *O sea... ¿fue mala onda del sacerdote?*
A: *Bastante mala onda. Imagínate, lo sacó en plena ceremonia, algo muy importante para los católicos; aparte ridiculizarte en público y mentir, y luego en una parte muy sagrada para una, en esos momentos ¿no? O sea, uno como católico, uno como creyente, uno como supuestamente hijo de Dios y todo eso, que a la persona que más admiras o que piensas que está más cerca de Dios* [se refiere al sacerdote]... *como si en esos momentos Dios me hubiera dicho "¿Sabes qué?, por ser puto eres esto, y esto y eres un pecador", a pesar de que en esos momentos uno como creyente y como cristiano pues estás luchando porque piensas que* [...]

Ese evento de discriminación le ocasionó una profunda decepción. El camino hacia la expiación de su "pecado" pareció cerrarse para él; parecía que su proceso de conversión, más bien de regeneración, en el seno de la misma Iglesia Católica, se cancelaba.

Andrés se sobrepuso al fuerte golpe moral que le significó darse cuenta de la discriminación hacia él por parte de aquel sacer-

[1] Lo dijo.

dote. Él se empezó a alejar de la Iglesia. Como recuerda: *"Todo esto me orilló a defenderme más, pero no dentro de la iglesia, no dentro de una religión"*.

Vemos así que no hay una conversión religiosa propiamente dicha, sino un alejamiento de la Iglesia Católica, resistencia al golpe moral y *resiliencia*, es decir, capacidad de sobreponerse a situaciones en extremo difíciles y seguir adelante, hasta encontrarle un nuevo sentido a la vida.

Fue así que Andrés se incorporó a una organización no gubernamental (ONG) dedicada a la prevención y la atención a enfermos de SIDA. Obviamente, su condición homosexual y su inquietud por el riesgo de aquellos que comparten su identidad ante la pandemia, lo llevaron a este lugar.

En la ONG se le planteó a Andrés hacer labor de proselitismo en las maquiladoras, ámbito laboral que, como ya mencionamos, él conoció desde muy joven, pues –hay que insistir en ello– el trabajo en la maquiladora en esta ciudad es una experiencia común entre la población.

Es claro que para la población pobre, trabajar en la maquiladora es un medio para acceder a un salario a partir de los 12 o 13 años, edad en la que los jóvenes pueden parecer más grandes, y si esto no es así, ellos pueden alterar sus actas de nacimiento para aparecer como "mayores" ante las empresas.

Él recuerda el momento del reclutamiento en la organización dedicada a la salud, donde se le propone el trabajo militante en las maquiladoras:

> *Las reuniones* [de la organización de salud] *eran en la Clínica La Familia, cuando me dicen, es como todo en cualquier reunión, cuando entra un integrante nuevo: "¿De dónde vienes? ¿Dónde trabajas...? Bla, bla, bla..." Ya después, ella habló conmigo; era nuestra coordinadora, y me dijo:*

– *"¿Qué te parece si le entras a la maquila? Eres una persona más o menos potencial, y vamos a echarle ganas".*
Y pues sí, me aventé; fui a conseguir trabajo a una maquiladora.

Este caso ilustra las condiciones de incorporación a las maquiladoras de un individuo que no aspiraba a sobrevivir, sino más bien a redimirse a sí mismo, al tiempo que coadyuvaba a la salvación de los demás. Para ello se vinculó con organizaciones que le permitieran lograr ese objetivo, en un proceso parecido al que ya vimos en el capítulo anterior: el contacto con "expertos", en este caso en salud, agrupados en una ONG, le permitieron encontrar un asidero firme en esa búsqueda.

Además, en el caso de Andrés, encontramos un tránsito de una organización a otra, luego de vivir en carne propia la estigmatización que pesa sobre los homosexuales en el seno de la Iglesia Católica. Una ONG resultó un ámbito propicio para sus objetivos altruistas, finalmente.

La búsqueda de Andrés no concluyó con lo antes dicho. Él evolucionó a los pocos años hacia el activismo en torno a los derechos de obreras y obreros en las maquiladoras, sin dejar de lado las cuestiones relacionadas con la salud. Él se orientó definitivamente hacia la defensa de esos derechos, entre ellos, los que se relacionaban con la contratación colectiva y la sindicalización. Todo empezó con un taller que ofreció la asociación civil llamada Centro de Estudios y Taller Laboral (CETLAC), que es expresión del Frente Auténtico del Trabajo (FAT) en Ciudad Juárez.[2]

[2] El FAT surgió en los años sesenta del siglo pasado, de un desprendimiento de la democracia cristiana en México. Desde entonces, tuvo un papel en la llamada "insurgencia sindical" de los años setenta de ese siglo. Poco a poco radicalizó sus posiciones hacia una especie de "neo anarco-sindicalismo", el cual promueve la "autonomía" de la clase obrera a través de la formación de sindicatos independientes, postura que en realidad se reduce a un sindicalismo que propone reformas

El vínculo entre Andrés y esa corriente del sindicalismo mexicano se dio de la siguiente manera:

> *Del CETLAC, ya cuando tenía un año de haberse iniciado aquí en Ciudad Juárez, nos invitan, en 1997, a los promotores de salud para darnos un curso muy intensivo de domingo a domingo de 9 de la mañana a 7 de la noche, todos los días. Iba a ser de sindicalismo, medio ambiente, riesgos de trabajo, salud en el trabajo, la Ley Federal del Trabajo. Entonces fue un curso muy completo; entonces le mandan la invitación a Graciela de la Rosa, y ella nos la da a nosotros y los que quieran... Graciela de la Rosa dijo: "Este es un sindicato pagado por sindicatos gabachos... bla, bla, bla; entonces va a ser un taller de domingo a domingo ¿Cómo la ven? ¿Le entras, Ángel?". Y como yo ya había asistido a otros talleres, o sea, mis amigos casi no asistían a los talleres, o sea ellos nada más nos reuníamos cada lunes los promotores de salud y éramos un grupo de ocho o seis personas.*

De esta manera se inició una nueva etapa en la vida de Andrés, de trabajo comprometido con los derechos laborales de las obreras y obreros de las maquiladoras, planteándose junto con el grupo que conformó el CETLAC la lucha por la sindicalización independiente de ellas y ellos, incorporándose más tarde como un "cuadro" de tiempo completo a esa organización.

Esta etapa de Andrés nos revela de nuevo el contacto de miembros de esta clase obrera con los "expertos", con "expertos" vinculados a ONGs, pero también con sindicatos independientes de origen cristiano, en medio de un complejo proceso de búsqueda individual de *redención*.

---

laborales. Presenta algunos elementos socialistas y anarquistas en su discurso, sin que por ello reniegue de su pasado cristiano. Cuenta con abogados de renombre y un papel relevante en el restringido campo del sindicalismo democrático en México. Para más información, véase Hathaway, 2000.

Un "torreonero" y su familia en busca de la sobrevivencia

Veamos otra experiencia de migración, la de Pedro y su familia, quienes llegaron del cercano estado de Coahuila. Con esta experiencia, nos adentramos a la de aquellos que tuvieron que trasladarse muchos cientos de kilómetros para llegar a la entonces añorada Ciudad Juárez:

> *Llegamos a Ciudad Juárez en 1993, poco a poco. Llegamos primero tres y después otros dos* [hermanos]... *Llegamos con una tía, uno* [de los hermanos] *y yo llegué con otra... y ya estuvimos un rato trabajando, y luego regresarme y luego un tiempo en que volvimos. Ya después trajimos a nuestros papás en el 96* [año de 1996]. *Todos venimos a dar aquí, de Torreón, Coahuila. Llegamos aquí por el empleo, porque hay más fuentes de empleo, y porque en Torreón estamos muy escasos de trabajo. Somos de un rancho cerca de Torreón. Mis abuelitos tenían tierras, pero mi jefe* [se refiere a su papá] *era el que las trabajaba... sembrábamos algodón, maíz, sandía, melón, todo lo que es fruta, en unas dos hectáreas... Nos venimos y se quedaron otras gentes con el terreno, unos tíos. Yo trabajé en el campo, ayudándole a mi papá; desde los ocho años ya andaba ayudando, todos mis hermanos dijimos de repente: "Vamos para allá".*

En esta experiencia, vemos de nuevo el desplazamiento de una familia entera, igualmente por etapas, poco a poco, en busca de trabajo y de sobrevivencia, pero dentro de un plazo relativamente breve. El núcleo familiar contó con una red de familiares en Ciudad Juárez, tías principalmente, también migrantes. Sus miembros dejaron atrás las labores agrícolas que realizaba en dos hectáreas de terreno, cerca de la ciudad de Torreón, capital del vecino estado de Coahuila. Primero llegaron a Ciudad Juárez los hijos varones, exploraron un tiempo el lugar, y trabajaron por primera vez en las maquiladoras. Regresaron al rancho cerca de Torreón, y luego volvieron a Ciudad Juárez, para radicar ahí definitivamente. A los tres años trajeron a sus padres a vivir con ellos. Poco después se instalaron definitivamente como "colonos" (como se autodefine este obrero) en una zona cercana a la colonia Guadalajara Izquierdo, aún sin nombre en el momento en que realizamos esta entrevista (2004), ubicada en el noroeste de la ciudad.

Cuando estuvimos en esa colonia en el año 2004, pudimos constatar que Pedro y su familia vivían en condiciones realmente pobres. En su "cuadra" no había pavimento ni banqueta. De los postes de luz colgaban infinidad de cables multicolores, que surtían electricidad de forma ilegal a muchas de estas casitas de madera y asbesto.

Esta era una zona de asentamientos "irregulares" de reciente formación. Sin embargo, la "colonia" en la que vivía Pedro y su familia se formó bajo la directriz del gobierno, para que en ella se asentaran precisamente los migrantes. Es por ello que desde entonces existía el servicio de transporte y de "pipas" de agua, proporcionadas por el gobierno municipal.

Veamos cómo recuerda Pedro la llegada de él y su familia a este lugar:

> *Estamos aquí desde hace dos años. Nos instalamos por medio de asentamientos. Nos dieron un terreno, hicimos un jacalito,*[3] *y órale. Aquí el gobierno da los terrenos, el gobierno reparte; se solicitó, y luego ya se fue repartiendo.*

En este caso, sin duda operó la ayuda de la red de familiares (las tías) para el traslado de todo este núcleo familiar. Pronto los hermanos se reunieron con los padres, en una sola vivienda.

[3] Diminutivo de jacal, casita.

Los llegados de Torreón y la zona conocida como La Laguna no parecen conformar una migración con las características de los veracruzanos, como veremos más adelante. No parecen llevar consigo afinidades culturales como las que portan los "juarochos". Más bien, parece una migración que abandona su lugar de origen sin conservar los lazos que encontramos entre los veracruzanos.

Al parecer, la percepción principal que portan es la de individuos en busca de la supervivencia. Saben que en su lugar de origen ya no cuentan con posibilidades de acceder a algún empleo y un ingreso dignos, y que hay que "irse de ese lugar", hay que dejarlo. Y la alternativa es Ciudad Juárez; la ciudad que ofrece la alternativa del empleo y el salario, un empleo que no se conoce cabalmente, sólo se intuye: "En Juárez hay empleo", piensan, y es lo que se busca.

La inserción en el empleo maquilador pronto hizo consciente a Pedro de que en estas empresas las relaciones están basadas en la complicidad entre supervisores y gerentes, que se privilegia a familiares y allegados, y que el ascenso en el escalafón de la maquiladora es muy difícil.

Con todo, la entrada a un empleo que permite acceder a un pago por la fuerza de trabajo –simbolizado en una tarjeta bancaria con la cual es posible retirar dinero cada semana– es, por ahora, el horizonte al que aspira este obrero proveniente de la célebre Comarca Lagunera, un "torreonero" más, como los construye el imaginario social de la ciudad, cargado de estigmas hacia "los otros", los "fuereños".

Un "juarocho" en busca de un camino propio

Hacia los años noventa del siglo pasado, incluso antes, se puede observar una nueva oleada migratoria compuesta, de manera notable, por hombres y mujeres provenientes del estado oriental de

México: Veracruz. Los ya célebres "juarochos", mote con el que se les conoce en Ciudad Juárez, que resulta de la combinación de las palabras "juarense" y "jarocho".

Ellos han impreso aquí algunos elementos propios de su cultura regional: en Ciudad Juárez ahora es común ver restaurantes de marisco y pescado (más que los que comúnmente hay en cualquier ciudad del país), en los diarios se anuncian los brujos de Catemaco, e incluso la presencia del Partido Convergencia parece deberse a este fenómeno de cierta "jarochización" del lugar. Es claro que sobre estos migrantes, al igual que sucede con los "torreoneros", pesa el estigma de ser precisamente "otros"; son distintos a los originarios de este lugar y, por lo mismo, identificables bajo ese tipo de motes.

Ahora bien, por motivos que habrá que investigar más, esta migración que viene de tierras lejanas (el viaje en autobús dura entre 20 y 24 horas, un día entero de traslado) aparentemente conserva raíces en sus pueblos y ciudades de origen, lo cual pudimos corroborar no sólo a partir de entrevistas, sino también de la observación en las colonias proletarias de las terminales de los autobuses, las cuales mantienen una comunicación permanente con el estado de Veracruz.

Pero las sorpresas no acaban ahí. Veamos el testimonio de dos "juarochos", uno de ellos de sexo masculino, llegado tal vez durante las primeras oleadas de principios de los noventa, con 35 años de edad; y otra, de sexo femenino, de unos 25 años (edad que tenían ambos hacia el 2004, cuando se realizó la entrevista). Ambos son parientes, tío y sobrina, respectivamente.

El primero, Alberto, cuenta lo siguiente:

> *Llegué con unos primos* [que ya vivían y trabajaban en Ciudad Juárez], *de Veracruz, de un pueblo, se llama Pueblo Nuevo, por allá, rumbo a Cosamaloapan. Cuando fueron ellos en unas vacaciones de julio, me*

invitaron; uno tenía como un año y medio y otro tenía seis meses acá. El que tenía seis meses, haga de cuenta que él era mi compañero de escuela allá; cuando él se vino yo tuve unos problemillas, y ya no pude venir.

Luego superé los problemas, era en el 91 [1991] *cuando me vine. Llegamos un domingo, y el lunes ya fuimos a hacer la solicitud* [de trabajo en la empresa].

Aquí sí la sufrí, porque era muy diferente el ambiente ¿verdad? pues allá [en Veracruz] *es mucha tranquilidad, y aquí pues yo no estaba acostumbrado a una ciudad tan grande. Mi pueblo tiene como 10 mil gentes, algo así.*

Tenía como 20 años... fue difícil, dejar a la familia, a mi madre... muy triste. Yo con mi jefe [su papá] *casi no hubo mucha comunicación; con mi mamá, sí. Sólo sabía trabajar en el campo, nada más. Una de las razones por las que yo quise salir, independizarme, era saber sobrevivir solo, pues en la casa está uno acostumbrado a que todo le hagan a uno, a que todo le den a uno, que la comida, que planchar la ropa, y pues aquí no, aquí tiene uno que rascarse con sus propias uñas.*

Vemos de nuevo la red previa de familiares. Aquí no encontramos el paulatino éxodo de una o varias familias completas, al menos en el caso de la familia de Alberto. Él, a los 20 años, salió de su casa con dos primos, en busca de la independencia y la madurez, a pesar del dolor que le causó la separación, sobre todo, de su madre. Él no buscó sobrevivir, sino algo tal vez menos vital para algunos: buscó "*rascarse con sus propias uñas*".

Él trató de convertirse en un "hombre completo", capaz de valerse por sí mismo. Creemos que esto habla de una ruta de afirmación de la masculinidad a través de una especie de auto-castigo: crecer y desarrollarse lejos de la madre físicamente, con todo el dolor que ello le provocaba, y así alcanzar esa maduración personal.

Veamos ahora el caso de Moni, "juarocha" de unos 25 años de edad (en el 2004), que igualmente arribó a Ciudad Juárez a partir de sus lazos familiares, pues varios parientes de ella ya radicaban en dicha urbe, entre ellos su tío Alberto. Con tres años de residencia en Ciudad Juárez (en el 2004), su caso nos refiere de nuevo a una migración en la que, en lo inmediato, no aparece el elemento de la supervivencia como causa central.

Esta "juarocha" tenía trabajo en su lugar de origen, Cosamaloapan. Y su testimonio es el siguiente:

> *Me vine porque yo quería seguir estudiando y quería trabajar, aunque allá tenía trabajo ¿verdad? Sí hay* [escuelas]*, pero están bien caras, y al menos para mí no... Y dije: "Pues si trabajo y estudio, pues..."*

Su anhelo fue llegar a un lugar en el cual trabajar y al mismo tiempo estudiar, sobre todo a nivel superior (ella cuenta con preparatoria terminada), pues en su lugar de origen parece que no podía llevar a cabo tal objetivo.

Motivada por ese anhelo y por la red de parientes, ella llegó a Ciudad Juárez para que, al cabo de tres años, no viera aún un futuro claro, no al menos en los términos en los que ella había planeado: la educación superior resultó igual de inalcanzable en Ciudad Juárez que en su ciudad de origen. Cuando la conocimos, su destino parecía ser el de continuar trabajando en una maquiladora donde laboraban también varios de sus parientes. Además, llevaba a cabo labores domésticas en un hogar habitado por un tío (Alberto), su esposa (originaria de Juárez) y su cuñada con su respectiva familia; al tiempo que experimentaba fuertes sentimientos de nostalgia hacia su terruño.

Como podemos darnos cuenta, el tema de la migración es muy importante para entender cabalmente a la clase obrera en las maquiladoras de exportación de este lugar. Cabe ahora preguntarnos

¿Cómo es que estos migrantes, hombres y mujeres, se establecen en este lugar? ¿Cómo viven el proceso de inserción en las maquiladoras? Asomémonos a estas cuestiones, así sea someramente, en el siguiente apartado.

El complejo establecimiento de los migrantes. Preámbulo

En sus primeras épocas en la ciudad, los migrantes que conocimos rentaron cuartos, departamentos o casas pequeñas. Luego, algunos construyeron sus casas en los terrenos donde suelen asentarse los migrantes, ubicados en las colonias proletarias del noroeste y el sureste de la ciudad, entre otras zonas. Incluso, no pocos de ellos lograron acceder a créditos para la construcción de sus casas.

Iniciaron así una nueva vida, marcada por la posibilidad de acceder a un salario, a un ingreso limitado pero fijo, y así alcanzar un sustento mínimo, por lo menos mientras dura el empleo.

Insistimos en la idea de la sobrevivencia, aunque, como hemos visto, alcanzarla no es el único incentivo para estos trabajadores migrantes. En cualquier caso, el acceso a este salario es sobrevivencia, sustento para el migrante; significa el acceso, aunque limitado, a los bienes básicos: en muchos casos el pago de una renta, alimentación y servicios, principalmente.

Luego, encontramos que estos individuos, hombres y mujeres, forman familias, se reproducen, se fijan los objetivos básicos propios de la especie humana: asumir las tareas de formar una nueva generación, contar con los recursos básicos para ello, accediendo a algunos de los bienes que la hacen posible: techo, servicios, incluso automóvil.

Podemos decir, entonces, que lo antes dicho define en gran medida la orientación del trabajador migrante, hombre o mujer. Sin dejar de lado que, como en muchos otros lugares, la familia obrera está cambiando; al interior parece darse un cambio en las relaciones de género hacia relaciones un tanto más igualitarias, con una cierta redistribución de responsabilidades. Al mismo tiempo, es cada vez más frecuente encontrar familias encabezadas por mujeres solas y sus hijos, u hombres solos. Sin embargo, con reservas, podemos decir que aún predomina la familia tradicional entre esta "nueva clase obrera".

A continuación presentamos algunos ejemplos de estos núcleos familiares, a partir de los cuales podemos vislumbrar las orientaciones de sus miembros.

Ascenso y pérdida de estatus en la maquiladora de una obrera avecindada en la ciudad

Volvamos con Rocío, a la cual ya conocemos. Como mencionamos, ella migró con casi toda su familia, desde la ciudad de Chihuahua, en los años sesenta, siendo muy pequeña. Avecindada desde entonces en Ciudad Juárez, hacia finales de los años setenta y principios de los ochenta inició estudios universitarios, de los cuales cursó cuatro semestres. Entonces proyectaba formarse como contadora pública. Sin embargo, abandonó la carrera en una época de auge de la maquiladora, la cual tenía muchas ofertas de empleo con "buenos salarios" (relativamente hablando), y se dedicó a estudiar inglés.

> *Estudié primaria, secundaria, la prepa y la universidad como contadora; hice cuatro semestres y después me salí para irme a estudiar inglés, y en ese inter me agarró el asunto de las maquilas, que llegaban y que el inglés y que las oportunidades y... entonces yo seguí estudiando inglés y seguí preparándome para eso. Porque yo sabía que en un trabajo, con la ventaja de otro idioma, me podría ir mejor, y entonces empecé a hacer cursos adicionales y me fui metiendo al mundo de la maquila.*

Así, el auge de las maquiladoras fue visto por estos migrantes, avecindados en Ciudad Juárez desde los años sesenta, como una oportunidad de empleo. Incluso, podemos ver que esta mujer, entonces muy joven, dejó los estudios universitarios y se preparó estudiando inglés para incorporarse al trabajo en las maquiladoras.

Ella recuerda la frecuencia con la que cambiaba de empresa en sus primeras épocas en la maquiladora, pero no sabe con exactitud en cuántas trabajó; al parecer fueron unas 8 o 10 maquiladoras. Interrogada sobre las causas de esa constante rotación, nos dijo: *"Yo creo que por la oferta de trabajo... y por el salario"*. Es decir, en este caso la rotación no fue originada por los despidos ni las presiones laborales, era una decisión consciente, siempre en busca de mejor salario y en una época de auge de las maquiladoras.

Esta trabajadora no se insertó en las labores de las maquiladoras como operadora, sino en actividades administrativas como asistente de los gerentes norteamericanos que, por lo general, no sabían hablar español. Rocío era entonces asistente, traductora y una suerte de secretaria ejecutiva de los gerentes, hombres con cargos importantes en esas empresas.

Su situación era en verdad "privilegiada". Interrogada acerca de cuánto ganaba, nos dijo:

> *¡Uy! Mucho dinero. Yo me acuerdo que compré mi casa, compré mi carro. Yo creo que habría sido como el equivalente de ganar ahorita como unos 14 mil pesos* [al mes, del año 2004].

Vemos así que para algunos sectores de trabajadores de la maquila, este tipo de empleos eran realmente una gran oportunidad. Con los ingresos podían adquirir bienes como una casa propia y un automóvil.

Parecía, al menos para los sectores como al que pertenecía Rocío, que el sueño del empleo y el acceso a bienes de consumo, como el automóvil, era una realidad hacia los años ochenta del siglo pasado.

Pronto vino el casamiento de Rocío con un trabajador también "privilegiado", profesionista, un ingeniero que se desempeñaba como supervisor calificado. Y también pronto llegaron los hijos; procrearon tres hijas. Con las hijas llegó una gran carga extra de trabajo, sobre todo para ella, para Rocío, encargada de atender a sus hijas, de llevarlas a la guardería, recogerlas, trasladarlas al hogar, etc., en una situación sumamente tradicional, donde el hombre es proveedor, y la mujer claramente realiza una doble jornada.

El ritmo de trabajo era entonces muy intenso; a las labores en la maquiladora se sumaban las del ámbito doméstico. Ello la llevó a reflexionar y a tomar una decisión. Hizo *"cuentas"* y entonces decidió que lo mejor era hacerse cargo sólo de sus hijas, dejando el trabajo en la maquiladora.

Recuerda así esta toma de decisión:

> *Por ahí del 84 nace la primera* [hija], *y luego llegó un inter en donde tengo que decidir si voy a pagar a alguien que... ya una va a la guardería, otra va a la primaria, otra va al kínder; es decir, ya no puedo lidiar con el horario de 9 o 10 horas de la maquila y los horarios de la escuela de mis hijas. Entonces, un día me tengo que poner a decidir si voy a pagar a alguien, porque era mucho el desgaste por la mañana, correr de un lado para otro, dejar a una en la guardería, otra en la primaria, otra en el kínder, y luego recoger a una a las doce, y así sucesivamente.*

Cuenta que el llegar tarde al trabajo, o salir temprano para ir a recoger a sus hijas, realmente no le originaba problemas en la maquiladora:

> *Lo hice un tiempo* [llegar tarde, salirse de la maquila en horas laborables], *ese es uno de los beneficios que tienes al ser administrativo; es*

decir, "ahorita vengo", ahí no tienes más que hacer tu trabajo. Los americanos son así; ellos nada más necesitan que les des las cosas cuando te las piden. No necesitan que estés ahí sentado ocho o nueve horas y verte. Y así lo hice y lo intenté, pero fue demasiado desgaste, y además era doble gasto. Entonces un día me senté, y sacando cuentas, estaba gastando más de lo que ganaba en ir y venir y esto y el otro; buscar horas adicionales, pagar una guardería por la tarde. Y me fui, dejé la maquila y entonces lo que hice fue buscar trabajos de manera pues menos formales que la maquila, con menos horarios, tiempos parciales y así, pero ya no en la maquila; dejé muchos años la maquila. Me metí a otras cosas, desde maestra de inglés hasta cajera en un supermercado, pero ya en horarios que me permitían también estar aquí [se refiere a su hogar]. *O sea, gané tiempo para estar con ellas.*

Trabajaba cuatro o cinco horas; era como simbólico. Era para no dejar de contribuir a la economía familiar, pero realmente no era muy significativo. Y eso me fue alejando del ambiente de la maquila, y me fue alejando de muchas cosas. Ya era de otra etapa en donde mis hijas crecen y entonces ya no requieren de mi presencia física; y entonces, otra vez, ahí voy a buscar trabajo y a encontrarme con muchas cosas: la edad, con muchas cosas en mi contra. Ya no era aquel tiempo en donde podía encontrar cualquier trabajo. La actualización tecnológica, pues no tanto, porque con las mismas hijas estuve siempre como pendiente de seguirle el curso a las cosas, pero ya no era lo mismo de todas maneras.

Tenemos así el caso de una trabajadora de la maquiladora que, después de tener un empleo "privilegiado", el cual le permitió gozar de un buen nivel de vida durante bastantes años, se vio forzada a tomar una decisión tras su reproducción: o seguir trabajando –presa de un gran desgaste y tensión, pues ella es la reproductora por excelencia, la que se hace cargo de todo lo relacionado con la crianza de las hijas, mientras el esposo parece ser el "proveedor" por excelencia, es decir, el que provee el dinero y los bienes necesarios para la reproducción de la familia– o bien abandonar el trabajo en la maquila y acceder a empleos parciales en diversas actividades (enseñando inglés, como cajera en un supermercado) que no la ocupen más de cuatro horas al día.

Es claro que lo prioritario para Rocío era atender a sus hijas. Al mismo tiempo, es consciente de que 11 años de su vida lejos de la maquiladora fueron determinantes. En ese tiempo, la maquiladora cambió, cambió ella, cambió el mundo. Y aunque se siente apta para trabajar (conoce bien el uso de la computadora), ya no cuenta con la edad "adecuada" para hacer una "carrera" en la maquiladora. Y nos referimos a la edad "adecuada" desde el punto de vista del capital maquilador, el cual nos presenta aquí uno de sus prejuicios hacia los obreros: el prejuicio sobre la edad requerida para trabajar.

En efecto, para el capital maquilador, después de los 40 años de edad, el obrero y el trabajador o trabajadora es "viejo" y "desechable", difícilmente puede ser empleado por las empresas, y si es admitido, ya no será en el mismo nivel que en otras épocas ni con la misma remuneración; mucho menos se tomará en cuenta su experiencia laboral.

El siguiente diálogo con Rocío ilustra lo antes dicho:

E: *¿Qué edad tienes ahora? (2004)*

Rocío: *43 años.*

E: *¿Y te fue muy difícil volver a la maquila?*

Rocío: *Yo creo que duré como seis meses buscando trabajo.*

E: *¿Y cómo lo conseguiste? ¿No fue por agencia de colocación?*

Rocío: *No, ya no. Yo lo único que sabía es que necesitaba un trabajo y no sabes... Al principio yo decía que estaba como disminuida* [en sus capacidades], *pero después ya vi que era como marginada, porque ya las oportunidades no las hay.*

E: *¿En otros lugares no podías ir a buscar trabajo?*
Rocío: Sí podía ir a pedir trabajo a una tienda, pero a mí no me interesaba tener el salario de una tienda; yo quería regresar a la maquila, pero era muy difícil; como asistente de gerente por ejemplo, aparte de tener capacidad, sí, los americanos son prácticos, pero también les gusta tener a alguien que adorne ahí y sea...
E: *¿Joven?*
Rocío: *Sí. Y bueno, era como el paso primordial que tuve, pero muy notorio, porque, bueno, tú lo ves, si has revisado los periódicos, son muy determinantes los requisitos, incluida la edad. Te dicen: "Edad mínima de 20 años con 5 años de experiencia", y tú dices: "¿De dónde experiencia a los 20 años de edad?"*
Y vas y parece que la población de adultos en nuestro país está tendiente a crecer de manera importante por esa marginación que se hace de la edad, cuando se equipara la capacidad de mano de obra de las personas de acuerdo a la edad. Yo entiendo y acepto de alguna forma que las capacidades van disminuyendo, pero no al grado de no ofrecerte trabajo.
Finalmente un día me puse a repartir mi curriculum como volante, en los carros y en donde había mucha gente; en el Internet lo mandé a un montón de lados. Y entonces me habló una chica que me dijo que ahí tenían un empleo. Enseguida me dijo: "Para nada es el sueldo que tú buscas".
E: ¿Sí funcionó que tú buscaras trabajo por Internet?
Rocío: *Sí.*
E: *¿Se lo enviaste a esa empresa?*
Rocío: *Sí, se lo envié a varias, y de ésa fue de donde me hablaron. La mujer del teléfono me dijo que revisó mi curriculum y me dijo: "De acuerdo a las características de tu información, pues yo tengo esto que ofrecerte; no es una plaza a nivel administrativo ni mucho menos, pero tampoco a nivel operativo".*
E: *De estar ahí haciendo cosas manuales...*
Rocío: *Sí, entonces dije: "Pues lo que sea". Yo lo que necesitaba era un trabajo. Y, bueno, ya fui y hacen una selección... a toda la gente la entre-*

vistan en colectivo. No son entrevistas personalizadas; es como un panel con el representante del proyecto, el gerente, varios, y llevan una hojita en donde está la descripción de ese puesto, y entonces uno va tomando su lugar diciendo quién es, qué hace, etc. Y de ahí, no sé de acuerdo a qué cosa, te van preguntando.

E: *¿Qué te preguntaron?*

Rocío: *Que qué esperaba de General Electric.*

E: *¿Es empresa de ellos?*

Rocío: *Sí, pero donde yo trabajo se llama M... del Norte.*

Fue así que Rocío entró a trabajar a esa maquiladora de servicios, atendiendo mudanzas a nivel internacional a través del Internet, apoyándose para ello en su amplio conocimiento del idioma inglés. Empleo que, luego de su paso por las maquiladoras en puestos de trabajo administrativo bien pagado, le significó un claro retroceso en sus condiciones de trabajo, pues ella calcula que en los años noventa del siglo pasado, llegó a ganar el equivalente a 14,000 pesos al mes (para el año 2004, fecha de la entrevista). En cambio, en la nueva maquiladora (año 2004) le ofrecieron 97 pesos diarios de salario (unos 3,000 pesos al mes), aunque ella nos afirmó que le pagaron en realidad casi el doble, unos 6,000 pesos.

En estos momentos de búsqueda para recontratarse en alguna empresa, esta mujer de 43 años de edad experimentó el prejuicio hacia el obrero u obrera "vieja", cuyas capacidades y experiencia ya no son tomadas en cuenta. Como vimos, no le fue sencillo ubicarse de nuevo en el sector. Es que las maquiladoras asumen a trabajadores de cierta edad (de 40 o 45 años en adelante) como una fuerza de trabajo "vieja" que sólo puede servir para desempeñar labores con muy baja remuneración, aunque sí exijan cierta calificación.

Estamos así ante una clara discriminación hacia el obrero u obrera "vieja", o trabajador (a) "viejo", que se puede observar en muchos otros sectores de la sociedad en la actualidad, aunque en este contexto sin duda es mucho más aguda esta discriminación, pues se lleva a cabo antes, a una edad más temprana. Por ello, a los 43 años ya no se puede encontrar trabajo fácilmente en áreas administrativas de las maquiladoras. Para esos puestos deben contratarse sólo a mujeres jóvenes, de "buen ver". Las "viejas" de 43 años o más suelen ser relegadas a labores con cierta calificación (manejo del inglés, de la computación), pero con muy baja remuneración.

Hacia fines del siglo XX, la vida de Rocío experimentó un cambio drástico, y también dramático: ella y su familia vivieron muy de cerca un feminicidio. Una sobrina de Rocío, una niña de 14 años, desapareció de un parque cercano a su casa al que había ido a jugar. Días después apareció asesinada, con huellas de violación.

Ese trágico incidente, el cual retomaremos en otro capítulo, la llevó por el camino del conocimiento y la vinculación con las ONGs dedicadas a la lucha en contra de la violencia hacia las mujeres en este lugar, las cuales surgieron como una respuesta a esa situación desde la década de los años noventa del siglo XX.

La dolorosa experiencia implicó una conversión en Rocío, pero no religiosa, sino hacia la militancia, hacia el activismo social, luego del contacto con "expertos" ("expertas" de organizaciones no gubernamentales); le implicó, al menos por un periodo de su vida, involucrarse en la lucha por una vida libre de violencia, y contra los feminicidios en la ciudad.

Una niña de la clase obrera, su paso por las maquiladoras, y su conversión religiosa

Veamos otra vivencia de una migrante y su familia en Ciudad Juárez: Celia, cuyos antecedentes ya conocemos. Ella proviene de una familia de origen minero, originarios del sur del estado de Chihuahua. Muchos de los miembros de su familia se asentaron en lo que entonces eran prácticamente las afueras de la ciudad, en el sur, y hasta la fecha cuentan con una red de apoyo familiar. Compraron terrenos, e incluso construyeron las casas en las que hasta ahora algunos de ellos habitan.

Estos son los recuerdos de Celia de aquellos primeros años:

> *Mis papás compraron la casa. Casi cuando llegamos nosotros al Barrio Sur, casi no estaba habitado; era zona rezagada, de las últimas casas. Entonces también fue un tiempo propicio para ellos: mi papá había durado un tiempo en Estados Unidos, así que había juntado un poco de dinero para casarse, y ese dinero no lo utilizaron para casarse con todo lo fastuoso que puede ser casarse por la Iglesia; lo que hicieron fue comprar la casa, que en ese tiempo le salió en 8,000 pesos... estamos hablando del año de 1973.*

Vemos así que Celia conserva una percepción positiva de esa colonización de Ciudad Juárez, a pesar de haber habitado una zona bastante pobre; el cambio de ciudad les resultaba propicio a todos ellos.

Su papá, quien portaba la experiencia del "bracerismo", había pasado varias temporadas de trabajo en los Estados Unidos de Norteamérica. Había *"juntado"* dólares (ahorrado dólares), y podía darse el *"lujo"* de comprarse una casa, aunque ello le implicara sacrificar la boda religiosa en la que siempre hay que invertir bastantes recursos económicos, como una tradición arraigada entre las clases populares creyentes.

Celia conserva buenos recuerdos de esos años, a pesar de que sus padres ya estaban incorporados al trabajo en las maquiladoras.

Cuenta Celia:

> *En ese tiempo éramos cuatro hermanos. Dos de mis hermanos murieron, pero en ese entonces estábamos los cuatro. Mi hermana mayor siempre*

vivió con mi abuela paterna, y a nosotras tres un tiempo nos cuidó mi abuela paterna, y otro tiempo las vecinas, o las muchachas que estaban ahí. Mis papás trabajaban todo el día, en la mañana; a las cinco de la mañana se iban a trabajar, y regresaban hasta las cuatro o cuatro y media de la tarde.

Yo recuerdo mucho cuando entré a la secundaria; entré a los 11 años, y yo me levantaba cuando mis papás se iban a trabajar, porque en ese tiempo nos cuidaba una tía que vivía a cinco cuadras de mi casa. Entonces yo me levantaba a las cinco de la mañana, me alistaba con mi uniforme y con todo lo que teníamos que llevar, con la ropa de mi hermano para que lo mandaran a la primaria y ropa para mi hermana, que estaba pequeña en ese entonces, y tenía como dos años. Entonces en una bolsa poníamos su ropa y en otra bolsa comida para que les hicieran el desayuno, les hicieran su comida a mis hermanos. A las seis de la mañana agarraba la mochila de mi hermana, agarraba a mi hermana, y la entregaba en una cobija; levantaba a mi hermano y le cargaba la mochila, y le cargaba las dos bolsas, y nos íbamos caminando cinco cuadras para dejar a mis hermanos con mi tía, y a las seis y media me iba a la escuela.

Ya en la tarde, que salía de la escuela a las dos de la tarde, llegaba con mi tía, comía, y luego me iba a la casa a "alzar", a "alzar"[4] *las camas, a lavar los trastes. Si podía hacer algo de comer, lo hacía, y entonces ya me regresaba a la casa de mi tía en un lapso de dos horas, para que llegara mi mamá por nosotros, y ya nos íbamos a la casa.*

Tenía un hermano que iba a la primaria en la mañana y otro en la tarde, entonces hubo años en que todos estábamos en la casa, y ya nos íbamos los cuatro: mi hermana, mi hermano, mi mamá y yo, y ya regresábamos

[4] "Alzar" las camas, arreglarlas, "hacerlas".

a la casa a esperar a mi papá que llegara. Era como la rutina; teníamos que lavar uniformes para el día siguiente, continuar la rutina.

En este testimonio nos asomamos a las percepciones de un actor muy importante en estos procesos de asentamiento, colonización y reproducción de esta nueva clase obrera en Ciudad Juárez. Un actor que hasta ahora no había sido tomado en cuenta en este tipo de estudios: las hijas de esta clase obrera, en este caso, la hija mayor, la que asumió el cuidado de los hermanos menores y una buena parte de la carga del trabajo doméstico en su núcleo doméstico. Ella era la *madre sustituta* en diversos momentos de la jornada de trabajo, la que se hacía cargo de los hermanos menores, arreglaba la casa, preparaba la comida, entre otras actividades domésticas.

Mañanas –o mejor dicho madrugadas difíciles– con grandes responsabilidades que, sin embargo, son recordadas por la entrevistada sin resentimiento, incluso gratamente. Eran las épocas en las que ella cuidaba y se hacía cargo de los hermanos menores; dos de ellos fallecidos a temprana edad.

Este testimonio nos revela cómo se llevó a cabo el establecimiento de estos migrantes en Ciudad Juárez. Éste se desarrollaba a través del asentamiento de los migrantes en colonias proletarias de los alrededores de la ciudad. El asentamiento significaba un pedazo de terreno en el cual construir una casa, o incluso comprar un terreno con algunos cuartos ya construidos previamente. Significaba asentarse cerca de la red familiar, aunque en ese entonces la zona no contara con todos los servicios. Recuérdese que durante años, los miembros de esta familia vivieron en calles sin pavimentación, por ejemplo, pero con la escuela pública muy próxima, a la cual los niños podían irse caminando sin correr riesgos, sin miedo en ese entonces.

Fue así que empezaron a llevar una nueva vida. Los padres trabajaban diariamente. Al fin habían accedido a un salario. Con responsabilidades para la hija mayor en este caso, que implicaban una fuerte carga de trabajo. A pesar de esto, en la memoria de nuestra entrevistada se asoman también los recuerdos de los juegos en los ratos libres, sobre todo los fines de semana, así como la convivencia familiar en torno a una tradición en el norte del país: las "discadas",[5] que congregan a familiares y a amigos en una reunión con carne asada, cervezas y refrescos; se llevan a cabo al aire libre, sobre todo en el verano. Y los paseos por los alrededores de la colonia en la que se habían asentado, alrededores todavía con ambiente rural.

El tiempo transcurrió y se acabó la infancia, la infancia de esta nueva clase obrera con responsabilidades de adulto, con *madres sustitutas* representadas por la hermana mayor en este caso, en momentos clave de la jornada diaria.

Celia se convirtió en adolescente, y tuvo la posibilidad de realizar estudios (incluso superiores, como vimos en el caso de Rocío), una posibilidad, por cierto, casi siempre trunca, que difícilmente se concreta, como hemos podido observar en algunos de los casos expuestos.

En el caso de Celia, ella llevó a cabo estudios a nivel técnico en la Universidad de Ciudad Juárez.

> *Salí a los 14* [años de edad] *de la secundaria, y entré a Trabajo Social a nivel técnico, en el Instituto de Ciencias Sociales y Administración de la Universidad; antes estaba a nivel técnico, no estaba a nivel licenciatura. Entonces empecé a estudiar ahí, y en el tiempo de vacaciones de mayo-agosto trabajaba para juntar para la reinscripción, cuadernos, libros, y un poquito para solventar la economía de la casa.*

[5] Denominación con la que se conocen estas reuniones en torno a la muy popular carne asada, la cual se asa precisamente en un gran disco de metal, de ahí el nombre que toman estas reuniones: "discadas".

> *Mi mamá trabajaba en una maquiladora, y cuando yo tenía 15 años entré a trabajar en la misma maquiladora en donde estaba trabajando mi mamá, que se llamaba Nueces del Norte. Era una empresa más local, pero era al final de cuenta una maquiladora, en donde lo que hacíamos era inspeccionar las nueces, irlas limpiando, y hacer todo el proceso de maquilar, donde éramos unas ocho por línea, y eran alrededor de treinta líneas de trabajo. Esto fue hace 15 años, ahora* [2004] *yo tengo 29 y voy a cumplir los 30.*

Todo eso sucedía hacia fines de los años ochenta, ya en plena era neoliberal. Poco después llegarían cambios drásticos. Celia viviría un giro importante y definitivo hacia el *activismo social*, el cual se prefiguraba desde estas primeras épocas con su inclinación por el trabajo social. Incluso, podemos decir que esta etapa de *activismo social* empezó mucho antes, cuando entró en contacto, desde pequeña, con la Iglesia Católica y las complejas corrientes que se mueven dentro de ésta.

De niña, y durante sus primeros años adolescentes, Celia fue catequista, y estuvo en el "equipo de confirmación". Ya adolescente, la encontramos participando en la Congregación del Ángel de la Guarda, compuesta principalmente por monjas; esta congregación dirigió su actividad hacia grupos juveniles como los cholos, en los barrios. Pronto ascendió en la estructura de la congregación: del equipo de adolescentes, pasó al de asesores. Poco a poco fue encontrando al "Espíritu Encarnado", su proyecto de vida, como ella nos dijo.

Simplificando este complejo proceso de Celia, ella nos relató después su contacto con corrientes de la Iglesia con una orientación probablemente progresista, como las que conforman la Pastoral Juvenil Obrera, para las cuales Dios estaba también en la tierra, en las fábricas, en los barrios. Ahí había que buscarlo, entre los explotados y no sólo en el cielo.

Fue así que Celia retomó esta propuesta, y la aplicó en su *activismo social* en una ONG financiada por esos sectores de la Iglesia, en apoyo a los migrantes y la lucha por los derechos laborales y humanos de obreras y obreros en las maquiladoras de exportación, entre ellos, la lucha en contra del acoso laboral y sexual, ya como activista de dicho agrupamiento, la Pastoral Juvenil Obrera.

Cómo se estableció un "juarocho" en Ciudad Juárez y sus relaciones de género

Retomemos el caso de Alberto y su familia. Él es el migrante veracruzano que llegó a Ciudad Juárez acompañado de parientes, dos primos, y con el ánimo de lograr madurar lejos de su familia.

Al principio, obviamente, él buscó un lugar en el cual vivir con sus primos. Como él recuerda, vivían en una colonia: *"Estaba feo ahí, mucho malandro...*[6] *aunque, gracias a Dios, nunca me ha tocado que me asalten".*

Nos llamó la atención esta percepción de Alberto sobre los barrios y colonias proletarias de Ciudad Juárez. Éstos no son para él lugares apacibles; son lugares con riesgos. Vivir en ellos inevitablemente genera miedo. No son lugares de encuentro, son lugares peligrosos.

Tampoco le agradaba el clima extremoso del lugar. Recuerda esas primeras épocas de adaptación a la ciudad; cómo el calor lo afectaba igual que el frío intenso:

> *Cuando yo llegué aquí, lo que es el frío y lo que es el calor a mi me hizo mucho daño, me afectaba mucho. En temporada de calor yo me ahogaba, yo no podía correr, ni en tiempo de calor ni en tiempo de frío, pero me fui acostumbrando.*

[6] Manera coloquial para referirse a la gente que conforma las pandillas; quiere decir "malos", "gente mala".

Como suele suceder entre gente joven en edad reproductiva, Alberto pronto estableció vínculos con una mujer. En este caso, la relación con su esposa Sonia se dio en la maquiladora en la cual trabajaban. Pronto se *"juntaron"*,[7] y rápidamente llegó el primer hijo, una niña en este caso.

Al principio rentaban una pequeña vivienda, hasta que la mamá de Sonia les legó un cuarto en un terreno grande que ella poseía al noroeste de la ciudad.

Sin dudarlo demasiado, esta familia se trasladó a ese cuarto, con tal de dejar de pagar una renta. No importó tener que convivir con la familia de una hermana de Sonia, y con la cercanía muy estrecha de otro hermano, Jesús, quien poseía una parte del terreno: un pequeño cuarto de madera y asbesto, sin agua corriente ni suelo de cemento.

El motivo para esa decisión fue muy claro. Alberto recuerda:

> *Es muy desgastante* [pagar renta]*; no pasaba el mes cuando uno estaba pensando en el otro mes, y que la luz y que el agua, todo eso. Cuando ya nos venimos aquí, ya fue más tranquilo; ya teníamos a Dalia, la niña, a la chiquita todavía no la teníamos. Y nos dejó mi suegra ese cuarto, y nosotros hemos ido construyendo poco a poco; hemos batallado, pero poco a poco hemos ido ampliando.*

Cuando se *"juntaron"*, Sonia ya tenía una hija pequeña, de dos años, y Alberto pronto la asumió como hija propia. Como él cuenta, ambos –él y la hija de Sonia– *"se fueron adaptando poco a poco"*.

Mientras tanto, llegaron los hijos propios; Sonia no trabajaba en ese entonces. Años más tarde, cuando los hijos ya habían crecido y cursaban la educación primaria, volvió a laborar en las

[7] Vivieron en unión libre.

maquiladoras. Vemos así que las madres obreras (como Sonia y Rocío), cuando tienen pareja, suelen dejar de laborar mientras se reproducen y se hacen cargo de los hijos pequeños; posteriormente, regresan a trabajar a las maquiladoras, una vez que los hijos han crecido lo suficiente como para poder dejarlos encargados con familiares o vecinos.

El regreso de Rocío al trabajo fue muy difícil para Alberto, como él mismo recuerda:

> *Al principio era difícil porque yo llegaba cuando ella* [Sonia] *estaba aquí, los niños ya habían comido; y ahora no, ahora llego y tengo que andar al pendiente de que coman y no salirme de aquí para andar al pendiente de ellos; y anteriormente yo me salía que a jugar o hacer deporte, y no andaba tan al pendiente, pues yo sabía que ella estaba aquí.*
>
> *Ahora estando solo con ellos sí es más carga; hay que estar más al pendiente de ellos; cuándo van a ir a la escuela, revisar las tareas, que bañarse en la tarde. Como la niña es más grande, que si ya alistó su ropa, ya alistó sus útiles, que no se pase nada, porque luego andan corriendo en las mañanas.*
>
> *Ella* [Sonia] *dice que va a trabajar unos seis meses más, porque no se siente tampoco a gusto que los niños estén solos. Es muy difícil; a mí se me hace más difícil para ellos, porque cuando yo llegaba de trabajar, pues ellos ya sabían, y ya estábamos los dos aquí; y ahora no, ahora se va ella, y luego llego yo, y así.*

Vemos que el objetivo de estos núcleos familiares es la reproducción, y que el esquema planteado puede ser común a las familias en las que ambos, hombre y mujer, laboran, con responsabilidades más compartidas entre hombre y mujer, una responsabilidad que sin duda le cuesta mucho trabajo al hombre, el cual no está acostumbrado a ello, pues en otras épocas, cuando la mujer estaba en la casa y no trabajaba, ella asumía toda la carga doméstica.

Al mismo tiempo, son claras las etapas de "no trabajo" (en la maquiladora) para la mujer, en las épocas de reproducción, cuando ella asume las labores domésticas completamente, es decir, la doble jornada, de una manera absoluta.

Con el paso de los años, los sucesos en el núcleo familiar siguen siendo centrales para las dos cabezas de la familia, tanto para el hombre como para la mujer. No hay más opción que hacerse cargo de los nuevos problemas cuando los hijos empiezan a crecer y entran a la escuela:

> *Ellos* [los hijos] *anduvieron un poco bajos en la escuela, estuvieron un poco inquietos; el niño es un poco inquieto, y en la escuela se hizo más rebelde; nos mandaban muchos recados, y lo tratábamos de alivianar. Yo trato mucho de hablar con él, y pues parece que ya se ha compuesto un poco.*

> *Lo más difícil es llegar y estar al pendiente de que si ya comieron, ir por ellos a la escuela. Anteriormente, como estaban en diferentes escuelas, pues uno iba por uno y el otro por los otros, y ahora no. Ahora es más pesado estar pensando si ya llegaron o estar hablando por teléfono* [desde la empresa] *a ver si... o sea... la preocupación de ellos.*

A pesar de la nueva distribución de las tareas domésticas, forzada por la incorporación de la mujer al trabajo, podemos decir que no se han dado cambios definitivos en ese sentido; los cambios se han dado coyunturalmente, forzados por las circunstancias. Es muy probable que en cuanto la mujer deje la maquila y regrese al ámbito doméstico, vuelva a hacerse cargo de todas las tareas del hogar.

Así, Alberto, interrogado sobre si acostumbraba cocinar, respondió:

Sí, a veces, cuando no le da tiempo a Sonia o se atrasa en otras cosas... a veces no deja comida hecha y me ha tocado hacer la comida. Pero lavar la ropa, eso no. Cuando estaba soltero sí... por eso salí de mi casa, para independizarme, saber hacer mis cosas y sí, lavé, planché, me hacía mi comida y todo, pero ya no.

Sin abundar más, destacamos aquí la importancia que la reproducción tiene para núcleos de la familia obrera, cuestión que marcará claramente su cultura, es decir, sus modos pautados de comportamiento, fuera y dentro de la fábrica.

La necesidad del salario, de conservar el trabajo, se vuelve central para estos obreros. Desde luego, también se vuelve central para el obrero varón la necesidad de subir en el escalafón de la empresa, con el fin de acceder a un salario mejor. De esta manera nos enteramos que Alberto, luego de alrededor de ocho años como operario en las líneas de producción, logró ser promovido al área de almacén (2004), en donde ganaba un mejor salario.

En suma, toda la actividad de estos obreros parece estar marcada por la búsqueda de obtención de un salario y su mejora, a través de un ascenso, aunque esto último no es fácil, pues está sujeto a pruebas, exámenes, y, en algunos casos, al hecho de mantener una buena relación con supervisores y gerentes, como veremos en otro capítulo.

3
PREJUICIOS Y ESTIGMAS

De atributos culturales que descalifican a “los otros”

¿Qué otro atributo cultural encontramos en esta clase obrera, dentro de este contexto urbano donde el capital maquilador ha condicionado a la clase obrera en los términos que hemos visto? Es decir, una clase que, en contra de lo que reflexionaron algunos científicos sociales hace años, sí busca una relación asalariada y acceder a un salario que le permita reproducirse como clase.

Nosotros encontramos una pléyade de prejuicios y estigmas que impregna la cultura de la ciudad, prejuicios que se extienden hacia los habitantes de otras ciudad del estado de Chihuahua (como los de la ciudad capital, del mismo nombre) y hacia los habitantes de El Paso, como los chicanos y los mexicoamericanos, entre otros. Una cultura en la ciudad alejada de la “cultura igualitaria” que Pablo Vila afirma que existe en esta región (2007: 272).

Algunos de esos prejuicios y estigmas ya han sido consignados por otros estudiosos (notablemente Balderas, 2002 y 2006); nosotros retomamos el que hasta ahora ha sido más observado (el prejuicio que se ha generado hacia las mujeres obreras, las “maquilocas”), y nos referimos a otros prejuicios que en esta región existen, poco tratados hasta ahora en los estudios sobre la región.

En lo que sigue, el lector pasará de la lucha por la supervivencia, comunes a migrantes y no migrantes de este lugar, con elementos de individualismo en estos sujetos, con la idea de la disminución de las condiciones de vida y de trabajo, a observar los prejuicios y estigmas que existen en la ciudad, y que están presentes de muy diversas maneras en el imaginario de los individuos que habitan el lugar.

De paso, podemos decir que en la cultura de la ciudad se encuentran ideas que son paradójicas: por un lado encontramos aquellas que hablan de la generosidad de la ciudad para acoger al que llega de otros lugares. En efecto, hasta hace algunos años, circulaba la idea de que Ciudad Juárez era un lugar de oportunidades, generoso, abierto al "fuereño" que llegaba a "jugársela con los de Juárez"; al tiempo que encontramos un conjunto de prejuicios que se han traducido en estigmas.

Al respecto, Pablo Vila habla de esos prejuicios hacia los "del sur", los cuales son vistos por los habitantes originarios del lugar como "holgazanes, flojos y/o borrachos", entre otros atributos desacreditadores (Vila, 2007: 274), atributos que, como veremos en este capítulo, también les han sido asignados a los originarios de Ciudad Juárez ¡por los mismos migrantes!

Esos prejuicios y estigmas hablan de una cultura llena de rencores y odios, una cultura cargada de animadversión, clasista, jerárquica, incluso racista y misógina, una cultura con una gran violencia en el discurso y en el imaginario social.[1]

Esos prejuicios dieron lugar a estigmas por parte de la sociedad. Sabemos que estas marcas se refieren a *atributos desacreditadores* hacia sujetos a los cuales "la sociedad" concibe como marginales, fracasados; como peligrosos y "desviados"; o hacia quienes pueden ser, en un momento dado, los "chivos expiatorios" en momentos de crisis aguda: los "otros", tales como los

[1] En la introducción ya nos referimos a los rasgos de la cultura regional, y en la nota 23 nos referimos a los estigmas hacia las mujeres obreras. Volvemos en este apartado sobre esta cuestión.

judíos, los extranjeros, los que no son como "los demás" (Goffman, 2003: 13).

Sobre el prejuicio hacia las obreras, pensamos que se dio primero entre los originarios de la ciudad, en los inicios de esta industrialización, cuando ellas constituían la mayoría de la fuerza de trabajo.

No fueron los únicos sujetos que captaron estos sentimientos de animadversión. Como veremos, también los captaron los de "fuera", los "otros", los "del sur", o los del "centro" del país; los homosexuales, hombres y mujeres; los jóvenes, y para nuestra sorpresa, los originarios de Ciudad Juárez también han sido sujetos de una percepción estigmatizada ¡por los mismos migrantes!, en una especie de revancha de éstos hacia los originarios del lugar.

Veamos, pues, esta dimensión oscura de la cultura de Ciudad Juárez en la que se encuentran inmersos los obreros, hombres y mujeres, de la maquila.

El estigma de las "maquilocas"

Como en muchas sociedades y muchos lugares del país, la mujer pobre, asalariada, joven y migrante, sobre todo si es morena, suele recibir atributos descalificadores; suele ser objeto de estigmas. Es decir, el imaginario social las ubica como "distintas" a las mujeres de otros sectores sociales, y obviamente las ubica como inferiores a las demás mujeres, a las mujeres "de sociedad".

En Ciudad Juárez, desde que se instalaron las maquiladoras, a sus obreras se les ve y se les piensa como "otras", desde ese imaginario social. En particular, ellas han sido vistas como las "maquilocas", como las "locas de la maquila", por sus comportamientos sexuales, los cuales son valorados como comportamientos que no corresponden a la moral "correcta", burguesa, en la cual predominan ideas claramente conservadoras, cargadas de hipocresía.

En efecto, toda mujer que trabajaba en la maquila era y es una mujer de “cascos ligeros”, una “plumita”, palabras con las que se alude a una supuesta orientación sexual “ligera” por parte de estas mujeres, o “sueltas”, que andan “sueltas”, “sin riendas”, “sin frenos”.

Se les discriminó a partir de un prejuicio: toda obrera en las maquiladoras era y es una “loca”. Este prejuicio está muy extendido; no parece haber cambiado demasiado en los últimos años, luego de la *masculinización* de la población obrera. Recordemos que para el año de 2004, ya en medio de la gran crisis del sector, de unos 250,000 obreros empleados entonces en la maquiladora, aproximadamente la mitad eran hombres.

Este prejuicio tenía muchas expresiones en la ciudad. Nosotros encontramos empresas que les pedían a las obreras abstenerse de acudir con las batas de trabajo a lugares públicos, sobre todo a los parques, para no afectar la “buena reputación” o “imagen” de la empresa, pues en las batas siempre está impreso el “logo” de ésta.

Es decir, hay una doble moral de las empresas: al tiempo que les piden a las obreras actitudes apegadas a cierto concepto de “decencia”, estas empresas incumplen en muchos aspectos la ley del trabajo; es decir, no se apegan al Estado de Derecho.

Llama la atención que no existe cuestionamiento alguno a este prejuicio, el cual está muy arraigado en la ciudad. Salvo algunos núcleos de académicas y académicos que lo perciben y lo cuestionan (como el ya citado Jorge Balderas), este prejuicio sigue estando presente en el imaginario de la ciudad y en la vida cotidiana de estas obreras, las cuales son conscientes de él, pero no parece preocuparles demasiado.

En efecto, entre las mujeres obreras no existe el interés por cuestionar este tipo de prejuicios. En las entrevistas que realizamos, esta cuestión casi no apareció en la conciencia de las obreras. No parece ser un asunto que las motive a la discusión, que les preocupe. Parecería que estamos de nuevo ante el *condicionamiento obrero* por parte de los grupos sociales hegemónicos en la ciudad.

Sobre el tema, sólo Rocío (a quien ya conocemos, originaria de la ciudad capital del mismo estado de Chihuahua, quien migró a este lugar siendo muy pequeña) hizo algunos comentarios que enseguida presentamos.

Rocío, en su percepción –la de ser una trabajadora de la maquila que ha perdido estatus– se reconoce como igual al resto de las obreras de la maquila, por el hecho de que ahora utiliza el mismo transporte que las demás: el autobús de la empresa, cuando antes utilizaba carro propio y no estaba obligada a cumplir un horario estricto de ingreso y salida de labores.

Recordemos que ella había laborado por años en actividades administrativas en las maquiladoras, como asistente de gerentes. Tuvo que dejar este empleo para dedicarse a la educación y asistencia de tres hijas pequeñas.

Cuando intentó volver a un empleo como el que llegó a tener, 11 años después, se encontró con que todo había cambiado, que ya no existían esas buenas oportunidades de trabajo para ella; era "vieja" a los 43 años, como para iniciar una carrera laboral en una empresa.

En su nuevo empleo, en una maquiladora de "servicios" (entre las llamadas de "tercera generación") en las que coordinaba mudanzas a nivel internacional a través de la red, ella se sentía desvalorizada en el año en que la entrevistamos (2004), pero al mismo tiempo se sentía parte del conjunto de las operadoras, aunque su trabajo no fuese propiamente manual.

Veamos cómo percibía Rocío el estigma hacia las mujeres obreras:

> *Así sucedió con las mujeres que trabajamos en la maquila, que de alguna manera una se identificaba, y te digo "somos" porque yo ahora me*

> *cuento entre esas mujeres que se suben en el camión y que vienen* [a la maquila]*, como las mujeres "sueltas"... como las locas.*

Vemos que la percepción de Rocío ha cambiado: antes no era parte del conjunto de las obreras. En su época dorada en la maquila, tal vez entonces ni siquiera se sintió cercana a ellas, pero ahora se siente parte de ellas, pues dice: *"Yo ahora me cuento entre esas mujeres".*

Encontramos ahora que Rocío se ha ido acercando a la clase obrera; se siente parte de un sector de la sociedad, que conforman las mujeres que de alguna manera se saben (cuando ella dice: *"somos"*) las "sueltas", las "locas", las que son vistas de esa manera estigmatizada por la sociedad.

Interrogada por nosotros sobre las causas de ese prejuicio hacia ellas, Rocío nos dice:

> *Yo no sé si hay como algún sustento de todo eso* [del prejuicio]*, pero es a raíz de que las mujeres están vestidas de una manera particular. Y también hay otras cosas, porque por ejemplo dentro de las maquilas, a nivel operativo, se dan cosas como, ya sabes, el supervisor que anda con la operadora, ha habido divorcios...*

Es decir, el prejuicio y el estigma encuentran sustento, explicación, en el discurso de Rocío. Las "ligeras", las "plumitas", las "sueltas" son realmente "otras" mujeres. Se visten "de una manera particular", y además son responsables de divorcios de los supervisores.

Y el círculo de los argumentos se cierra con la siguiente idea de Rocío:

> *Yo creo que Juárez así es, es muy elitista; hay quienes dicen que la ciudad de Chihuahua es más así, pero yo creo que aquí... o yo no sé si es elitista, o será xenofobia o qué...*

Es así que Rocío trata de explicar el prejuicio que genera el estigma hacia el hecho de ser mujer obrera de la maquiladora en Ciudad Juárez. Para ella, el estigma es una idea presente en la cultura de la ciudad.

Como una explicación al origen de este prejuicio, podríamos proponer que éste provino de las élites locales, las cuales rechazaban así a los migrantes, sobre todo a las mujeres migrantes y pobres. Paradójicamente, estas élites fueron muy abiertas para recibir al capital maquilador en la ciudad, y callar ante sus abusos en el terreno laboral.

Probablemente este estigma fue "apropiado" por las clases populares, las cuales lo retomaron y difundieron entre sus miembros. No contamos con indicios de que este prejuicio hacia las obreras haya cambiado de alguna manera en la cultura de la ciudad.

Parecería ser este otro aspecto del *condicionamiento* que viven los obreros, hombres y mujeres, que se suma al *condicionamiento* laboral (ya mencionado) a partir del cual obreras y obreros sólo viven para el trabajo, soportando intensos y extenuantes ritmos y jornadas de trabajo.

En un medio en donde los grupos subalternos trabajan y viven esclavizados al capital maquilador (no creemos exagerar en lo antes dicho), prácticamente sin tiempo libre, es fácil que se impongan prejuicios y estigmas como el que aquí referimos. Y así ha sido ya por dos generaciones.

Los prejuicios hacia "los del sur"

Observemos ahora otra dimensión de los prejuicios en la ciudad, de alguna manera vinculado al anterior, al de las "maquilocas": es el que da origen a la estigmatización hacia el "otro", el "del sur", hacia el "fuereño"; en realidad es el prejuicio hacia el extraño, hacia el que no es originario de Ciudad Juárez, más si es pobre.

Al respecto, como ya hemos mencionado, el sociólogo Pablo Vila sugiere que "los del sur" son vistos por los habitantes originarios de la ciudad como "holgazanes, flojos, borrachos", interpretación que es correcta, pero sólo en parte, pues, como veremos, este tipo de estigma desacreditador también se ha dirigido desde los migrantes hacia los originarios de Ciudad Juárez.

Este prejuicio hacia "los del sur" se expresa, en primer lugar, hacia los pobres venidos de otros lugares, los que sólo cuentan, si acaso, con su fuerza de trabajo, y con redes familiares de apoyo que los auxiliarán al momento de su arribo. Este parecería un prejuicio de los habitantes originarios de Ciudad Juárez hacia los pobres recién llegados, hacia los migrantes. Con la paradoja arriba apuntada: el capital transnacional –con toda su pléyade de servidores, gerentes, ingenieros, operadores económicos, etc.– fue y es recibido aquí con los brazos abiertos tanto por las élites locales como por la mayoría de los habitantes del lugar.

Es cierto que el prejuicio hacia el "fuereño", o hacia ciertos extranjeros –recordemos las persecuciones de chinos en diversas épocas en el norte del país–, nos ha acompañado desde hace mucho tiempo. Prejuicio que, más que tender a desaparecer, se viene acentuando ante las grandes oleadas de migración, las cuales se viven desde hace años en el mundo, entre países y al interior de ellos.

Ciudad Juárez de nuevo es un laboratorio para observar cómo se manifiesta el prejuicio hacia el "fuereño", pues en realidad no sólo se estigmatiza al "fuereño", al que no es del estado o de la región, sino que también se estigmatiza al del mismo estado, a final de cuentas, la misma región, vista ésta en una perspectiva amplia.

Es decir, aquel que proviene del mismo estado de Chihuahua, que se expresa de la misma manera que el "originario" de Ciudad Juárez, que porta tal vez las mismas tradiciones y la misma cultura, que es mexicano y que siente que vive bajo la misma bandera, que tiene incluso, en general, el mismo tono de color de piel, etc., también ha sido estigmatizado.

Por ejemplo, el originario de la ciudad capital, Chihuahua, es claramente identificado por el de Ciudad Juárez. Para éste, el que proviene de la ciudad capital es "elitista", "engreído", se "cree superior", es "apretado",[2] se viste con pantalones de algodón y casimir, con cierto arreglo, rara vez se viste con mezclilla y botas vaqueras. Además, dice este prejuicio, por regla general es de piel "blanca", con rubor en las mejillas.

Ese prejuicio hacia el "apretado" de la ciudad capital del estado de Chihuahua está a *flor de piel* en Ciudad Juárez, por así decirlo. De esta manera, puede observarse entre los habitantes de Ciudad Juárez una aguda percepción que les permite identificar, en cualquier lugar público, a ese "otro", al "extraño", al "fuereño" ¡que habita el mismo estado y que proviene de la vecina ciudad capital, a tres horas de distancia por carretera!

Nos encontramos así ante un prejuicio generado al interior de la misma región, que se dirige hacia los habitantes de ciudades próximas, y que es parte del que los originarios de Ciudad Juárez tienen hacia otros mexicanos venidos de tierras lejanas, los cuales también son estigmatizados como "otros": los "del sur".

El ejemplo clásico de prejuicio hacia los "fuereños" en Ciudad Juárez (y en todo el estado de Chihuahua) es el que se dirige hacia los llamados "chilangos": hacia aquellos que provienen del centro del país, más en concreto de la capital del país, de la ciudad de México, del todavía llamado Distrito Federal.

Al "chilango" se le identifica inmediatamente como alguien del cual hay que desconfiar porque, dicta el prejuicio, está en su naturaleza ser proclive a burlar a la gente, a "transarla". En

[2] Presumido, arrogante.

el imaginario cultural de la ciudad y de la región, el "chilango" invariablemente es un ladrón, un pillo.

Este prejuicio, que se acentuó en los años ochenta del siglo pasado en diversos estados del norte del país, destacándose el estado de Chihuahua, en su momento llamó la atención de diversos estudiosos.[3] Ello coincidió con el arribo más o menos numeroso de los habitantes del centro del país a estas ciudades norteñas, después de 1985, luego del terremoto que asoló la ciudad de México. Fue precisamente en esas épocas que se exacerbó este prejuicio.

No siempre fue claro quiénes, de entre los recién llegados, eran realmente "chilangos". "Los otros" eran aquellos que simplemente hablaban con un tono de voz distinto, pudiendo ser, incluso, aquellos que provenían de los estados cercanos a Chihuahua.

Fue este un prejuicio paradójico, porque al tiempo que se desencadenaba ese odio hacia el otro, producto de esa marca con atributos descalificadores que se le había impuesto al "extraño", en el estado de Chihuahua se vivían los ensayos de democracia electoral, de bipartidismo, a los que ya nos referimos en la introducción.

Es decir, en el estado de Chihuahua, sectores importantes de ciudadanos se colocaban en la vanguardia de los cambios políticos en el país, mientras entre ellos se manifestaban este tipo de prejuicios, confirmando así lo que otros estudios sobre estos problemas han indicado: que el prejuicio no siempre se manifiesta por parte de quien lo porta. El portador del prejuicio puede aparecer, en determinados momentos, como alguien "progresista", mientras conserva sus ideas estereotipadas.

Otro analista de esos años (Espinosa, 1989) indicaba que todo eso sucedía mientras en el ambiente social y político del estado

[3] Ya hemos citado el artículo de Alfredo Espinosa (1989). Igualmente pueden verse trabajos del historiador Víctor Orozco, en especial Orozco, 1991.

de Chihuahua no existían cuestionamientos hacia el vecino país del norte, confirmándose así esa paradoja que ya mencionamos. Es decir, se estigmatizaba a los habitantes del mismo país, se les criticaba –con argumentos insostenibles– de una manera generalizada, mientras que al "imperio", a los EUA, ni siquiera se le mencionaba; no había referencias hacia él en el discurso colectivo.

Ahora bien, los "chilangos" no son los únicos mexicanos objeto de estigmas en la ciudad. Podemos referirnos al caso de los "juarochos", quienes llegaron del estado de Veracruz, ubicado en el oriente de México, hacia finales del siglo pasado, en un número muy importante.

Grupos de "juarochos" arribaron a partir de sus redes de apoyo, conformadas por lazos familiares y de amistad; algunos de ellos trajeron consigo tradiciones organizativas, como la pertenencia al partido político Convergencia, mientras que otros se mantuvieron al margen de cualquier actividad política colectiva. Muchos se asimilaron a la ciudad, mientras que otros retornaron, en diversos momentos, a sus pueblos y ciudades del estado de Veracruz, tal y como ha sucedido en años recientes debido a la violencia que impera en la ciudad. Pero sobre ellos siempre pesó el estigma de ser "juarochos".

Y a todo esto, ¿qué significa el mote de "juarocho"? Recordemos que es una combinación de la palabra Juárez con la de jarocho, como se les denomina en todo el país a los habitantes de Veracruz.

Pareciera entonces que el mote de "juarocho" es una suerte de aceptación, y hasta de asimilación, de ellos a esa ciudad. Es el reconocimiento de que los "juarochos" no son realmente desviados, y que de alguna manera ellos son aceptados en ese lugar.

De primera impresión, parecería entonces que no estamos ante un atributo desacreditador como el de "chilango"; pareciera que los "juarochos" no son portadores de alguna perversión.

Sin embargo, es claro que los veracruzanos son vistos como diferentes a los demás, y reciben una marca. "Juarocho" es aquel que salió de su lugar de origen para llegar hasta la lejana ciudad norteña de Ciudad Juárez en busca de empleo, de salario y de sustento.

Ser "juarocho" significa, en el imaginario de la ciudad, el que viene de un lugar sin expectativas, y que llega a Ciudad Juárez en busca de la sobrevivencia. Y viene a hacerlo a costa de arrebatarle un espacio a los originarios de esta ciudad.

A final de cuentas, ellos son separados del conjunto de los habitantes de Ciudad Juárez, "colocados aparte", de manera simbólica.

Recordemos que otro sector de migrantes proviene del estado de Coahuila, y es conocido como los "torreoneros", nombre derivado de una ciudad del estado de Coahuila. De nuevo estamos ante un estigma hacia gente que, a final de cuentas, es originaria de una misma zona, la "región norte" de México. El atributo descalificador es claro: los "torreoneros" son "otros", aunque sean de Coahuila.

Al igual que los "juarochos", han tenido que llegar a la ciudad que los espera "con los brazos abiertos", y por supuesto con los estigmas que portarán todas sus vidas en cuanto sean reconocidos por los originarios del lugar, pues no siempre es fácil identificar al "torreonero", tan parecido al de Ciudad Juárez, incluso en el tono de voz.

Algo sí parece indudable: ser "chilango", "juarocho", o "torreonero" significa ser sujeto sobre el que recae el estigma de ser "otro", ser "del sur". Son aquellos que no nacieron en el lugar.

Hagamos un breve recorrido por el estigma hacia los "fuereños". Veamos el testimonio de José Armando, obrero joven de la maquiladora, originario de Ciudad Juárez, quien recuerda la llegada de los "juarochos":

Hay mucha gente de Veracruz; ellos fueron llegando. Todo eso fue como en 1997 o 1998; hubo muchos problemas porque muchos vendieron sus casitas para venirse. Quien los ha estado apoyando es un doctor, pero luego se dijo que estaba aprovechando mucho todo para su publicidad política, pues es [del partido] *de Convergencia Democrática. Abrió una casa que se llamaba Casa del Veracruzano, pero se cambia de un partido y se va a otro, y él dice que apoya a la gente de Veracruz, pero un apoyo real no se ha dado. Antes llegaron los torreoneros.*

Como en los otros casos (en el de los "chilangos", sobre todo), pronto la presencia de los "juarochos" también conllevó elementos de conflicto. Veamos el testimonio de Rosalía, ex obrera de unos 45 años de edad, originaria de Ciudad Juárez, quien trabajó por largos periodos en las maquiladoras:

Yo miraba que ellos [los migrantes] *subían, subían a más nivel* [el ritmo de trabajo], *que nos daban más carrilla*[4] *a los juarenses... porque a mí me tocó, me tocó uno de Chiapas, que hasta llegué a agredirlo afuera de la planta porque... porque si yo tenía que pasar el material a otra persona, esta persona me daba demasiada carrilla, y tenía una velocidad que yo no tenía... Entonces él se salía, y una vez que se salía ya era problema. "Es que ella no me manda material"* [sostenía el trabajador migrante ante el supervisor], *y eran pleitos, y yo lo aborrecía porque le decía: "Es que eres un lambiscón", y nos peleábamos, y aparte no respetaba que uno fuera una mujer, le valía gorro.*[5]

En este testimonio puede advertirse la animadversión de Rosalía hacia el migrante proveniente del sureste del país, del lejano estado de Chiapas. El conflicto aquí parece provenir de dos orien-

[4] Presionar, acosar hasta fastidiar.
[5] No le daba importancia.

taciones hacia el trabajo. Aparentemente, el migrante está mucho más dedicado a su trabajo, pues le impone un ritmo intenso a la producción. Es decir, el migrante busca asegurar su trabajo y su salario, a través de una actitud de eficiencia y compromiso con la empresa.

Como vemos, la versión arraigada en la cultura de la ciudad respecto a que "el del sur" es "holgazán, flojo y borracho" no encuentra sustento; estamos realmente ante una construcción ideológica, prejuiciada y estigmatizante que no corresponde a la realidad.

En cambio, vemos que Rosalía, originaria de Ciudad Juárez, asumía el trabajo con una actitud menos "comprometida", llevándolo a cabo con ritmos más pausados, actitud que parecería propia de sectores de obreros originarios del lugar, como discutiremos más adelante. Se trata de un ritmo más pausado que puede implicar cierta resistencia a la intensificación del trabajo –aunque entre los originarios igualmente hemos encontrado que eran capaces de desarrollar largas y extenuantes jornadas de trabajo–.[6]

Además, Rosalía ve al migrante como un "lambiscón" con la empresa, como alguien que está muy comprometido con ella, a lo cual parece sumar una acusación más: el migrante no la "respetaba" a ella como mujer, sin que ella aclare en qué consistía realmente esa falta de respeto.[7]

Como vemos, a los prejuicios que pueblan la cultura de la ciudad y de la región, se suma la fuerte competencia entre unos y otros, entre migrantes y originarios de Ciudad Juárez en las líneas de producción para alcanzar los estándares de productividad fija-

[6] Véase el apartado titulado "Una obrera juarense y su lucha por salir adelante", en el capítulo 1.

[7] En el capítulo final volveremos sobre esta situación en las empresas, la cual se suma a todas las cuestiones que estamos revisando, y que nos hablan de los elementos que dividen y enfrentan a los obreros de la maquila.

dos por la maquila, aunado a la fuerte competencia por ascender en los escalafones o para ocupar otros puestos en las maquiladoras, fuera de las líneas de producción (en los almacenes de la maquiladora, por ejemplo).

Otros testimonios reafirman ese conflicto entre migrantes (en el siguiente testimonio se refiere a aquellos que provienen de Veracruz) y los originarios de Ciudad Juárez.

Interrogada al respecto, Francisca (originaria de la ciudad, a quien ya conocemos, con casi 30 años trabajando en la maquila, laborando principalmente como jefa de grupo, "madre soltera") nos dijo:

> *Yo creo que los de Ciudad Juárez sintieron que* [los veracruzanos] *venían a agarrar algo que no les pertenecía ¿verdad? En ese aspecto, pero todos somos mexicanos... aparte de que son muy agresivos; son bravos* [los "juarochos"].

A través de este testimonio podemos ver que entre la gente de Ciudad Juárez existe la idea de que hay cosas en la ciudad que "les pertenecen" a ellos y a nadie más. ¿A qué "cosas" se refieren? ¡A los puestos de trabajo en la maquila! Claramente estamos ante una percepción errónea de los habitantes de Ciudad Juárez, pues realmente las plazas de trabajo no les pertenecen a los obreros, sino a las empresas, al capital maquilador, que son las que han "creado", con la plusvalía generada por los obreros, esos puestos de trabajo. El caso es que, desde este punto de vista, los "juarochos" han llegado al lugar a apropiarse ilegítimamente de esas plazas de trabajo.

En su discurso Francisca admite, sin embargo, que *"todos somos mexicanos"*; ella rechaza el extendido prejuicio de que a los "fuereños" no les correspondería trabajar en las maquiladoras, y al mismo tiempo los reconoce como muy buenos trabajadores.

Sin embargo, enseguida se refiere a otro prejuicio: los migrantes son *"muy agresivos; son bravos"*, en particular los venidos de Veracruz. Francisca reafirma la diferencia entre "los de Juárez" y los migrantes. Para ella, éstos son inusualmente fuertes de carácter.

Francisca continúa:

> *Pues bien, aunque hay muchos que no quieren a los de Veracruz... en primer lugar eso; pero la gente de Veracruz es muy trabajadora, a mí me tocó gente muy trabajadora.*

Es decir, Francisca menciona que existe ese sentimiento de rechazo hacia los "del sur", en este caso, hacia el "juarocho". Nos confirma nuestro aserto: en Ciudad Juárez, el "juarocho" es "otro", es ajeno a la ciudad y a sus habitantes. El rechazo a ese "otro" está implícito en el testimonio.

Pero de nuevo ella vuelve a indicar que está en contra de ese sentimiento de rechazo al "otro", indicando que, en particular, la gente de Veracruz es *"muy trabajadora"*.

Veamos cómo Pedro, proveniente de Coahuila, un "torreonero" (de unos 25 años de edad, a quien ya conocemos, el cual migró con toda su familia a Ciudad Juárez), se refiere a los prejuicios hacia los "fuereños", que se escuchan durante los recorridos en los autobuses que los trasladan de sus casas al trabajo, y viceversa.

> E: *¿Nunca sentiste una diferencia?*
>
> Pedro: *Pues sentí una diferencia, pero a veces en la ruta, cuando va uno en la ruta, en el transporte, oye que le dicen a alguien: "¡Hey, torreonero!", pero le dicen a otra gente, a mí no.*
>
> E: *¿Y a los de Veracruz?*
>
> Pedro: *A los de Veracruz también les dicen que esto y que lo otro, y a los del DF...*
>
> E: *Chilangos...*

> Pedro: *¡Hey! Que chilangos y que no sé qué* [entre otras cosas]. *Sí, todo eso se llega a oír ¿verdad?, pero nada que ver conmigo.*
>
> E: *Ni que importara realmente.*
>
> Pedro: *No, porque... yo oía en la ruta, pero no porque le dijeran a uno y yo les dijera a otros, no.*

Es decir, cotidianamente, entre los mismos obreros, se establece la diferencia a partir del estigma desacreditador. El "otro" no es "Pedro", "Juan" o cualquier otro nombre; el "otro" no es, a final de cuentas, un compañero de trabajo, un colega. No. El otro es señalado por su lugar de origen, distinto al de Ciudad Juárez. Es "otro", con una fuerte carga de distinción. Es un advenedizo que llega a quitarle algo muy preciado a los que han nacido aquí: el trabajo.

No sólo se trata de imponer una marca al otro: "chilango", "torreonero", etc. Al decir: *"Que chilangos y que no sé qué"*, Pedro tal vez indique que los estigmas suelen ir acompañados de otras frases, seguramente poco o nada amigables. Es lo que él no se atreve a decirnos, y por eso nos dice que en los largos trayectos en autobús los obreros se refieren a los *"chilangos y que no sé qué* [entre otras cosas, suponemos nosotros]*"*.

Llama la atención que al mismo tiempo Pedro busque diferenciarse del conflicto. Él sólo escucha, las expresiones de "torreonero" no van dirigidas hacia él y, por lo mismo, no le afectan: *"nada que ver conmigo"*, sostiene. El problema entonces es de "otros", no es de él.

De esa manera, Pedro elude el estigma que pesa sobre los "torreoneros". Él trata de creer que "no-es-parte-del-conflicto". Así Pedro no tiene que definirse ante el conflicto, un conflicto que intenta presentar como secundario, como no importante.

Con esas expresiones, Pedro intenta *invisibilizarse* ante los ojos de los originarios de Ciudad Juárez. Trata de pasar desapercibido. Basta con no hablar, para que no le lleguen a distinguir algún tono de voz distinto al de los originarios. Y como en el fondo realmente no hay gran diferencia entre unos y otros –pues los habitantes de Coahuila y de Ciudad Juárez son, a final de cuentas, gente del norte de México–, parece que Pedro ha logrado, hasta este momento, eludir el problema de ser identificado como "otro", como un "torreonero".

La estigmatización está entonces profundamente arraigada en los mismos "fuereños". El resultado es similar al estigma que pesa sobre las obreras, las "maquilocas". Resultan, estos estigmas, muy extendidos, forman parte de la cultura, de la vida cotidiana. La dominación implícita en estos estigmas no es cuestionada, menos criticada, aunque sí es consciente. Significa otro aspecto de la vida de estos obreros y obreras, significa vivir en y desde la *subalternidad.*

Los "flojos" de Ciudad Juárez

Pero no nos quedemos con la idea de que las mujeres pobres y obreras y los "del sur", igualmente pobres, son los únicos que han sido estigmatizados en esta ciudad –aunque ya vimos que otros habitantes del estado son igualmente estigmatizados, como los habitantes de la ciudad capital–; también lo han sido los mismos trabajadores originarios de Ciudad Juárez. Ellos han sido estigmatizados como los "flojos", un sinónimo de "holgazanes"; son vistos como aquellos que no trabajan con agilidad en las cadenas de producción; los que no están a la altura de las circunstancias; los que no se aplican para "sacar la producción" que demandan las maquiladoras.

Creemos que, al igual que los otros estigmas, y los prejuicios de corte clasista que les dan origen, el de "flojos" también puede provenir de las clases dominantes, concretamente del sector empresarial ligado a las maquiladoras de exportación.

Recordemos que en la actualidad el capital transnacional trata de imbuir a los trabajadores el delirio de la productividad. Así, lo que importa es "sacar la producción" al ritmo que impone el capital.

En lo que respecta a los migrantes, puede entenderse el afán de ellos de sumarse sin reparos a los intensos ritmos y las extensas jornadas de trabajo. Como hemos visto, llegaron a ganarse un espacio en la ciudad y a encontrar un trabajo, motivados por el afán de incorporarse a una actividad que les permitía acceder a un salario. Otros, lo hemos visto, llegaron motivados por la idea de madurar o superarse con la esperanza de estudiar.

Nos encontramos de pronto con la idea, con el imaginario de que el originario de Juárez, hombre o mujer, es "flojo". ¿Por qué se ha generado esa animadversión hacia el originario de Juárez?

Diremos primero que, así como los otros estigmas señalados, éste también forma parte de la cultura de esta ciudad y está internalizado por las y los obreros originarios del lugar. Es otra idea arraigada ya entre ellos, parte de su cultura.

En efecto, cuando entrevistábamos a Sonia, Marucha (hermanas, originarias de Ciudad Juárez) y Moni (veracruzana, sobrina de Alberto, quien es esposo de Sonia; pareja también originaria de Veracruz) sobre otro tópico –la rotación de los trabajadores en las maquilas y sus causas–, de pronto, Sonia hizo alusión a ese estigma:

E: *¿En cuántas maquiladoras han trabajado antes, y por qué se han cambiado?*
Sonia: *Yo he estado en varias, como en unas cinco. Nos hemos cambiado porque se aburre uno. No más los más necesitados se quedan en una sola planta [risas]. Más bien los de fuera, los del sur, son los que se quedan en una sola planta, por necesitados.*
Marucha: *Últimamente, los de Juárez tienen muy mala fama.*
Sonia: *Tienen muy mala fama* [reafirma lo que dice Marucha].

Marucha: *Últimamente prefieren darles trabajo a los que vienen de fuera...para dar trabajo le dan preferencia a los que vienen de fuera que a los que son de aquí de Juárez.*
Sonia: *Porque dicen que somos muy maletas.*[8]
Marucha: *Sí, son muy maletas* [reafirma lo dicho por Sonia].
E: *¿Esa es la fama del de acá?*
Marucha: *Sí, porque el juarense tiene fama de que es muy flojo, que no trabaja tan bien, que no le trabaja tan bien* [a las maquiladoras] *como le trabajan los de fuera. Porque los de fuera son muy trabajadores, les gusta mucho hacer tiempo extra, y a los de Juárez no. Entonces les dan mucha preferencia a los de fuera.*
E: *Eso ya se observa* [el entrevistador se refiere a esa diferencia entre los de Juárez y los "del sur"].
Marucha: *Pero también tienen que hacer sus requisitos, por ejemplo, tienen que tener cierto tiempo viviendo en Juárez, si acaban de llegar de fuera; así, luego, luego, no...porque yo en muchas en las que he estado piden mínimo seis meses de residencia en Juárez.*
E: *Tal vez para garantizar que no se vayan enseguida...*
Sonia: *Yo creo que ahí donde está ella no* [se refiere a Moni, quien está presente en la entrevista].

Hasta aquí este testimonio, un diálogo entre ambas hermanas originarias de Ciudad Juárez. Ellas nos revelan ese estigma hacia los originarios del lugar. El estigma dicta que en las últimas épocas las empresas han optado por privilegiar a los "fuereños" antes que a los originarios de Ciudad Juárez. El "fuereño" es el "matado" para el trabajo, siempre está dispuesto a trabajar más, a realizar muchas horas extras. El originario del lugar, en cambio, tiene "mala fama", es "flojo", es "maleta", "rota" [o "rotaba", antes de

[8] Quien hace mal las cosas, "malo" y "maleta" se vuelven sinónimos en el habla popular.

la crisis del sector] fácilmente de una empresa a otra y abandona el trabajo rápidamente.

Sonia parece expresar un prejuicio más en esta cuestión. Para ella, los migrantes intensifican el trabajo porque están más *"necesitados"*. Son "los del sur", los que buscan quedarse en una sola empresa, mientras que los otros ("los del norte"), no tienen esa necesidad. Estos pueden darse el "lujo" de cambiar de una empresa a otra, seguros de que encontrarán trabajo.

El estigma es claro: los del sur son los *"necesitados"*, los que tienen que esclavizarse a una sola empresa, los que siempre están dispuestos a hacer horas extras, son los *"arrastrados"* con la empresa.

En realidad estamos ante un estigma, en el fondo, una idea errónea, pues la pobreza es igual tanto para los originarios como para los "fuereños", pues entre los originarios de Ciudad Juárez existen la pobreza y las mismas necesidades, como ganar más salario y realizar horas extras, al igual que entre los migrantes.

Estamos ante un estigma desacreditador que marca a los "del sur", pues hemos visto en otro capítulo que los originarios de Ciudad Juárez, como Francisca (jefa de grupo que, luego de trabajar casi 30 años en una sola maquiladora, fue despedida), también pueden laborar en una sola empresa por muchos años, sin rotar. Es decir, no sólo los "del sur" permanecen en una sola empresa y son los "matados".

Pero además vemos que existe ese estigma con el que se señala al originario de Juárez como un "flojo" ¿Acaso tiene un significado este tipo de actitudes de "flojera" ante el trabajo por parte de los originarios de Ciudad Juárez?

Podríamos aventurarnos a decir que entre sectores de obreros originarios de Ciudad Juárez hay una suerte de resistencia sutil hacia el trabajo maquilador. ¿En qué nos apoyamos para sostener tal apreciación? En que el originario del lugar podría compartir cierta conciencia sobre la explotación que vive en las maquiladoras, difundida en los barrios y colonias, y tal vez desarrollada en años recientes por la actividad de las organizaciones no gubernamentales y sectores contestatarios de diversas iglesias.

Parecería que estamos ante un comportamiento escindido por parte de estos obreros y obreras: por un lado, el fatalismo, es decir, en la vida no queda más que trabajar adaptándose a las circunstancias que imponen las empresas; por otro, la existencia de cierta conciencia de que tales circunstancias significan una explotación desmedida, ante la cual hay que responder de alguna manera. Pero ¿responder cómo? Pues trabajando a ritmos más pausados, menos intensos.

Ciertas tesis sobre el accionar de los subalternos parecerían entonces contar con un sustento: los dominados siempre pueden resistir de muy diversas maneras, y no de la manera como podría esperarse desde ciertas perspectivas de estudio, construyendo sindicatos y haciendo huelgas, por ejemplo.[9]

Por su parte, el migrante, aparentemente, es ajeno a esta cultura de la resistencia, a él lo que le importa es "sacar" la producción, apegándose a los ritmos de la empresa. Él parece desconocer la idea de resistencia, al menos al momento de su arribo a la ciudad. Él es alguien que principalmente busca mejorar lo antes posible, ascendiendo rápidamente en los escalafones.

Ellos reciben una suerte de retribución por esta actitud. Las empresas maquiladoras prefieren a los "fuereños", a los "del sur". Son los más disciplinados, los que le imprimen mayor intensidad al trabajo, a diferencia de los "flojos" juarenses.

En estas circunstancias, el capital sabe que puede imponer las normas que quiera en lo laboral. Por ejemplo, le exige al migrante

[9] Sobre las formas sutiles de resistencia de los dominados, véase la obra de Scott (2004).

"del sur" que tenga al menos seis meses de residencia en la ciudad para poder ser aceptado en las maquiladoras.

Con esa exigencia las empresas parecerían exigir que el migrante esté más o menos asentado en la ciudad. La maquiladora buscaría garantizar así que ese migrante no regresará muy pronto a su lugar de origen, abandonando el trabajo, "rotando", como suelen hacerlo sobre todo los originarios del lugar y muchos migrantes que no se arraigan en la ciudad y vuelven a sus lugares de origen o cruzan el Río Bravo hacia los Estados Unidos de Norteamérica.

Aparentemente, los migrantes no se oponen a este tipo de normas de las maquiladoras que, ciertamente, son crueles, porque ¿en qué sitios puede emplearse el que llega del sur durante los primeros seis meses de estancia en la ciudad?, ¿en el comercio informal?, ¿en los servicios?

Parecería entonces que los migrantes son más vulnerables que los originarios de la ciudad, aparentemente sin haber desarrollado alguna conciencia acerca de su situación.

Sin embargo, no debemos descartar que la convivencia y la adaptación a la cultura del lugar por parte del migrante muy bien podría haberlo empezado a dotar de ideas sobre la subordinación que se vive en las maquiladoras; a dotar de los recursos de los obreros del lugar; de cierta capacidad para resistir las injusticias en la maquiladora; de cierta capacidad para enfrentar a los supervisores, por ejemplo.

Queda en pie, entonces, la siguiente interrogante: ¿Estamos ante cierta capacidad de resistencia por parte de los y las obreras originarias del lugar que ha implicado ritmos de trabajo más pausados, a diferencia de los que imprimen los migrantes a su diario bregar?

La respuesta podría ser afirmativa. Por un lado, tenemos un panorama de la fragmentación y división entre estos obreros. A pesar de que a todas y todos ellos los unifiquen las condiciones de vida y de trabajo, vemos problemáticas de índole cultural que, por el momento, impiden proyectos de unidad. Vemos que hay rivalidad entre estos obreros, hombres y mujeres. Ellos se encuentran impregnados de los estigmas hasta aquí señalados.

Pero al mismo tiempo entre estas obreras y obreros originarios de Ciudad Juárez encontramos actitudes de rechazo a los intensos ritmos de trabajo y las extensas jornadas de trabajo, a partir del desarrollo de una actividad más pausada en las cadenas de producción, haciendo menos horas extras que los migrantes, también.

Si esto es así, no cabe duda que los sujetos, obreras y obreros en este caso, pueden darnos sorpresas inesperadas y "pasarle la factura" a los explotadores de una y mil maneras.

Ser joven, pobre y "cholo"

Este cuadro de estigmas, hasta cierto punto apabullante, no está completo. Nos falta otro actor en todo esto: el joven, hombre o mujer, y, además, pobre. Es este uno de los actores más relevantes en este estudio, pues muchos de los obreros de las maquiladoras de Juárez son precisamente gente joven, menores de 30 años.

Ahora bien, aquí la condición de "ser joven" se combina con la adscripción de clase. El prejuicio hacia el joven –estigma común en nuestra sociedad–, se mezcla con el prejuicio hacia el joven pobre, el cual es fácilmente identificable en las calles céntricas de la ciudad y en las colonias proletarias de la ciudad.

Hacia él suelen dirigir su ira los adultos mayores, las autoridades y, sobre todo, los policías del lugar. Parece común, entre ellos, el hostigamiento y acoso hacia los jóvenes pobres, hombres principalmente, con aspecto de "cholos", producto de un estigma que pesa sobre ellos: ser joven y "cholo" es igual a ser delincuente, por lo mismo peligroso y, además, seguramente drogadicto.

Evidentemente aquí entra en juego otro elemento que explica este prejuicio: la identidad de muchos de estos jóvenes tiene nexos con el "cholismo", una suerte de respuesta por parte de sectores de migrantes latinos residentes en EUA, hacia la sociedad dominante, hegemónica. A través de su particular forma de vestir, ellos disienten de esa sociedad: los pantalones holgados, las playeras y camisas de colores brillantes, el cabello con mucha vaselina o gel y ajustado con una red, un hablar "cantado", así como un vaivén al caminar, le da a estos jóvenes un atributo cultural determinado, una identidad presente en diversas zonas del país, entre ellas, las del norte.

Es así que, herederos de los "pachucos" de otras décadas, los "cholos", jóvenes pobres habitantes de las colonias proletarias de Ciudad Juárez continúan captando el desprecio y la animadversión de los prejuiciados y represivos elementos de la policía municipal.

Un joven "cholo", interrogado por nosotros y al cual ya mencionamos, Riqui (de unos 18 años en el 2004, originario del lugar, involucrado con una banda en su colonia y en hechos de violencia que ya relatamos), nos cuenta del acoso que suelen vivir aquellos jóvenes con aspecto "cholo" en las calles céntricas de Ciudad Juárez.

Al preguntarle sobre la policía municipal de Ciudad Juárez, nos dijo:

> Riqui: *No'más*[10] *nos suben* [los policías a la patrulla]. *Te paran.*
> Entrevistador: *¿Por qué te paran?*
> Riqui: *Pues nomás, porque te ven sospechoso.*
> Entrevistador: *¿Y qué te hacen?*
> Riqui: *No'más me revisan, no'más porque pasas por ahí te dicen: "que no te muevas" y ¡pum!* [significa que es golpeado por los policías].

[10] Contracción de nada más.

En el testimonio de Riqui puede observarse claramente la relación de los jóvenes "cholos" con la policía. El policía siempre está presto a detenerlos ¿Por qué causas? Por ninguna. El joven "cholo" siempre es sospechoso. No tiene que haber hecho nada para ser objeto de la represión. El joven es detenido y, enseguida, golpeado: *"pum"*.

Sigamos con el testimonio de Riqui, en diálogo con los entrevistadores:

E: *Esa anécdota me interesa ¿puedes contarla?*
E: *La de los policías.*
Riqui: *Pues yo iba caminando por la Juárez tranquilamente.*
E: *¿Cómo a qué hora ibas por la Juárez?*
Riqui: *Como las 4:15, 4:30.*
E: *¿De la tarde?*
Riqui: *Sí.*
E: *¿Y cómo llegaron los policías?*
Riqui: *Pues iban en bicicleta.*
E: *¡Ah! Eran los de la bicicleta.*
Riqui: *"A ver, chulo, párate"* [Riqui está imitando a los policías municipales]. *Y se bajan y ahí dejan la bicicleta y pum.*
E: *Contra la pared.*
Riqui: *Sí y pum, me patearon en los pies, de crucificado.*
E: *¿Tú ibas solo?*
Riqui: *No, con dos morritas.*[11]
E: *Y las morritas se quedaron ahí a un lado viendo.*
Riqui: *No, pues sí, por ellas me soltaron, ya me querían "cargar".*[12]
E: *Te querían cargar. Pero, ¿por qué te querían cargar?*
Riqui: *Pues no'más porque no les caí bien o no sé.*

[11] Dos muchachas.
[12] Llevar a la cárcel.

E: *Bueno, te revisaron, pero... ¿qué te decían ellos?*
Riqui: *¿De dónde vienes?, esas preguntas que hacen.*
E: *O sea, vienes arreglado o vienes del camello.*
Riqui: *O sea* [imita el diálogo que se dio entre él y los policías que lo detuvieron]:
Policía: *"Vas a ir parió".*[13]
Riqui: *"No, simón"* [No, sí].
Policía: *"Te vamos a hacer el paro,*[14] *no'más porque ellas dicen, si no pa' la otra, si te vemos aquí ahorita que salgas, te voy a llevar, ahora sí".*

El testimonio vuelve a ilustrar la arbitrariedad de los policías municipales, los que suelen usar bicicletas para recorrer las calles de Ciudad Juárez. Puede verse cómo, sin ninguna causa, el joven "cholo" es detenido y agredido. Las patadas que le dan a Riqui son claramente violatorias de sus derechos humanos. Las amenazas de que lo tienen en la mira, por así decirlo, cierran el episodio que salva Riqui "sólo" porque iba acompañado de dos "morras".

Las detenciones ilegales, las "vueltas", así como las detenciones que se presentan a la hora de salir de algún "antro" (o centro nocturno), son parte de este hostigamiento permanente que viven los pobres con aspecto de "cholos".

E: *¿Y eso pasa seguido?* [refiriéndose a las detenciones por parte de los policías municipales].
Riqui: *Sí, así son ellos ¿verdad?* [se refiere a los policías].
E: *O sea, ser cholo aquí es delito*
Riqui: *No delito ¿verdad?, pero...*
E: *Es motivo para que te metan al bote.*[15]

[13] Desconocemos el sentido de las siguientes expresiones: "venir del camello" y "parió".
[14] Ayudarlo, hacerle un favor.
[15] Cárcel.

Riqui: *No, no me pueden meter, pues no llevo nada* [no llevaba droga], *si acaso no'más lo que pueden dar son 36 horas por andar ahí, pero si es viernes pues ya para el domingo ya salió. Pero me llevan y la vueltezota que me hacen dar y luego que me llevan hasta allá.*
E: *Te llevan de paseo.*
Riqui: *Y luego* [imita un diálogo con alguna autoridad en la estación de policías]:

Autoridad: *"¿Que por qué viene?"*
Riqui: *"Me trajeron nomás porque iba pasando".*
Autoridad: *"No, pues ya váyase"* [los policías lo dejan libre].

Concluye Riqui:

No'más por hacerte la malora[16] *de ir y llevarme, no'más por molestar.*

En este testimonio puede advertirse en Riqui cierto fatalismo hacia esta situación: *"así son ellos"*, los policías, dice. Pero él también es consciente de que "ser cholo" no es ningún delito y no debe ser causal de detención. Riqui dice con firmeza: *"no me pueden meter (al 'bote'), pues no llevo nada"*. Es que *"llevar algo"* quiere decir portar droga, lo cual sí está prohibido y obviamente sería un delito. Él sabe que si acaso le pueden dar 36 horas de detención, por *"andar por ahí"*. La duración de la detención es muy clara para Riqui, quien probablemente ha sido víctima de una o más detenciones de esta índole.

Vemos así que entre estos sujetos, incluso entre los jóvenes como Riqui, hay fatalidad ante las arbitrariedades de los policías, pero, al mismo tiempo, hay conocimiento de los derechos que tienen, lo cual habla de que cierta conciencia se ha gestado entre

[16] Mala obra, mala acción.

estos jóvenes obreros, aún y cuando ésta no se manifieste en organización o en demandas generales que impidan las arbitrariedades cotidianas de la policía.

Vemos también la costumbre de los policías: "levantar" al "sospechoso", subirlo a la *camper* (camioneta grande), "darle de vueltas" en la misma *camper*, por horas tal vez. De ahí que Riqui hable de las *"vueltezotas"*, para, al final, en el interrogatorio dentro de la estación de policía, ser liberado, cuando él nunca debió ser detenido, pues nunca infringió la ley.

Finalmente, vemos que las llamadas "redadas" son parte importante de la relación cotidiana de los jóvenes cholos con la policía. Riqui ilustra muy bien este vínculo de los jóvenes con los temibles aparatos de "vigilancia":

> E: *¿Y en la discoteca nunca han entrado los policías a molestarlos, ni los han estado esperando afuera?*
> Riqui: *Afuera sí están, pero vigilando que no se peleen, acá no'más buscando a los que hacen más relajos.*
> E: *El que hace más panchos,*[17] *pues...*
> Riqui: *Sí, los que hacen más muecas, los que salen muy acá.*[18]
> E: *Tienen que andar tranquilitos, tienen que salir derechito sin hacer mucho ruido.*

No podemos dejar de señalar que, en el fondo, estamos ante jóvenes obreros que son víctimas de los aparatos policíacos y que se encuentran indefensos ante ellos, pues carecen de organización y de medios para, al menos, denunciar las arbitrariedades cotidianas que viven por su situación: ser jóvenes, cholos y, por supuesto, pobres.

[17] Armar lío, hacer "bronca".

[18] Los que salen tomados y/o drogados.

Esa indefensión llevó a que en mayo del 2007 las autoridades municipales de Ciudad Juárez, retomando una iniciativa de la Iglesia Católica, impusieran un "toque de queda" que les impide a los menores de 18 años transitar por las calles de sus barrios después de las 10 de la noche, a menos que estén acompañados por un adulto.

Fue así que este sector de la población también "perdió la noche", al igual que la perdieron las obreras hace años, cuando se ordenó cerrar bares y cantinas a las 2 a.m., como ya mencionamos en el testimonio de Francisca, proceso que estudió Jorge Balderas (2002 y 2006). Digamos que esta situación nos habla de la vulnerabilidad de los pobres en Ciudad Juárez y en todos lados, la vulnerabilidad de los subalternos.

Portar una identidad sexual diferente y sus consecuencias

Como en la cultura mundial, el estigma hacia quienes portan una identidad sexual diferente, los llamados homosexuales, se encuentra en Ciudad Juárez. Según Efraín Rodríguez, sexólogo de la ciudad, la gente en esta urbe asocia la homosexualidad con el pecado. El nivel de homofobia en general es alto y socialmente se tiende a *invisibilizarla*. Además, hay evidencias de crímenes de odio por homofobia.[19]

Los homosexuales son aquí también "los otros", "los distintos", y, desde luego, "los ajenos" a la sociedad "normal". Son los "anormales". Ellos son los que, además, encarnan lo femenino en el hombre, razón de más para que el prejuicio que aquí se genera devenga en odio, como el que existe hacia los de piel oscura, los "del sur", y, desde luego, hacia las mujeres.

[19] Véase el trabajo del sexólogo Efraín Rodríguez, 2007.

En el norte de México, en Chihuahua particularmente, el prejuicio hacia quienes poseen una orientación sexual diferente adquiere otros matices. El norte de México es "macho", puede ser incluso más "macho" que el resto del país. Es el lugar de los hombres valientes, de los colonizadores, de los vencedores del desierto y de los apaches.

Los hombres que habitan el norte son *vaqueros* que, con su indumentaria característica (sombrero y pantalones vaqueros, grandes hebillas, camisa de cuadros y botas), enfrentan todos los retos, entre ellos el del clima extremoso. Por supuesto, también son quienes dominan a las mujeres, que beben alcohol y suelen andar en parrandas. En años recientes, el estar involucrados en alguna actividad ilícita, son rasgos que acompañan a esta masculinidad.

En un contexto así, el prejuicio hacia los homosexuales es más agudo, prejuicio que se convierte en estigma hacia ellos, cargado de odio visceral, homofóbico.

Ese odio es agudo, además, porque tal vez la homosexualidad masculina revela ese lado oculto del machismo, el de la masculinidad frágil, la de la atracción hacia los miembros del mismo sexo, atracción que se oculta detrás de actitudes homofóbicas y poses machistas comunes.

Encontramos que, a pesar del prejuicio, los homosexuales hombres se unen, conforman grupos afines con una identidad propia fuera y dentro de la maquila. Sin embargo, en las empresas, los homosexuales experimentan un trato cargado de estigmas y discriminaciones, cargado de esa "doble moral" que hemos visto en el capital maquilador. Las paradojas aparecen aquí en la cultura de la región, en este caso, en torno a los obreros con identidades sexuales diferentes.

En efecto, encontramos que en las maquiladoras el obrero homosexual, por un lado, es aceptado, bien recibido por gerentes y supervisores debido a un motivo muy claro: el obrero homosexual resulta ser casi siempre un trabajador disciplinado, dócil, colaborador de supervisores y gerentes, siempre dispuesto a laborar jornadas extenuantes de trabajo con muchas horas extras. Por ello, es fácil que este trabajador sea aceptado para laborar en las líneas de producción.

En ese sentido, este tipo de grupos podrían ser afines a los migrantes (y no sólo a ellos) en cuanto a su adaptación a las intensas y extensas jornadas de trabajo de la maquila, aparentemente sin visos de resistencia a estos ritmos de trabajo, ello independientemente de su origen. Estos grupos pueden estar conformados por migrantes u originarios del lugar, y, sin embargo, tienen una identidad propia: la docilidad, la disciplina, la subordinación a la autoridad, en este caso a la de quienes encarnan al capital maquilador en las áreas de trabajo (supervisores, jefes de línea, gerentes), cuestión que los unifica, más allá del origen o lugar de nacimiento.

Pero no crea el lector que esta disposición al trabajo permite un futuro prometedor en las maquiladoras para estos obreros. La carrera de ellos en la maquiladora tiene un límite muy preciso. Más allá de los puestos más bajos en los escalafones, no parece haber futuro para este tipo de sujetos en las maquiladoras. Su disciplina y laboriosidad rara vez serán retribuidas, al igual que sus capacidades. No serán fácilmente promovidos a los niveles superiores por jefes de línea, supervisores o gerentes, muchos de ellos hombres forjados en la cultura machista de dominar y abusar de las obreras, como veremos en la parte final de esta investigación. Recordemos que estos últimos sujetos son los que tienen el poder en las líneas, amos y señores (hasta cierto punto) del proceso productivo.

En efecto, podemos observar que en las maquiladoras recurren a este tipo de obreros por su amplia disposición hacia el trabajo, por aceptar los intensos ritmos de trabajo y, algunas veces también, por sus conocimiento del inglés; al mismo tiempo, encontramos que se les cierran las oportunidades de ascenso en las empresas, o se les ubica con salarios más bajos que los que deberían percibir, en situaciones evidentes de discriminación laboral.

Veamos otros testimonios de Andrés al respecto, obrero citado en esta investigación, originario de la ciudad de Chihuahua, activista social y defensor de los derechos sexuales y reproductivos de gente con orientación sexual distinta, del cual mencionamos su experiencia de migración en el capítulo 2:

> *Bueno, ahí voy hacia los homosexuales ¿No? Por ejemplo a los homosexuales, yo, en todo este tipo de solicitudes que hacíamos dentro de la maquila para los puestos de trabajo, oía muchos comentarios de los supervisores. Vamos a suponer, si necesitaban a uno de control de calidad para la línea dos, vamos a suponer... yo eso sí lo oí personalmente. Me veía por ejemplo el supervisor de esa línea hacer la solicitud de control de calidad en su línea y me decía: "ni creas que vas a pasar este examen, yo no quiero maricones en mi línea"; o sea, sí nos querían, pero sólo como operadores.*

La historia que relata Andrés es cruel, pues alude claramente a la situación del obrero homosexual. El estigma es contundente. El homosexual resulta adecuado para trabajar en las líneas de producción, pero no para ascender en el escalafón o para buscar un puesto que esté mejor remunerado, como el de control de calidad. Estos puestos están reservados para los "normales", siendo excluidos los hombres, con orientación sexual distinta a la supuestamente hegemónica, en una clara violación a sus derechos humanos y laborales.[20]

[20] Tal vez las obreras con una identidad lésbica también sean estigmatizadas, pero sobre este sector no contamos con información.

En el relato de Andrés, además, se ve con claridad la manipulación que los jefes de línea y supervisores suelen hacer de los exámenes que la empresa realiza para, supuestamente, evaluar las capacidades de los obreros. Es claro que, en este caso, el obrero será evaluado a partir de los prejuicios de este supervisor, y no por sus capacidades. Y como el prejuicio es realmente fundamental, el obrero con otra identidad sexual está condenado a permanecer en los puestos inferiores del escalafón, desarrollando las actividades más repetitivas en las líneas de producción. Como dice Andrés: *"Sí nos querían, pero sólo como operadores"*.

Sigamos con el testimonio de Andrés en torno al cumplimiento del trabajo por parte de este tipo de actores en la maquila. Él habla de obreros extraordinariamente comprometidos con el trabajo, realmente excepcionales en cuanto a su desempeño en las líneas de producción:

> *Mira, la discriminación era, en este aspecto, por ser gay o por ser jotito.*[21] *Muchas veces no te toman en cuenta; pero sí te toman en cuenta porque los homosexuales, supuestamente sí se tiene esa...reputación, que son muy trabajadores, los homosexuales son muy trabajadores dentro de la maquila y muy responsables todos.*
>
> *Porque te estoy hablando...por ejemplo, Fernando, mi mejor amigo dentro de la maquila, ese ha sido su primer trabajo dentro de la maquila y ahorita tiene veinte años trabajando en la maquiladora. En esos veinte años ha faltado dos veces a su trabajo y todavía sigue siendo de control de calidad, no ha subido de puesto; nomás de operador a control de calidad y es todo.*

[21] Diminutivo de "joto", palabra con la que también suele llamársele al a aquel que posee otra identidad sexual. Llama la atención que el entrevistado use la palabra gay, que es de origen anglosajón y se traduce como "alegre", lo cual introduce una visión estereotipada de esta identidad sexual diferente.

Mi amigo José, el cual fue mi compañero de casa por diez años, él también tiene 16 años trabajando en la misma maquiladora, en la misma maquiladora donde yo entré a trabajar por primera vez. Y él también, en sus dieciséis años, aunque no me lo creas, sólo ha faltado una vez a la maquila, y él sigue siendo operador.

Por este testimonio, es claro que estamos ante un grupo en las maquiladoras con gran capacidad de trabajo. No pueden verse de otra manera las dos únicas faltas de Fernando durante 20 años de laborar en la misma maquiladora. Igualmente, la discriminación laboral que este obrero ha vivido sólo puede verse como extraordinaria: en ese lapso de tiempo únicamente logró ascender un puesto, de operador en las líneas de producción al puesto de operador de control de calidad.

En cambio, José, con 16 años en la maquiladora, tenía ¡una falta en toda su historia laboral, y continuaba siendo operador!

Es claro que estamos ante un sistema laboral injusto, por todo lo expuesto en la literatura al respecto: intensos ritmos de trabajo, extensas jornadas de trabajo (en épocas de crisis, esta situación es otra, predominan los paros técnicos, no hay producción y, por lo mismo, no hay intensos ritmos de trabajo). Además, había y hay que sumar: violación de derechos constitucionales como la prohibición al derecho a la contratación colectiva, estigmas diversos (hacia las mujeres, hacia los "flojos"), discriminaciones laborales, y muy escasas opciones de desarrollo laboral para grupos estigmatizados.

Aquí no importa el récord del obrero, su adhesión y lealtad a la empresa, su productividad; importa sobre todo su condición, y si esa condición es estigmatizada, no tendrá posibilidad de ningún ascenso en una empresa en la que prácticamente dejó su vida y sus energías.

A pesar de ello, estos grupos de obreros como al que nos estamos refiriendo, manifiestan claramente una demanda, la cual no tiene cauces y no se expresa colectivamente. Es una demanda que muy bien podría ser compartida por muchos de estos obreros, independientemente de su condición sexual. Veamos de nuevo otro diálogo con este obrero, en donde la demanda se expresa claramente:

> E: *¿Cuándo y cómo entraste a trabajar a las maquiladoras?*
> Andrés: *A los 14 años, falsificando mi acta de nacimiento. Entonces conforme voy creciendo; sigo el grupo de mis amigos, pero no me quedo en la misma maquiladora. Yo soy una de las* [aquí Andrés se asume mujer, completamente femenino]*… de todos mis amigos, yo soy uno de los pocos que andamos de maquila en maquila, porque yo decía "si al año no subo de puesto, 'chingue a su madre', yo me voy a otra maquiladora, donde pueda seguir avanzando"*
> E: *Sí pensabas en mejorar y en avanzar...*
> Andrés: *Por supuesto, sí.*
> E: *¿No entras a la maquiladora a luchar?*
> Andrés: *No. Entro a trabajar y a seguir el desmadre y todo eso. Pero también dentro de eso, pues, como mis amigos, en aquel entonces, siendo homosexual... cualquier trabajador que entra en la maquiladora pues también lo hace con ese afán de subir de puesto. Para ello mis amigos y yo nos quedábamos toda la semana tiempo extra en la maquila, no creas que nada más un día sí y otro día no; no, no, todos los días.*

Vemos así a qué demanda nos referimos: a la demanda de ascenso en las maquiladoras y de mejora salarial. Este obrero no se incorpora a este sistema fabril para cambiarlo, sino para progresar (y no sólo para sobrevivir), para lograr una carrera laboral, para ascender en ella, y no para permanecer estancado. Y para ello, individuos como el que entrevistamos, se afanan desmedidamente por lograr el reconocimiento como buenos obreros por parte de la maquiladora.

Desde luego, también se puede observar un elemento lúdico en la incorporación al trabajo de Andrés. Él dice: *"entro a trabajar y a seguir el desmadre y todo eso"*. Con esas palabras Andrés expresa claramente su visión; para él no todo era trabajo en la empresa, estar ahí también significaba *"echar desmadre"*, hacer amigos y gozarla con los amigos.[22]

Pero para lograr el objetivo que tal vez es el principal, el progreso laboral, él se adaptó a los intensos ritmos de trabajo de la maquiladora y las extensas jornadas, incluso lo hizo quebrantando la ley que lo protegería de esa situación, la Ley del Trabajo, la cual él ignoraba en ese entonces, ley que, como ya mencionamos, sólo permite nueve horas a la semana de "tiempo extra".

En cambio, este obrero no encontraba problema alguno en llevar a cabo horas extras todos los días, en una actitud realmente inquietante en esta clase obrera, la cual habla de su *subalternidad:* ellos son capaces de entregarse totalmente a los excesos del sistema laboral maquilador, en aras de lograr su objetivo: la mejora laboral y salarial que, sin embargo, para muchos de ellos no está a su alcance, como hemos visto. En fin, un sector al cual no parece interesarle mucho el cumplimiento de la ley o la vigencia del Estado de derecho, en coincidencia con la práctica del empresariado maquilador.

[22] En una entrevista que realizamos en Ciudad Juárez a un grupo de cinco trabajadores jarochos, de orientación sexual diversa, todos ellos provenientes de Jaltipan, Veracruz, el tema de la *sexualidad del goce* ocupó toda la entrevista. Ellos hablaron sobre cómo se *"ligan"* ["ligarse", establecer una relación con otro, que puede ser duradera o no], quiénes son más afeminados, cómo asumen cierta práctica homosexual para ocultar su *"mariconería"*[su comportamiento afeminado] o para evidenciarla, con el fin de ganar prestigio entre la comunidad de orientación sexual diversa de la maquila, etc. Por cierto, aquí también observamos cierta estigmatización de esta comunidad veracruzana hacia los juarenses que tienen otras orientaciones sexuales, juarenses, pues consideran que éstos *"no se definen"*, *"no hay locas verdaderas"*, *"no son afeminados"*, etcétera.

Ya veremos que no sólo en este aspecto sufre el Estado de derecho en la conciencia de estos obreros. En torno a otros hechos, como los asesinatos de mujeres, veremos que el descrédito de las instituciones es enorme, y la desconfianza hacia ese "Estado de derecho" por parte de las y los obreros, es profundo haciéndolos adoptar posturas realmente inquietantes ante esa ausencia de Estado de derecho.

En épocas en que parecía haber triunfado la democracia, las elecciones, la confianza en las instituciones, observamos un proceso exactamente en sentido contrario: la profunda desconfianza hacia las leyes y hacia las instituciones en sectores de obreros en esta ciudad.

4
PELIGRO, MIEDO Y RESISTENCIA OBRERA

Oscuridad y esperanza en la cultura obrera de Ciudad Juárez

En este capítulo nos aproximaremos al problema del miedo en la cultura obrera de Ciudad Juárez, componente ineludible de la cultura regional desde la última década del siglo pasado por lo menos.

En efecto, es obvio que en esta ciudad, hombres y mujeres, más aún si son pobres y obreros, se sienten profundamente inseguros y en peligro, situación que sin duda se ha agudizado hacia los años 2008 y 2010, en los que se ha dado el mayor índice de asesinatos de toda la historia del lugar, tal y como señalamos en la Introducción.

Veremos cómo ha impactado en ellos la ola de miedo que se ha enseñoreado en el lugar al menos desde los años noventa del siglo pasado, cuando empezó la ola de asesinatos de mujeres pobres en este lugar, a los que hay que sumar los asesinatos de hombres. Presentamos estos testimonios que reflejan la situación hacia mediados de la primera década del presente siglo, sin que por el momento tengamos testimonios sobre el miedo hacia fines de la década, aunque nos aventuramos a dar algunas ideas al respecto.

Continuaremos revisando aspectos de la cultura de esta ciudad en la cual está inmersa la clase obrera que labora en las maquiladoras, y nos volvemos a encontrar con la capacidad de resistencia e incluso de *resiliencia* de estos sujetos, las cuales hemos ido mostrando. En suma, nos referiremos a lo más oscuro de la cultura en el lugar: la violencia, en sus diversas manifestaciones; y lo más esperanzador de esta misma cultura: la capacidad de resistencia y *resiliencia* de los dominados.

Cuando el miedo llegó a Ciudad Juárez

Como mencionamos, no han exagerado quienes han definido a Ciudad Juárez como "laboratorio de nuestro futuro". Ésta ha sido, desde la última década del siglo pasado, un escenario de la descomposición social, resultado de la implantación del sistema de relaciones laborales representado por las maquiladoras de exportación; de la pobreza de amplios sectores de la población de una urbe con pocas opciones de desarrollo; del auge del narcotráfico; a lo cual se ha sumado la desilusión en la "transición democrática", la cual no conllevó mejoras palpables en las condiciones de vida y de trabajo de los pobladores del lugar.

Más de 400 mujeres asesinadas (saldo hasta 2005, aproximadamente), con alrededor de un 10% de ellas obreras de las maquiladoras, hacen de Ciudad Juárez un lugar de peligro y riesgo, lugar donde impera la violencia. Ya indicamos, en la Introducción, el crecimiento exponencial del crimen en la ciudad durante 2008 y 2010.

A esos asesinatos hay que agregar los masculinos, los cuales pueden darse en una proporción de tres a uno, con respecto a los de mujeres, aunque de los asesinatos de hombres poco se habló en la prensa nacional como parte de la violencia estructural en el lugar. Ellos son causados sobre todo por riña, por venganza, por violencia callejera, por robo y por cuestiones vinculadas al narcotráfico.

Sin que pretendamos hacer una historia pormenorizada de todas estas cuestiones, resulta claro que, en años recientes, entre los diversos elementos que coadyuvan a la profunda crisis social que se vive, hay que referirse a la situación del sector maquilador. Como ya señalamos en la Introducción, en el sector se perdieron alrededor de 60,000 puestos de trabajo en los primeros años del siglo XXI, a los cuales habría que sumar, muy seguramente, otros miles más, correspondientes al lapso del 2007 al 2009, y que no podemos contabilizar por el ocultamiento oficial de estas cifras, tal vez nos aproximemos a los 100,000 o más empleos perdidos.

Sin que contemos con una historia social del impacto de esa crisis, creemos que la pérdida de esos empleos afectó profundamente a muchas familias obreras, sumiéndolas en la crisis y la desesperación.

Retomando la idea del chivo expiatorio, en este caso las mujeres jóvenes, pobres y obreras de la maquila han sido las víctimas sacrificiales, en palabras de René Girard (1998); hacia ellas es que, de una manera notable, se dirigió, en un principio, el odio, la ira y la frustración de los hombres del lugar, sin que obviamente ésta sea la única explicación a los continuos asesinatos de mujeres todos estos años.

No haremos un recuento de estos hechos ampliamente documentados todos estos años. Entre las mujeres asesinadas desde luego había obreras de las maquiladoras, o que habían ido a pedir trabajo a alguna de esas empresas.

De acuerdo con la información que contamos hasta el año 2002, 30 de las mujeres asesinadas e identificadas eran obreras de la maquila, de un total de 279 mujeres asesinadas hasta entonces. Entre esas 30 mujeres debemos mencionar por lo menos cuatro que trabajaban en la empresa Philips.[1]

[1] Información obtenida del documental de Rafael Bonilla, *La Batalla de las Cruces*, 2005. Otros datos que presentamos en este apartado provienen de esta misma fuente. Bonilla se apoyó en las investigaciones de la Dra. Ravelo para su obra documental.

Para los años 2005-2006, ya se contabilizaban unas 321 mujeres asesinadas, siendo siete las principales causas de esos asesinatos, entre los que destacan, en primer lugar, los llamados "crímenes sexuales" (90 casos), por venganza (45), por riña (30). De 26 casos se desconocía la causa. Luego seguían los asesinatos ligados de alguna manera al narcotráfico (24) y a la violencia intrafamiliar (18), entre las principales causas.

Evidentemente hay muchas hipótesis sobre los autores de estos asesinatos. Una de las principales refiere la posibilidad de uno o varios asesinos seriales. Entre ellos se ha contado un egipcio, como probable asesino serial, y grupos diversos de asesinos seriales, entre los que se han pretendido ubicar a grupos de conductores de las "ruteras" en la ciudad, es decir, las líneas de autobuses que prestan el servicio de transporte público. Tal fue el caso de las bandas de supuestos delincuentes, como las de "Los Choferes" y "Los Rebeldes".

También se han mencionado grupos de poder de la ciudad, el crimen organizado en sus diversas dimensiones, como el que representaría el narcotráfico, los violadores sistemáticos, hasta aquellos asesinatos ligados a la industria del tráfico de órganos y al cine llamado *snuff*, en el cual aparecen torturas de todo tipo y hasta asesinatos, casi siempre perpetrados contra mujeres.

Estamos entonces ante un panorama muy complejo en cuanto a las causas de estos asesinatos. En cambio, sí tenemos certeza que ellos se dieron, como decíamos, en una treintena de trabajadoras de la maquila.

No entraremos en detalles en todos esos casos, pero sí podemos mencionar algunos de ellos para ilustrar al lector acerca de cómo el peligro y, desde luego, el miedo, ya son parte de la cultura de esta clase obrera, cuestión difícilmente rebatible hasta el día de hoy (2010).

Es conocido el caso de Claudia Ivette González, en el año 2001, que trabajaba en la maquiladora Lear. Ella llegó unos minutos tarde al trabajo y ya no la dejaron entrar a laborar. Con una concepción cuartelaria en cuanto a la organización del trabajo, las puertas de la maquiladora se cerraron justo a las 3:30 p.m., al inicio del segundo turno. Nunca volvió a su casa, pues desapareció en el trayecto de regreso a ésta.

Otro caso fue el de Sagrario González, en 1998. Su desaparición se dio luego que la maquiladora Capcom, donde laboraba, la cambió de turno. Ella solía trabajar en los turnos nocturnos y salía en las mañanas, aparentemente cuando habría menos peligro en las calles. El argumento para el cambio fue que la empresa ya no permitiría que los menores de 18 años trabajaran en la noche. El cambio, aparentemente benéfico para las y los obreros menores de 18 años, resultó contraproducente para Sagrario. Al poco tiempo ella desapareció en el trayecto a su casa, cuando anochecía.

El caso de Lilia Alejandra García es parecido a los anteriores. Ella trabajaba en Plásticos Promex y desapareció saliendo del trabajo. Luego de asesinarla, los asesinos la arrojaron a las puertas de la empresa, lo cual quiere decir que ellos la conocían bien y sabían dónde trabajaba.

Hasta la fecha (2010), los asesinatos en Ciudad Juárez continúan. Desde 2008 la ciudad fue ocupada por el ejército con el llamado "Operativo Chihauhua". Se vive ahí una situación realmente inédita y excepcional en la historia reciente de México, situación en la que no podemos detenernos. Veamos la experiencia de las diversas categorías de obreras y obreros que hemos estado analizando, para conocer cómo han asumido esta situación, y cómo es que el peligro constante ha pasado a formar parte de su cultura.

Perder una hija o familiar. Hablan mujeres migrantes

Una de las experiencias más dolorosas que hoy se pueden vivir en Ciudad Juárez, relacionada con el peligro, es la pérdida (asesinato o desaparición) de un familiar, hija o pariente.

Son ya muchas las experiencias al respecto, desde que a principios de la última década del siglo XX se iniciaron los asesinatos de mujeres pobres en esta ciudad; también son ya muchos los testimonios que se han recogido de familiares de esas mujeres asesinadas o desaparecidas, por parte de científicos sociales.

Ese bagaje de testimonios puede consultarse en publicaciones científicas y en videos. En ellos se puede corroborar lo desgarrador de este tipo de episodios vividos por las familias de las desaparecidas y asesinadas. Los familiares de desaparecidas y/o asesinadas hablan de la sorpresa cuando la hija o familiar no regresa al hogar, luego de la jornada de trabajo –comúnmente, luego de laborar en maquiladoras, aunque también ubicamos trabajadoras de comercios diversos, empleadas de zapaterías, por ejemplo– o luego de alguna eventual salida al centro de la ciudad.

Nos referimos aquí a la experiencia de la familia González Flores, migrantes de Durango, habitantes de la Colonia Lomas de Poleo. Al desaparecer su hija, esta familia cayó en cuenta de que estaba ante un problema muy grave: la violencia feminicida "había tocado a sus puertas". Enseguida se da la búsqueda, la primera respuesta familiar: ir al trabajo de la desaparecida, luego a la estación de policía para informar de la desaparición del familiar.

Los testimonios que se han recogido cuando se estudia el primer impacto de esta situación son verdaderamente desgarradores. El llanto y la desesperación se instalan en la casa de la familia de la obrera desaparecida, eso sucedió en el caso de Sagrario González. En esos testimonios, Paula, la madre de esta obrera, narra cómo en las noches siguientes a la desaparición de su hija salía a gritar el nombre de Sagrario a las afueras de su casa, esperando de ella una respuesta que obviamente nunca llegó, pues en los alrededores de su casa sólo estaban los cerros que circundan la colonia Lomas de Poleo, ubicada en el noroeste de la ciudad, muy cerca de las orillas del Río Bravo.

Muy pronto, los familiares de las obreras, mujeres jóvenes desaparecidas, se toparon con las trabas burocráticas para el seguimiento de las denuncias, retraso en las investigaciones, gran ineptitud por parte de las policías en el mejor de los casos, si no es que con el contubernio con los responsables de los crímenes.

Pronto se dio un proceso de cierta organización entre las madres de mujeres asesinadas y desaparecidas, como Voces sin Eco; luego, Nuestras Hijas de Regreso a Casa, en Juárez; y Justicia para Nuestras Hijas, en Chihuahua, lo que implicó asumir en manos propias las tareas de difusión del problema. Elaboraron retratos de la o las desaparecidas, los difundieron por la ciudad y por vía electrónica, se agruparon, formaron organizaciones, y unidas iniciaron un largo camino hacia la búsqueda de la justicia; un proceso no exento de contradicciones, de avances, pero también de conflictos propios al interior de estas organizaciones.

Por su parte, Rocío, migrante desde muy joven y proveniente de la cercana ciudad capital del estado, Chihuahua, de cuya experiencia laboral ya hablamos, vuelve a ser nuestro referente en la presente investigación para ilustrar este tipo de situaciones.

Rocío vivió la experiencia de perder a una sobrina de 10 años de edad. La niña fue a jugar por la tarde en un parque cercano a su casa, en el centro de Ciudad Juárez, y nunca se volvió a saber de ella.

> *Irresponsabilidad* [de ella misma, se está auto-criticando] *durante algún tiempo y de repente retomo* [la conciencia]. *Pues por esa parte... es que eres ajena a los problemas de los demás y todo; sino que, cuando llega*

la inseguridad a mi casa, toca la puerta y a mi familia y la descompone y etc. etc. Y entonces ahí sí recobro la responsabilidad ciudadana, y a partir de acontecimientos muy personales y muy allegados y... bueno, dio otro giro mi vida y la de mi familia, muy importante.

Rocío refleja claramente ese impacto devastador en ella y su familia, cuando desaparece su sobrina. Reconoce que hasta ese momento es *"ajena a los problemas de los demás..."*, pero que, en cuanto llega la inseguridad *"y a mi familia...la descompone"*...y *"etc., etc."*, obtiene fuerzas de algún lugar y recupera lo que ella denomina *"responsabilidad ciudadana"*. Inició así su camino hacia la organización de grupos que los mismos afectados conformaron, luego de las desapariciones de sus familiares.

Sigamos de cerca la triste y dolorosa experiencia que significa para estas madres la desaparición y/o asesinato de un familiar (hija y sobrina, en los casos que estamos abordando). Para ello recurramos de nuevo al testimonio de Rocío:

Tal vez no fue como un manejo muy inteligente de mi parte que decidí emprender esto hace mucho tiempo, porque a lo que me llevó fue a un desgaste emocional importante y a sentirme como fuera de lugar y a estar llena de frustración.

Añade Rocío:

Nosotras, me refiero a mis hijas y a mí, seguimos viviendo en la misma incertidumbre, seguimos viviendo en el mismo vacío de seguridad que te obliga a estar siempre alerta, que te obliga a destinar una parte importante de tu energía diaria a protegerte, a estar alerta, que necesariamente te va desgastando.

Son testimonios que nos dejan ver la profundidad del impacto emocional que ha vivido esta obrera y su familia, luego de meses e incluso años de estar involucrada en el proceso de búsqueda de su sobrina.

Ella misma habla de *"desgaste emocional importante"*, de sentirse *"como fuera de lugar"*. Reconoce estar *"llena de frustración"*. No hay muchas más palabras qué agregar a ello. La experiencia es devastadora. Sentirse con un *"desgaste emocional importante"*, desubicada, es decir, *"fuera de lugar"*, *"llena de frustración"*.

Al mismo tiempo, caemos en la cuenta de que esta mujer es muy fuerte, pues, a pesar de que la depresión profunda asoma en sus palabras, es capaz de levantarse cada día y llevar a cabo sus tareas cotidianas, cuando la tristeza que la embarga podría llevarla a la enfermedad o incluso a la muerte.

Rocío describe la situación de su familia que corrobora esa depresión:

> *Seguimos viviendo en la misma incertidumbre, seguimos viviendo en el mismo vacío de seguridad que te obliga a estar siempre alerta, que te obliga a destinar una parte importante de tu energía diaria a protegerte, a estar alerta, que necesariamente te va desgastando.*

Es decir, junto al peligro, a la pérdida real y concreta de un familiar, está la depresión profunda. No es sólo la conciencia del peligro cotidiano, es la tristeza que provoca la muerte de un familiar. La conciencia de que algo hay afuera de sus casas que es perverso, y que obliga a estos núcleos familiares a "estar siempre alertas" como un medio de sobrevivencia.

Nos estamos asomando a una de las dimensiones actuales de la cultura obrera en este lugar, a uno de sus aspectos más oscuros, el que tiene que ver con el peligro, la inseguridad, la depresión.

Vemos así que esa cultura está impregnada de una gran tristeza y profunda depresión difíciles de describir.

Ya no es solamente el problema del aburrimiento por "no tener nada qué hacer", que, como vimos en otro capítulo, suele embargar a los jóvenes en un contexto urbano donde hay muy pocas opciones de recreación y en donde los hogares pobres sólo cuentan con televisión, carecen de líneas telefónicas y computadoras y, por lo tanto, también de acceso a internet –aunque eventualmente pueden consultarlo en algún lugar público–, así como de medios suficientes para acceder a los pocos espacios culturales, municipales y universitarios, que existen. Si acaso, suelen usar celulares para comunicarse. Ahora, como vemos, nos topamos con la depresión profunda.

¿Cuáles son las consecuencias?, ¿la enfermedad?, ¿el suicido? ¿O, en cambio, la fortaleza, la entereza, el sacar "fuerzas de flaqueza"?

El peligro, el miedo y la resistencia cotidianos

No todo es descomposición en esta cultura. Nos volvemos a topar con una suerte de resistencia, como la que descubrimos detrás de la mítica "flojera" de los obreros y obreras originarios de Ciudad Juárez.

Recordemos que Rocío ha dicho: "*estar siempre alerta*"; a esto la ha obligado el miedo constante, luego de la pérdida de su sobrina. Algo presente en la vida de muchas, si no es que en la gran mayoría de estas obreras. Ellas han aprendido en estos últimos casi 20 años a "estar siempre alertas".

Pero vayamos por partes, veamos primero la percepción del peligro que cotidianamente tienen estas obreras, a través de tres testimonios al respecto: una de ellas migrante veracruzana y dos hermanas originarias de Ciudad Juárez, lo dicho aquí surgió en una entrevista grupal que realizamos:

Sonia (hermana de Marucha): *No, a mí sí me da mucho miedo trabajar en el segundo turno.*

Marucha: *Yo siempre que he trabajado, la rutera*[2] *me deja aquí atrás... esa subida la subo así, en caliente*[3], *porque tengo miedo que me vaya a salir alguien por acá arriba.*

Sonia: *Ella vivía en un fraccionamiento y cuando se cambió para acá le daba mucho miedo* [se refiere a Moni, migrante veracruzana, quien se ha cambiado a casa de ellas, sobrina del esposo de Sonia, también veracruzano].

Moni (migrante veracruzana): *Estaba muy acostumbrada allá, a lo que es el ambiente de allá, luego...* [no acierta a concluir su frase, pues pensamos que aludiría al miedo que ahora siente en esta zona de la ciudad, el noroeste, cerca de zonas como Anapra, Guadalupe Izquierdo y Lomas de Poleo].

Como puede verse, los tres testimonios refieren el miedo que hay entre las obreras, migrantes u originarias del lugar. Ellas lo viven todos los días, sobre todo al salir del trabajo, pero también al dirigirse hacia él.

El testimonio de Sonia alude además al problema del segundo turno. Es el turno que por lo general empieza a las 3:30 p.m. aproximadamente, y termina hacia la media noche, casi siempre a las 0:30 a.m. del día siguiente. Es un turno de gran peligro, pues las obreras salen de las maquiladoras, suben a las ruteras que las acercan a sus casas, una hora u hora y media después de haber terminado de trabajar.

[2] Se refiere al autobús que la transporta de la maquiladora a su casa y viceversa.
[3] Rápidamente.

Al respecto, recuérdese que Ciudad Juárez es (o lo era, hasta antes de los años 2008-2010) una ciudad de un millón 300 mil habitantes, aproximadamente, y los trayectos de las "ruteras" suelen durar de una hora a hora y media, más aún si realizan paradas continuas para el ascenso o descenso de los distintos grupos de obreros y obreras. De esta manera, la llegada a sus casas se daba en la madrugada, cuando casi nadie transita por las calles, cuando ellas pueden sufrir algún ataque y no contar con ningún tipo de ayuda.

Por su parte, Marucha habla de cómo diariamente tiene que dar rápidas "carreras", del lugar en donde la deja el transporte hasta su casa. En ese trayecto siempre tiene miedo, miedo a que *"me vaya a salir alguien acá arriba"*.

Así, el miedo se ha vuelto algo cotidiano para ellas. Está presente dentro de las preocupaciones cotidianas de obreras y obreros. Es que cada una de las obreras parece tener una historia violenta que contar. El testimonio de Marucha ilustra sobremanera esta situación:

> *Cuando estaba trabajando en la M...* [nombre de una maquila], *entrábamos los domingos a las ocho de la noche, toda la noche trabajábamos, para salir a las seis de la mañana. Eran los días que más horas trabajábamos, trabajábamos diez horas ese día. Y ese domingo que me acuerdo que no había material y nos devolvieron, entonces yo y una amiga nos quedamos allá en el centro, como a las ocho de la noche ¿Verdad? Dijimos, no, pues aquí nos quedamos un ratito, pues era domingo, entonces yo ya me regresé para acá a las 11, eran como las 11, pero estaba llueve y llueve, o sea, ya estaba bien feo.*

> *Y se fue sobre de mí* [el individuo que la atacó cerca de su casa], *me aventó y ya se me iba a echar encima, nada más que los perros empezaron a ladrar y yo empecé a gritar y se prendió la luz de una casa, y lo que pasó fue que el muchacho salió corriendo.*

¡N'hombre!, me dio un sustote y salió corriendo el muchacho y yo me levanté...Me dijo la señora [la vecina que prendió la luz] *que qué pasaba. No, le dije, no pasa nada, gracias, y ya me vine. Fue precisamente aquí atrás, acá donde me bajo de la ruta del camión, por ahí fue. Me dio mucho miedo y llegué a mi casa bien asustada. Pero sí hay...han habido situaciones en las que pues ya no confía uno, y con lo que está pasando pues menos.*

El testimonio anterior resulta sumamente elocuente. Da cuenta de un ataque aparentemente menor a esta obrera, pero que pudo ser de graves consecuencias. Ella fue atacada por un individuo, el cual la empujó al suelo, no sabemos si en un intento de robo o de violación, pero un ataque violento de cualquier manera. Probablemente este individuo iba desarmado, y, sobre todo, solo, lo que evidentemente le impidió culminar la perpetración de un acto más violento.

Este tipo de situaciones de riesgo y peligro han sido estudiadas ya en Ciudad Juárez. El tema del peligro y el miedo está presente en la obra generada por las y los científicos sociales que han estudiado el lugar. Así que contamos con más elementos para referirnos a situaciones como la descrita. A partir de ellos es claro que el riesgo y el peligro, así como el miedo que ambos provocan, forman parte de la cultura de estas obreras y obreros. Son situaciones que se les han impuesto, con las que tienen que convivir, y a las cuales tratan de resistir también.

Del artículo de Ajo y Ravelo (2003) puede desprenderse que el incidente arriba relatado no es un caso aislado. Las obreras entrevistadas en este estudio se refirieron con amplitud a ese tipo de situaciones; cuentan que percibían el riesgo y el peligro desde que salían de sus casas. Los horarios de salida y de entrada a la maquiladora conllevan siempre peligro, la clara sensación de riesgo. Como ellas mismas dijeron: *"Sabemos que salimos* [de sus casas], *pero no sabemos si vamos a regresar"*.

La sensación de peligro llega a ser muy extendida. Hay miedo al salir y al regresar de sus casas, pero también lo hay en el barrio en el que viven y la zona centro de la ciudad. Hay miedo al asalto y/o al secuestro a mano armada, y, desde luego, existe el miedo a la violencia sexual.[4]

En los barrios en los que viven hay miedo, miedo hacia los individuos perpetradores de violencia que actúan (aparentemente) solos y que pueden hacer daño y matar; hay miedo al consumo de drogas por la proliferación de los "picaderos",[5] lugares en los que se lleva a cabo el "narcomenudeo", es decir, la venta de drogas en pequeña escala y el consumo de la misma. Además, la sensación de peligro se acentúa por el deficiente alumbrado y transporte públicos.

Ahora ellas también le tienen miedo a la noche, cuando hace años la añoraban, pues la noche era el espacio de la diversión, del baile, era el momento de alejarse de la rutina laboral de todos los días, de olvidar las largas jornadas de trabajo (Balderas 2002).

Veamos los siguientes testimonios, el primero, recogido por nosotros, el segundo proviene del artículo de Ajo y Ravelo:

> *Moni* (migrante veracruzana de 25 años de edad): *Por lo menos a mí no me gusta salir sola de noche, por el miedo.*

> Claudia: *Yo camino varias cuadras* [del lugar donde la deja el transporte de la maquiladora hacia su casa]. *En estas calles hay "picaderos"... tengo que atravesar dos calles que están muy oscuras (Ajo y Ravelo, 2003).*

[4] Percepciones que hoy (2010) deben de haberse agudizado en extremo, por los altos índices de violencia en la ciudad, a los cuales ya nos referimos en diversos momentos en esta investigación.

[5] Los lugares donde se expende y se aplica la droga, ahí se "pica" el adicto con una jeringa Éstos pueden ser desde casas, casas abandonadas pequeños comercios,

Ahora bien, en contraparte encontramos un conjunto de acciones que estas obreras –y algunos familiares, incluidos los esposos– llevan a cabo, con el fin de salirle al paso al peligro y al miedo. No son ellas y ellos sujetos pasivos de esta situación, y, aunque no pueden eliminar la situación de peligro, ellas sí buscan aminorarla.

Volvamos a los testimonios recabados por Ajo y Ravelo. A nivel individual, por ejemplo, las obreras más jóvenes manifiestan ya no usar faldas, prefieren vestir pantalones y tenis, obviamente, para correr con mayor rapidez.

También usan gorras deportivas, se "recogen" el cabello, se ponen camisetas que les queden grandes y hasta chamarras deportivas para esconder sus cuerpos, sus cuerpos de mujeres.

Vemos así que no sólo los migrantes (algunos de ellos, obviamente no podemos afirmar que todos) se "ocultan", por así decirlo, de la vista de otros. Ya vimos a un migrante de la zona de La Laguna, esconder su identidad de "torreonero" ante los originarios de Ciudad Juárez; ahora también vemos a estas jóvenes obreras hacer lo mismo, pero ocultando no su origen, sino sus cuerpos femeninos de la mirada de los asesinos y violadores.

Podría argumentarse que lo antes dicho es lo común en muchas ciudades hoy día, y puede ser cierto. Pero el hecho importante para nosotros es que hace unos pocos años, relativamente hablando, la situación no era esta. Antes de la ola de desapariciones, de asesinatos, antes de que el terror llegara a Ciudad Juárez, podía hablarse de un ambiente más o menos tranquilo, a pesar de la "leyenda negra" que ha pesado por décadas sobre la ciudad como la "ciudad del vicio", de los excesos y la diversión.

Veamos otros testimonios que corroboran lo agudo de este cambio ante el peligro y el riesgo, que hablan de las pequeñas y cotidianas resistencias de las y los obreros y de sus familias en un contexto como éste.

> Sonia: *Por ejemplo algunas* [obreras] *le hablan a su esposo* [para que vayan por ellas al trabajo]*; otras casi siempre salen acompañadas* [de la empresa]; *para acompañarse, de perdida que sean dos, por ejemplo, nosotras éramos dos, ahorita ya somos tres, ya es más.*

La misma obrera continúa con su relato:

> Sonia: *No, a mí sí me da mucho miedo trabajar en el segundo turno, yo entré a trabajar porque íbamos a trabajar las dos juntas, pero yo sola no hubiera entrado, y ahorita entró una vecina que vive ahí enfrentito, y entonces, ya en la noche venimos las tres, ya como quiera somos tres, pa' correr, pa' gritar, pero somos tres.*

Desplazarse en grupos se vuelve una estrategia muy importante para aminorar el miedo que sienten ante el riesgo y el peligro. Además, se sigue recurriendo a la familia, a los compañeros y/o esposos.

Contamos con otro testimonio que da cuenta de que esta solidaridad va más allá de los grupos de hermanas o amigas. Sin duda involucra a los familiares. Veamos este diálogo entre las hermanas Sonia y Marucha:

> Marucha: *Aunque ella peligra* [se refiere a una vecina de ambas, que regresa a su casa pasada la medianoche] *porque la deja retirada* [el transporte de la empresa], *como unas cuatro cuadras y está muy feo, son puras lomas.*
> Sonia: *Entonces ella lo que hace es... su esposo trabaja en la misma empresa en la mañana, y el esposo todos los días va y la espera. Fíjate, el esposo se desvela mucho.*
> Marucha: *Se levanta el esposo para que vaya a esperarla.*
> Sonia: *Para que vaya por ella en donde la deja el camión.*
> Marucha: *La espera a las doce y media de la noche y él se levanta a las tres de la mañana* [para entrar a trabajar en el primer turno].

Sonia: *Ella y su esposo tienen "mueble*[6] *y dice: "si mi esposo puede pasar por ahí, ¿por qué el camión no?" Pero no quiere* [el chofer del autobús]. *Al chofer no le gusta esa calle y no pasa.*

Es una importante solidaridad familiar la que aquí podemos advertir. El esposo de esta vecina la espera en la parada de la rutera hacia la medianoche, incluso un poco después; a pesar de que él tiene que empezar a alistarse hacia las 3 de la mañana, para tomar a su vez la rutera hacia las 4 a.m., para entrar a laborar en el primer turno.

Otro testimonio corrobora lo anterior. Lo recuperamos durante la conversación de ambas hermanas y la migrante veracruzana, sobrina de Alberto, esposo de Sonia:

E: (Dirigiéndose a Moni, la migrante veracruzana): *¿Tú no observas algo así?* [refiriéndose a algún incidente de peligro]
Marucha: *Eso en la mañana...* [es interrumpida por la esposa de su tío Alberto]
Sonia: *Siempre ha ido mi esposo por ella* [refiriéndose a Alberto].
Marucha: *Siempre ha ido mi cuñado por ella* [con un tono que denota ciertos celos].

Podemos ver que estas muestras cotidianas de solidaridad abarcan a toda la familia, como lo constatan los siguientes testimonios, que dan cuenta cómo los hijos e hijas adolescentes también se movilizan para proteger a las obreras, especialmente en los días en que han cobrado su salario:

[6] Automóvil.

Sonia: *Otras* [obreras], *por ejemplo, los jueves o los viernes,*[7] *que saben que más o menos ya trae uno dinero, a ésas ya las espera el esposo o el hijo o la hija.*

Una serie de cambios se pueden percibir entre estas obreras y obreros. Puede observarse mayor preocupación en ellas de evitar el contacto y la comunicación con los desconocidos. En realidad, como veremos en el siguiente diálogo con un obrero originario de la región de La Laguna, un "torreonero", no sólo evitan la comunicación con desconocidos, también evitan el trato con sus propios compañeros de trabajo, los cuales laboran en la misma empresa y de alguna manera son conocidos "de vista":

E: *¿Andas con chicas?*
Obrero: *No, pues sí, sí hay chicas guapas. Más que nada de afuera, las que vienen de afuera y que están en las maquilas* [hace una reivindicación de las "fuereñas", es una manera de identificarse con ellas].
E: *Mucha chica ¿no?*
Obrero: *Sí.*
E: *¿Tú crees que hayan cambiado las chicas de Juárez en cuanto que sientan miedo en la ciudad o las ves normales, tranquilas?*
Obrero: *Pues mira que sí, como que antes era más tranquilo y ya ahorita cualquier muchacha, antes les dabas un "rait"*[8] *y no pasaba nada, y ahorita si les quieres dar un "rait", aunque seas conocido, ya no se suben.*
E: *¿Tú llevas carro?*
Obrero: *Pues a veces, cuando me voy por la ruta nomás, en un carrito que tengo.*
E: *Ahora las chicas ya ven con desconfianza.*

[7] Hay maquiladoras que pagan los días jueves; otras los viernes.
[8] "Aventón", invitarlas para llevarlas en su carro. Anglicismo (de la palabra *ride*) que alude a la idea de "viajar".

> Obrero: *Por decir, antes veía a conocidas, las veía en la parada* [de los autobuses], *me paraba y les daba un "rait", se subían y las llevaba yo; y ahorita les quiero dar un "rait" y no se suben. Es por miedo, es desconfianza a lo que ha pasado.*
>
> E: *¿Habla de eso la gente en la empresa?*
>
> Obrero: *Sí, pues no más se oye algo de eso y se escama*[9] *toda la gente.*

Ahora las obreras no aceptan un aventón, ni siquiera de parte de sus compañeros de trabajo. La desconfianza cunde y ellas se protegen. Es que cualquier persona, incluso gente del trabajo, medianamente conocida, puede representar una amenaza potencial. Al mismo tiempo nos percatamos de la profundidad que ha alcanzado el miedo entre estos obreros. Cuando el entrevistador le pregunta al obrero si *"hablan de eso en la empresa"*, él responde: *"pues no más se oye algo de eso y se escama toda la gente"*. La alusión es clara: cuando alguien tiene escamas quiere decir que su piel ha cambiado, por el miedo se ha llenado de "escamas", como si tuviera piel de víbora. Cuando esto sucede podríamos hablar de que existe la sensación de mucho miedo.

Podemos sostener, reafirmando lo dicho hasta aquí, que muchas de estas obreras han tenido que cambiar sus costumbres o, en el caso de las más jóvenes, han tenido que aprender otras costumbres distintas a las de la generación anterior de obreras. Ahora salen menos de noche, la noche ya no es el espacio del goce y la diversión, ahora es el espacio del peligro, aunque realmente el peligro ha invadido ya todo su tiempo. Por ello, ahora evitan caminar por las calles solitarias y la comunicación con desconocidos (aun siendo éstos compañeros de trabajo); se organizan con otras obreras para formar grupos, y recurren a la solidaridad

[9] Se llena de "escamas" debido al miedo, la piel se vuelve "china", según las ideas populares al respecto.

de sus esposos y/u otros familiares, tanto para ir al trabajo como para regresar a sus casas.

También es claro que muchas de estas obreras no son sujetos pasivos en esta situación. Ellas, además de las cuestiones que ya hemos mencionado, llevan a cabo una negociación permanente, podríamos decir que diaria, con las empresas y con los conductores de los camiones de transporte, con estos últimos para que el transporte las acerque lo más posible a sus domicilios y así correr menos riesgos. Veamos los avatares a los que ellas se enfrentan en este diario bregar por alcanzar algo de seguridad:

> Marucha: *Hay unas chavalitas que entraron nuevas* [a la maquiladora], *entonces el camión las deja al último, porque ellas viven por acá, por la iglesia, por ahí dicen que viven, entonces el chofer las estaba dejando como a cinco cuadras lejos de su casa. Ellas les dijeron que ya últimamente había muchas "bronquillas"* [problemas] *allá arriba, que viene siendo la López Mateos ¿verdad? Y fueron y hablaron a personal y hasta eso, que luego, luego les hicieron caso, para que el chofer las dejara nada más una cuadra retirado de su casa. En cambio, nosotras batallamos mucho para que nos hicieran caso.*
>
> E: *¿Ustedes tuvieron un problema allí en la maquila en torno a esto?*
>
> Marucha: *Lo que queríamos nosotras* [ella y su hermana Sonia] *era que cambiara, modificara la ruta, y entonces el señor* [el chofer del autobús de la empresa] *lo que decía era que no podía hacer cambios, porque siendo que nosotros teníamos bien poquito de estar ahí* [en la empresa], *y la gente que tenía más antigüedad iba a hacer borlote.*[10] *¿Sí me entiendes? Por eso fue que no quiso el coordinador de los camiones hacer esas modificaciones a la ruta, porque ya tenía su ruta ya él puesta ¿verdad? Entonces a la gente que tenía mucho tiempo* [en la empresa] *no le iba a parecer la idea.*

[10] Alboroto, protesta.

E: *Las dejaba al último y no quería venir para acá.*
Sonia: *Nos dejaba al último y le decíamos nosotros: "pues entonces déjenos más cerca", porque nos dejaba como a cinco cuadras ¿No? De aquí hasta allá abajo, entonces era mucho, entonces le decíamos: "Déjenos más cerca", pero no quería. Incluso a veces nos dejaba otras dos cuadras antes para regresarse más pronto, ¿verdad?*
Marucha: *El chofer es bien feo.*
Sonia: *El chofer nos decía: "¿Saben qué? Aquí las voy a dejar". Nada más se paraba, abría la puerta y ya sabíamos que nos teníamos que bajar. Pues nos bajábamos.*
E: *¿Lograron algo finalmente?*
Sonia: *Sí, modificó la ruta y ahora nos deja primero.*
Marucha: *Lo que pasó fue que salió, renunció el muchacho al que dejaba primero, y ya como no dejaba a nadie, fuimos otra vez a hablar a personal, pero ya teníamos más tiempo ahí, ya teníamos tres meses* [trabajando en la empresa], *y cuando fuimos la primera vez acabábamos de entrar, entonces a estas chavalitas las deja al último, hasta... va a dar el recorrido hasta acá atrás y al último se viene por aquí, por la* [calle] *Pimentel, y las deja a ellas.*

En el testimonio anterior puede verse lo importante que es para las obreras el asunto del trasporte y el sitio en que las deja el autobús, cerca o lejos de sus casas. Ellas mantuvieron, por meses, una intensa negociación con los responsables de la ruta del autobús de la empresa, en primer lugar, con el chofer.

No lograron cambios inmediatamente. Destaca la oposición que presentaron los obreros más antiguos de la empresa a ese cambio de ruta. Podemos advertir una nueva división entre aquellos con cierta antigüedad y los de reciente ingreso. Los primeros contaban con ciertas prerrogativas, tenían una opinión sobre cuestiones como éstas, y podían incluso ejercer presión para que no se cambiara la ruta de los autobuses, sin importar las demandas de las obreras de reciente ingreso. Éstas podían *"armar borlote"*, el cual era importante y surtía efecto para impedir cambios en una cuestión a final de cuentas secundaria para la producción de la empresa.

Veamos ahora otro testimonio sobre la resistencia de estas obreras y su lucha por alcanzar cierta seguridad en los alrededores de sus casas, lo cual corrobora este accionar de las obreras:

> Moni: *Cuando me iba yo sola, cuando estaba incapacitado* [se refiere a Alberto, su tío, quien había tenido un accidente en la maquiladora]*...que tenía que ir allá arriba, le decía al chofer si pasaba por aquí, me recogiera aquí afuerita...porque sí me daba miedo subir hasta allá. Siempre se ponía allá arriba a estarme mirando, porque como soy la primera que me subo, ahí me estaba mirando. Pero una vez yo creo que la amanecieron ahí y me empezaron a gritar y a gritar, y pues yo le caminé bien recio,*[11] *y el chofer estaba allá arriba mirándome, esperándome.*
> E: *¿A las cinco de la mañana?*
> Moni: *A las cuatro, cuatro y media* [de la mañana] *y le dije: "Ándele, ¿porque no mejor pasa por ahí?, al cabo que vive ahí atrás". Le digo* [al chofer]: "*No se vaya a dar la vuelta hasta allá, súbase para irme, porque todavía va para rato que entre a trabajar". Y ahora sí pasa aquí por nosotros, por todas.*

La negociación surtió efecto: el chofer, quien cuenta con el poder suficiente como para decidir ciertos cambios en su ruta, accedió a la petición, casi una súplica de la obrera. Pero no siempre las obreras logran estos cambios:

> Sonia: *También hay una muchacha, bueno, la señora que vive muy para allá hasta el cerro, Mary se llama, a ella no la han querido llevar hasta allá porque en donde vive ella es un lugar horrible ¿verdad? Porque hay lomas.*

[11] Fuerte, a una buena velocidad.

> *Entonces el del camión, cuando llovía, decía que no, que se ponía muy feo el camino, no pasaba. Ahora, aunque no llueva, ya no la dejan ahí porque al chofer no le gusta meterse por ahí.*
> Marucha: *Todo es cuestión del chofer.*
> Sonia: *Todo es cuestión del chofer* [reafirma lo dicho por Marucha].

Es indudable que el peligro y el miedo están instalados en la cultura de estos obreros, hombres y mujeres. Las obreras sienten miedo, también los esposos, compañeros e hijos. Todos sienten miedo y preocupación; las mujeres, por saber que ellas son el objetivo principal de la violencia en todas sus manifestaciones, por ser las principales *víctimas sacrificiales* (Girard 1998) de asesinos y violadores, de misóginos y acosadores. Los esposos y compañeros (obreros también muchos de ellos), hermanos e hijos, sienten también ese peligro y ese miedo. Saben que sus esposas, hermanas y madres están en grave riesgo. Y todas y todos resisten de alguna manera esa situación que de otra manera sería insoportable.

¿Existen hoy (2010) algunos cambios en la percepción de ese miedo por parte de las obreras y los obreros del lugar? Es muy probable que el peligro y el miedo se hayan agudizado. Ahora la violencia y el peligro se extienden hacia todos los habitantes de la ciudad y no sólo hacia las mujeres. Ya se empieza a hablar de *juvenicido*, luego de la matanza de 16 jóvenes el 31 de enero de 2010, en la colonia conocida como Villas de Salvárcar; mujeres y hombres jóvenes son objeto de la violencia, sin distinción.

Pensamos que el miedo probablemente se transformó en pánico. Sabemos que más de 60,000 familias han dejado Ciudad Juárez en fechas recientes, aproximadamente 250, 000 personas. Las familias con algunos recursos se han instalado en El Paso, pero ¿cuántas familias obreras habían dejado la ciudad?, ¿cuántos habían regresado a sus lugares de origen? Lo desconocemos. En su lugar, sabemos que muchos de ellos tuvieron que dejar sus casas, luego de ser despedidos de sus empleos, por la imposibilidad de continuar pagando el crédito que para adquirir vivienda les había otorgado el INFONAVIT.[12]

En suma, una especie de éxodo que puede involucrar a ¡un cuarto de millón de personas! tiene lugar en la ciudad, hacia fines de la primera década del siglo XXI.

Otros investigadores tendrán que testimoniar ese éxodo que ya puede verse como un gran desastre, como una catástrofe, la cual, sin duda, viven los habitantes de esta ciudad, en particular las y los obreros de la maquila: el sueño del lugar del empleo, del acceso a un salario, del lugar abierto a los "del sur", había terminado.

Ojalá que otros, al momento de levantar acta de la situación que hoy vive la clase obrera de Ciudad Juárez, se encuentren con testimonios esperanzadores como el que nosotros recogimos entre los años 2004 y 2005, el cual se muestra a continuación:

> Marucha: *A mí antes me daba mucho miedo andar en la noche, pero ya no, ya se me quitó.*
> E: *¿Entonces ya no tienes miedo en la noche?*
> Marucha: *¡Ah, sí me da!, pero como me gusta mucho irme a bailar, o sea, ahí vengo en la noche sola.*

[12] En los momentos en los que concluimos esta investigación, la prensa daba los siguientes datos en el segundo mes del año 2010: en el norte del país eran aproximadamente 45,000 viviendas abandonadas por sus dueños los últimos 18 meses. La mayor concentración de viviendas abandonadas eran: Tijuana, con 7,500; Ciudad Juárez, con 5,000; y Reynosa con 2,500. Representaban estas cifras el 33 % del total nacional. Habían sido abandonadas por la migración de los dueños al quedar sin empleo y por el éxodo motivado por la gran violencia de los últimos años. El INFONAVIT anunciaba que buscaría recuperar y revender las viviendas. *Cfr.* "Abandonan en el norte del país 45 mil viviendas. INFONAVIT no reducirá la calificación crediticia de ningún estado; buscará revender las viviendas", *El Universal*, 18 de febrero del 2010. Consulta en www.eluniversal.com.mx, 17 de noviembre del 2010.

E: *¿Vas sola y te regresas?*
Marucha: *Me regreso sola, la otra vez me llegué a las doce de la noche*
E: *¿En camión te regresas?*
Marucha: *En camión, sí, en ruta.*
E: *¿No has pensado en que tienes que ir acompañada ahora?*
Marucha: *¿Pos y con quién?* [Marucha era madre de dos hijos, y al momento en que la entrevistamos no tenía compañero].

Es decir, la cultura del miedo entre estas obreras es cambiante, pero las transformaciones no son inmediatas ni permanentes. Así, en el testimonio anterior podemos ver que el miedo a la noche puede ser superado; el miedo puede ser sustituido por actitudes de valor entre estas obreras. El miedo y la depresión pueden ser superados.

Al mismo tiempo parecería claro que existe una honda fisura entre las obreras y las clases políticas que gobiernan la ciudad (PRI y PAN). Para estas obreras no hay confianza en esas clases políticas; las creen incapaces de realizar cambios en beneficio de los pobres o de los obreros; creen imposible que logren una disminución del peligro en que viven.

Más aún, desconfían del sistema político en su conjunto, de la alternancia política y de las mismas elecciones.

Veamos la siguiente conversación con nuestras obreras conocidas, las hermanas Sonia y Marucha, originarias de Ciudad Juárez, y la migrante veracruzana, Moni.

E: *Oigan, estamos en elecciones, es mes de campañas en Chihuahua,*[13] *¿les interesa esa parte de la política ¿Han estado en alguna casilla?*

[13] La entrevista se realizó en junio del 2004, durante las elecciones para gobernador, presidentes municipales y representantes al Congreso estatal en todo el estado de Chihuahua.

Marucha: *Una vez fui nombrada, y me iban a dar un curso y no fui; mi cuñado también, hasta se escondió, ¿verdad?*
Sonia: *Hasta no votó, porque le tocaba, tenía que ir a la casilla y no fue, ahí era enfrente.*
Moni: *Yo con lo* [los problemas] *que tengo con la credencial, nunca he votado.*
E: *¿No hay interés en las elecciones?*
Sonia: *Yo sí he votado, todos los años he votado.*
Marucha: *Pues decir que se va a meter uno a fondo con un partido, pos no.*
Moni: *Yo digo que para qué, de que sirve que vaya uno a votar. Dicen que elige el pueblo, ¿cuál pueblo? Eligen ellos, yo digo que eso es puro fraude, hacen lo que quieren ellos.*
Marucha: *Compran votos, dicen ¿verdad?, además, antes de perdis*[14] *en las campañas le daban a uno cuadernos, cachuchas, camisetas, ahora nada más le dan a uno papelillos. Ayer que venía del centro me dieron uno del Javier Corral,*[15] *y decía que iba a estar quien sabe qué día por el canal 44 y mañana en el canal 5 y no se qué, y luego decía "si tienes video, grábalo y enséñaselo a tus vecinos" ¡Qué voy a gastar en una cinta para enseñárselo a mis vecinos! O que los vecinos que digan "a ver, tráigamelo para verlo", o que los vecinos se interesen, ¡no, no, no!*
E: *Por eso les preguntábamos acerca de las elecciones y los partidos.*
Marucha: *A la gente no le importan.*
Sonia: *Es que en todos lados hay mucha corrupción, entonces uno no cree ya en nada, ni en el cambio, ni en el no cambio, todo sigue igual. Para los pobres siempre todo va a seguir igual, el cambio es de un bolsillo a otro* [se refiere al dinero que se "embolsan" los políticos de uno u otro partido].

[14] Abreviación de "de perdida", es decir, al menos.

[15] Candidato en 2004 a la gubernatura del estado por el Partido de Acción Nacional (PAN), en alianza con el Partido de la Revolución Democrática (PRD).

Marucha: *Si era diputado pos va a ser presidente, él* [político] *va a cambiar.*

Sonia: *Pero uno sigue igual.*

Es evidente que las opiniones de estas obreras denotan una gran decepción hacia "la política", hacia las elecciones, hacia los partidos. Estas obreras están convencidas de que nada de eso sirve, que para los pobres no hay cambio alguno, que la corrupción es grande, que los cargos públicos sólo sirven para que los "políticos" se enriquezcan.

Sin duda, una actitud que habla del gran descrédito que el gobierno y las instituciones presentaban hacia los años de 2004 y 2005, cuando levantamos este testimonio.

El miedo entre los jóvenes originarios del lugar

Continuemos con la experiencia del peligro, ahora entre los jóvenes originarios de Ciudad Juárez que entrevistamos. Veamos primero la experiencia de nuestro conocido Riqui, joven de 17 años (en el año 2004). A través del siguiente diálogo, observamos que el peligro se concentra de nuevo en el barrio.

E: *¿Cómo vives en el barrio?*

Riqui: *No, aquí no'más vivo, aquí acoplándome, paso como si nada para que no me digan nada.*

E: *¿Por qué? ¿Cómo son?*

Riqui: *Son bien mules.*

E: *¿Qué es mules? No entiendo.*

Riqui: *Bien pleiteros por nada,*[16] *así son.*

E: *Entonces lo que andan buscando qué es.*

[16] Peleoneros sin razón.

Riqui: *Chingar.*
E: *¿Y a qué se dedican esos chavos?*
Riqui: *No, pues quién sabe, no les he preguntado, ¿verdad?*
E: *Bueno, pero ¿cómo te imaginas tú qué hacen en su vida?*
Riqui: *¡Quién sabe, y no me importa!* [es un momento tenso de la entrevista, Riqui no quiere seguir con ella, es hosco con el entrevistador].
E: *Órale, pues.*
E: *¿Dónde se juntan ellos? ¿Son agresivos?*
Riqui: *No, pues aquí abajo, luego se ponen a jugar aquí.*
E: *¿Y se drogan esos chavos?*
Riqui: *No sé.*
E: *No sabes nada.*
Riqui: *No, pues no salgo yo.*
E: *Pues vamos a irlos a buscar a ellos para preguntarles.*
Riqui: *Sí.*

En este diálogo vemos claramente la actitud de Riqui. Él, recién llegado a este barrio, luego del episodio de violencia entre dos bandas rivales, abandonó el lugar donde vivía con su madre y otros miembros de su familia, y se mudó a la casa de una tía. Nuevamente, encuentra peligro en las calles. Él dice: *"paso como si nada para que no me digan nada"*. Lo cual indica claramente que hay una nueva banda en los alrededores de su nuevo domicilio. Sabe que ellos están ahí y que la violencia los caracteriza, es una banda violenta. Sus miembros son *"mules"*, es decir, *"pleiteros"*, los cuales sólo buscan *"chingar"*.

Así, en pocas palabras, Riqui ilustra este ambiente de peligro y violencia que envuelve la vida cotidiana de distintos barrios de Ciudad Juárez, incluidos los ubicados en la periferia de la ciudad.

El miedo, entonces, es claramente un elemento en la cultura de estos obreros. Veamos la percepción de Riqui sobre el miedo:

E: *¿A qué le tienes miedo?*
Riqui: *¿Qué?*
E: *¿Tú le tienes miedo a algo?*
Riqui: *¿A qué?*
E: *Que qué te da miedo.*
Riqui: *Me da miedo que me lleven, que me trampeen.*[17]
E: *¿No tienes miedo de que te maten?*
Riqui: *Sí... ya llegará.*

De esta manera se revela un aspecto profundo de la cultura en este lugar y entre estos sectores subalternos de la sociedad. El miedo se ha instalado entre ellos y pesa más que todos los estigmas ya enunciados.

Al principio le sorprende la pregunta a Riqui, no la esperaba, tarda en responder. Luego de titubear, responde que sí tiene miedo, que tiene miedo a que lo *"trampeen"*, miedo a que lo *"levanten"*, se lo *"lleven"* y lo maten. Al final, una expresión de profundo fatalismo: *"ya llegará"*; se refiere al momento en que lo matarán, el cual, dice, llegará fatalmente.

Parecería entonces que no hay futuro para este joven de apenas 17 años de edad en las colonias proletarias de la ciudad. Tal vez es esta la explicación del por qué años después se convirtió en testigo de Jehová, como ya se mencionó en el capítulo titulado "Los originarios"; probablemente ese fatalismo lo llevó a buscar la "espiritualidad" en dicho grupo religioso.

En él encontramos todo: drama y tragedia, desilusión ante la sociedad, futuro incierto y violencia cotidiana. Sin embargo, todo esto derivó en un cambio positivo; en una búsqueda de una vida mejor, encarnada en las creencias de los Testigos de Jehová.

[17] Probablemente se refiera a la posibilidad de que le tiendan una trampa.

Veamos ahora las percepciones de otros dos habitantes de Ciudad Juárez, originarios de esta urbe. Rosalía (de unos 45 años de edad) y su hijo Arturo, aún adolescente de 16 años, a los cuales ya presentamos.

Aparentemente, a esta familia no ha llegado la descomposición, pero sí vive el peligro y el miedo cotidianos. Al parecer Arturo está alejado de los problemas, sobre todo en su barrio ubicado en el paupérrimo noroeste de la ciudad. No parece haberse involucrado en problemas con las drogas, con alguna banda, ni con el alcohol, lo cual no quiere decir que le sean ajenos los problemas de la ciudad.

Interrogando Arturo sobre sus sentimientos hacia el peligro y el miedo, se dio el siguiente diálogo:

> E: *¿Tú puedes caminar solo por la noche en tu barrio?*
> Arturo: *Yo no estoy quemado,*[18] *yo puedo andar por donde quiera.*
> Héctor: *¿Pero tú no tienes miedo de caminar solo?*
> Arturo: *En la noche no.*

Pero al continuar la entrevista sobre el tema el joven Arturo revela sus temores, los cuales no provienen de su experiencia directa, sino de lo que ha escuchado sobre ciertos lugares peligrosos en la ciudad.

Es que él, al igual que muchos de los originarios de la ciudad, sólo conoce bien su barrio, los lugares aledaños a éste y al trabajo en las maquiladoras, los trayectos hacia las empresas. No cuentan con un conocimiento acabado de su propia ciudad.

[18] En este caso, es alguien que tiene cuentas pendientes con alguna banda, que "está en la mira" de esa banda, ya se "quemó".

E: *¿No tienes ningún lugar de la ciudad que te cause miedo?*
Arturo: *¿Un lugar que me cause miedo?*
Rosalía (interviene en la entrevista)*: Pues no, porque no has andado por la ciudad.*
Arturo: *Mire, sí he salido, porque me he ido a varias partes, que a Sucursal Aztecas, para aquel rumbo, para fraccionamientos, pero mi temor, mi temor sería andar por la Juárez,*[19] *por el callejón Carreño famoso, porque ahí pasa gente y la pican*[20] *y la asaltan y ya.*
E: *¿Cuál es ese callejón, el de la iglesia?*
Arturo: *El de la iglesia. Ahí es muy famoso porque asaltan. En la* [calle] *Mariscal, porque las prostitutas y los puñales*[21] *te agarran y te jalan. Te dicen: "Ven, ven, ven".*

Desde luego, Arturo también manifiesta miedo y gran desconfianza hacia la policía, al igual que Riqui. Veamos esta percepción de Arturo:

E: *¿Y la policía? ¿Te da miedo?*
Arturo: *La policía me ha parado* [simula el diálogo con un policía]:

Policía: *"¿Y qué llevas ahí?"...*
Arturo: *"No, pues escúlqueme, no llevo nada".*

Arturo: *Pero sí me llegaron a subir* [a la patrulla], *por una cosa que no hice yo. Sí iría a derechos humanos porque están haciendo una cosa que es indebida. Porque ya uno no puede confiar en la policía, ni en los mismos presidentes, ni en los candidatos.*

[19] Célebre calle del centro de la ciudad, con muchos bares y cantinas, hasta 2008.
[20] Hieren a la gente con un arma blanca.
[21] Así se denomina popularmente al "padrote" de los sexoservidores, también se denominan "puñales" en referencia a sus penes, que son vistos simbólicamente como "puñales".

Es una desconfianza que se extiende hacia todos los gobernantes; sin embargo, los policías municipales son los primeros desacreditados en la conciencia de Arturo, de todos los funcionarios del Estado.

Es claro que el peligro constante por varios motivos y el miedo que se ha instalado en la ciudad han llevado al descrédito de las instituciones en la conciencia de estos miembros de la clase obrera. Para ellos no puede haber confianza en los gobernantes o en la aplicación de la ley. Para ellos no hay Estado de derecho en la ciudad.

> Arturo: *A lo que yo me he informado, porque yo he leído, es de que 1992, 1993 han pasado crímenes bastante severos, ya son muchos años que se pierden mujeres y no las han encontrado. Yo no entiendo por qué, tienen bastantes años, desde el 92 o 93, para el 2004 ya era para que hubieran hecho algo, vigilancia al menos, que hayan resuelto al menos algo.*
> *Porque yo me he puesto a leer, documentales y todo, y Ciudad Juárez es la frontera número dos que tiene asesinatos de mujeres, picaderos de venta de droga y hay mucha mafia, igual que en Tijuana, que en México. Son cosas que no se van a resolver porque hay mucha corrupción, pero en la policía. Por eso mejor en tránsito, esos andan pero en la calle, pero uno así de policía, no, está feo. Pondría yo en mal mi rostro ahí estar de policía* [Arturo descarta dedicarse a policía, preferiría ser agente de tránsito].
> *Ya los presidentes municipales dicen: "Una mujer asesinada. Yo voy a combatir los asesinatos de mujeres en Juárez", y con eso se quieren ganar a la gente. Que "voy a pavimentar las calles", y se quieren ganar a la gente, pero con las mujeres muertas no han hecho nada.*
> *Pero yo ya he visto, estaba viendo un libro de los chacales de Juárez o algo así, habla sobre Shariff,*[22] *entonces yo me interesé bastante, porque habla que la policía judicial está involucrada con la policía municipal,*

[22] Egipcio detenido en Ciudad Juárez, acusado de ser asesino serial de varias de las mujeres asesinadas.

> *que con un bato*[23] *de derechos humanos, entonces ¿en quién confiamos? Si el presidente habla con el de derechos humanos que porque es buen amigo, lo puede traicionar, entonces no podemos confiar en nadie. Si yo fuera presidente, yo sé que no lo combatiría al 100%, porque es difícil, con esto que está pasando y luego hay psicópatas; con tal de imitar hacen cosas que son indebidas.*

En este testimonio, se ve claramente cómo el problema de las desapariciones y asesinatos de mujeres en el lugar ha calado profundamente entre la población del lugar. Todos están atentos a dicha problemática, leen, se informan, piensan sobre ello, incluso Arturo, que era un adolescente de 16 años de edad al momento de esta entrevista.

Él también es consciente del ambiente social que se vive en la ciudad. Compara a Ciudad Juárez con Tijuana. Sabe que en ambas ciudades hay desaparecidas y muertas, que hay "picaderos", que hay mucha corrupción, y lleva a cabo un juicio severo sobre la situación que se vive en la frontera norte.

Su análisis continúa y arriba a la conclusión: se debe cuestionar a las autoridades. Simula hablar como las autoridades, aludiendo a sus promesas: *"yo voy a combatir los asesinatos de mujeres en Juárez"*, para enseguida rechazar cualquier viabilidad de esas promesas.

Luego refiere una fuente anónima, un libro, en el cual se asienta que *"los policías, y un bato"* de derechos humanos están involucrados en las desapariciones y los asesinatos de las mujeres.

Su conclusión es contundente: si todos están involucrados en las desapariciones y en los asesinatos, *"entonces no podemos confiar en nadie"*.

[23] Tipo, individuo.

Su mamá Rosalía, presente en la entrevista, se suma a esta percepción:

> Rosalía: *Se hizo un libro de los chacales de Juárez y viene relatando cómo comenzaron las muertas de las mujeres y cuando agarraron a Shariff, y él echando de cabeza a un judicial y a un policía y a un grupo muy poderoso, dueño de las cantinas, se llaman los Maynes, viene siendo un sobrino de los Maynes, ahí viene el nombre, lo culpan a él. O sea que está involucrado en las muertes de las jovencitas, pero la judicial* [la policía judicial] *los protege. Entonces a mí me interesa comprar ese libro a ver si de perdida llega uno al fondo de algo. Porque ¿la judicial qué hace? Tapa. Por ejemplo, se pierde una muchacha, dan 48 horas para que aparezca, a ellos les debe de importar madre si se fue con el novio, o si se fue con la vecina, actúan ya que apareció muerta.*
> *Es un absurdo por parte de la ley; no ven la angustia de los padres, de los familiares, aunque la muchacha se haya ido con el novio hay una disculpa por miedo a que la reprenda el padre, voy de acuerdo, pero a la policía le debe de valer gorro eso.*[24]

Rosalía lleva a cabo su propio análisis de la situación. Alude a una fuente, de nuevo anónima, *"un libro"* en el cual se vincula a Shariff el egipcio con judiciales, e incluso, va más allá. Vincula a todos con miembros de una familia económicamente importante del lugar. Sin más pruebas, para Rosalía, todos ellos estarían involucrados en las desapariciones y asesinatos.

Es decir, su análisis no tiene una base real, no cuenta con fuentes confiables, sin embargo, denota su horizonte para tratar de explicar la peligrosa situación en la ciudad.

Pero la percepción de Rosalía no es tan ingenua ni errada. Al mismo tiempo, en su razonamiento, hay una crítica certera a los

[24] Quiere decir que a la policía no le da la importancia debida a los casos.

métodos empleados por la policía para investigar las denuncias de desapariciones. Efectivamente, la policía da un plazo de 48 horas para empezar la investigación, ante la denuncia de desaparición de alguna persona. Es un tiempo valiosísimo que se pierde para tratar de localizar a las desaparecidas, las cuales, en diversas ocasiones, fueron encontradas muertas o simplemente nunca aparecieron.

Veamos otro razonamiento certero de Rosalía, quien pone en tela de juicio a la policía:

> *Y donde deben de actuar no actúan, como el chavalito ese que mató a su familia, nomás le dieron cinco años y que está psicópata. ¿Por qué lo van a soltar, si yo como doctora considero que es un psicópata? Pues lo encierro por más años, porque peligran las demás familias. Entonces, ¿dónde está el trabajo de la judicial?, ¿dónde está el apoyo para los mexicanos? Este chavalito ya es un peligro en la calle, cinco años no es nada, se van a ir volando, y por muchos psicólogos que tengan, él ya mató.*[25]

Vemos así que ante el peligro y el miedo estos trabajadores cuentan con una suerte de sentido común. Piensan y analizan la situación. La evalúan. Recurren a fuentes diversas para ello. Y llegan a conclusiones, algunas con sustento, otras tal vez sin éste. Pero son sus conclusiones, a final de cuentas. Y tienen alternativas para tratar de solucionar el peligro en el que viven, para tratar de superar el miedo.

[25] Rosalía se refiere al asesinato que Vicente N., de 16 años de edad, cometió en contra de sus padres y una hermana, ayudado por compañeros de la secundaria en mayo del 2004, con el fin de obtener dinero. Luego de que el muchacho y sus amigos, los cuales eran adictos, llevaron a cabo los crímenes, incendiaron los cuerpos de sus padres y una hermana (de 13 años de edad) dentro de una camioneta. Por ser menor de edad, Vicente N. fue condenado a cinco años de prisión."Cae presunto parricida en Ciudad Juárez. También se le acusa de haber asesinado a su hermana. Hay dos cómplices". www.eluniversal.com.mx, consulta 17 de noviembre del 2010.

Como alternativas, Arturo planteó lo siguiente:

> E: *¿Qué harías para arreglar el problema de Juárez?*
> Arturo: *En vez de gastar en porquerías... porque levantan un monumento y a los 15 años lo tumban, ya ven, en septiembre tumbaron una porquería ahí... Yo lo que haría sería lo siguiente* [simula hablar cínicamente como un gobernante]: *"Sí, vamos a robar al pueblo, pero vamos a robarlo para pagar a gente capacitada, para que esté vigilando en casetas".*
> *Sí, estar vigilando día y noche al menos. Que ya pusieron cámaras en la ciudad... Pavimentar aquí, por aquel rumbo, para que pueda andar una unidad de patrulla o algo.*

Es claro que para Arturo, la "clase política" está compuesta por corruptos, que roban los recursos públicos, y por cínicos, que sólo hacen discursos. Arturo imita esos discursos de los políticos, palabras más o menos dice: "robemos al pueblo, sigámoslo haciendo, pero, al mismo tiempo, ayudémoslo".

Al mismo tiempo, el propio Arturo descalifica las obras públicas de los gobernantes: los monumentos son sólo *"porquerías"*, no tienen sentido, no valen la pena.

Por lo demás, en el momento en que se exploraban sus propuestas ante el peligro de la ciudad, de repente nos percatamos que, además, en la conciencia de Arturo, había otro tipo de ideas más allá de la pavimentación de las calles y la vigilancia permanente en las colonias. Estas fueron sus palabras:

> E: *¿Y en plan desesperado, que tú seas directamente afectado porque tu novia desaparece?*
> Arturo: *¿En plan desesperado?*
> E: *¿Qué harías? Como decir "ya me afectó, ahora yo voy a arreglar el problema porque ya está en carne propia" ¿Tú cómo te imaginarías? ¿Qué harías?*

Arturo: *Mire, si yo la quiero tanto, si hubiera desaparecido, como ya la policía no hace nada, haría justicia propia, porque ahora no se puede hacer nada; es lo que busca el gobierno, que uno se haga justicia propia.*
Yo haría mi justicia propia pero también me metería a lo peor. Si se tratara de tener dinero para matar a los que hicieron eso, yo lo haría. Me metería a vender droga o algo, con tal de hacer algo. Buscaría gente que me ayudara también, yo no me ensuciaría las manos, mandaría a que se las ensuciara otra persona.
E: *Harías lo mismo que hacen ellos.*

Como última alternativa, para Arturo sólo queda hacerse justicia por propia mano. Ante el descrédito de las policías y de "la clase política" que hemos visto claramente, queda el recurso de hacerse justicia por propia mano; recurriendo a lo que sea, a hacerse de dinero de manera ilegal, vendiendo droga, contratando a matones, reproduciendo lo que socialmente ve.

Parecería que la situación de peligro que ellos viven cotidianamente no les deja salida legal, sensata. Ante la falta de Estado de derecho, de aplicación de la ley, de policías eficientes y honestos, les queda el camino de la violencia, de la revancha, del "ojo por ojo".

Un dejo de fatalismo y desesperación parecería corroborar lo antes dicho. Es que tanto para Arturo como para Rosalía, la situación no tiene una solución positiva:

Arturo: *Simplemente Ciudad Juárez es un caso sin respuesta. Nunca se resuelve nada, pasa algo, se resuelve pero sale otro caso; o sea, se echan la pelota, como dicen.*
Rosalía: *Pero es que aquí es una ciudad, es un lugar sin ley, es un caso sin resolver. Vivimos con temor de que ya no puede salir uno a la calle, yo tengo que meterme mi monedero hasta por acá... yo no uso bolsas porque ya se la jalan a uno, hasta con tijeras le mochan a uno la bolsa.*

Hemos visto así dos extremos de las actitudes de estas obreras y obreros. Unas sobreviven cotidianamente, se dotan de ciertas medidas de seguridad, a su manera resisten, como vimos en el caso de las obreras que entrevistamos. Hemos visto a obreras migrantes y originarias de la ciudad con esta actitud, también.

Pero otros analizan la situación y, al no ver alternativas, perfilan medidas violentas de defensa, alejadas del Estado de derecho. No es otro el mensaje de Arturo y Rosalía, madre e hijo, originarios de esta ciudad: *"Ciudad Juárez es un caso sin respuesta"*, *"Ciudad Juárez es un lugar sin ley"*. En el fondo, el descrédito de las instituciones, de las policías, de la procuración de justicia parecería absoluto, incluyendo partidos y procesos electorales.

La fatalidad y la desesperación se han instalado en la cultura de esta clase obrera, sin alternativa por el momento.

5
CONTRATÁNDOSE EN LA MAQUILADORA

Recordando y actualizando el contexto industrial

Como ya mencionamos, en Ciudad Juárez se estableció, desde los años sesenta del siglo pasado, la industria maquiladora de exportación, como parte de los procesos de globalización. Desde esos años, en México se generaron políticas locales que regularon y protegieron esta industria, y que le permitieron a las maquiladoras funcionar al margen de la Ley del Trabajo en diversos aspectos de sus relaciones laborales.

Al mismo tiempo el capital transnacional, el cual predomina en esta industria, creó una suerte de *"feminidad productiva"*, a partir de supuestos atributos del género femenino, como la habilidad para ciertos trabajos manufactureros, la inexperiencia en el trabajo industrial, e incluso la docilidad y la sumisión.

Con el paso de los años ese panorama fue cambiando, y el capital forjó un contexto laboral en el que hoy coexisten, por partes iguales, mujeres y hombres involucrados en las dinámicas de productividad, eficiencia y calidad que estas empresas dicen impulsar. La docilidad y la sumisión en los puestos de trabajo no solo fue característica de las mujeres jóvenes; también lo fue de los hombres jóvenes.

Hoy, la producción en estas empresas se basa en gran medida en el ensamble de partes de un producto intermedio o final, a partir de un trabajo sumamente repetitivo, con ritmos intensos de trabajo. Además, como decíamos, se incorporó a trabajadores relativamente jóvenes, hombres y mujeres sin experiencia laboral y, en general, ajenos a sus derechos laborales.

Como hemos visto, estos obreros viven prolongadas y extenuantes jornadas de trabajo cotidianamente, en las épocas en que existe producción en estas empresas, lo cual va en contra de la Ley Federal del Trabajo, que prohíbe las jornadas laborales inhumanas.

Además, estos trabajadores, una parte de ellos migrantes de otras regiones de país, cuentan con escasos espacios de socialización, donde puedan intercambiar ideas y eventualmente acordar acciones que vayan más allá de sus preocupaciones cotidianas.

A lo anterior habría que sumar algunas de las condiciones que el capital ha impuesto aquí: las prohibiciones a la sindicalización y a la contratación colectiva, derechos amparados por la Constitución General del país. Lo anterior podría explicar porque esta clase obrera prácticamente no cuenta con organización colectiva y el por qué no reivindica los derechos laborales colectivos.

En una primera impresión, la pasividad de esta joven clase obrera parecería ser un rasgo cultural de este sector del *nuevo proletariado del norte*. Sin embargo, ya hemos visto que estos obreros tienen un horizonte muy preciso, como lo es la lucha por la sobrevivencia; y en el caso de los migrantes, además, la lucha por adaptarse a un lugar que les es ajeno, que parece aceptarlos, pero que en el fondo los rechaza y estigmatiza. A esto hay que añadir la lucha cotidiana para enfrentar el riesgo, el peligro y el miedo cotidianos en una ciudad como hoy es Ciudad Juárez.

Con todo lo dicho anteriormente, podemos plantearnos la siguiente pregunta: ¿En qué condiciones acceden a las empresas estos obreros, hombres y mujeres, miembros de la *nueva clase obrera* de las maquiladoras de exportación?[1]

[1] Volvemos a insistir que la información presentada aquí da cuenta del ambiente laboral de mediados de la primera década del siglo XXI, que de alguna manera ya

Redes y recomendaciones

Como hemos insistido, estos obreros y obreras buscan ante todo vender su fuerza de trabajo con el fin de acceder a un salario, el cual les significa contar con dinero para satisfacer sus necesidades más inmediatas. Son diversos los caminos que ellos tienen para acceder a una maquiladora en la que puedan realizar ese intercambio por su fuerza de trabajo. Nosotros encontramos una diversidad de posibilidades. Por ejemplo, en los barrios, los originarios de la ciudad se pasan "de voz en voz" las noticias y se avisan unos a otros sobre las maquiladoras en las que se está contratando obreros. Para dar un ejemplo vayamos al siguiente testimonio:

> E: *¿Cómo llegan ustedes a la maquiladora? ¿Por conocidos? ¿Por avisos en el periódico?*
> Sonia: Así [bromea: cierra los ojos, simula estar dormida]... *bien dormidas.*
> Marucha: *A veces se entera uno por conocidos, como esa fábrica* [refiriéndose a la maquila donde laboraba en el momento de la entrevista], *ni sabíamos que existía. A nosotros nos dijo Rosalía, pues ahí estaban sus hijos y ella nos dijo; el chavalito alto, su hijo, fue el que nos dijo que iban a contratar gente, y por eso fuimos ahí. No es famosa esta fábrica.*

Es decir, hay maquiladoras que son conocidas, son "famosas", y otras no lo son tanto. Pero lo importante para estas obreras, originarias de Ciudad Juárez, es el aviso de que hay contrataciones,

prefiguraba la de finales de la década. Sin lugar a dudas, la primera década del siglo puede verse como un desastre de la industria maquiladora en Ciudad Juárez, con la pérdida de muchos miles de puestos de trabajo a lo largo de esos años. Obviamente, la percepción del trabajo en estos obreros debió haberse transformado mucho. Creemos que hoy (2010), con la falta de puestos de trabajo y los "paros técnicos", el sentimiento de catástrofe debe de estar a la orden del día entre estos obreros.

aviso que circula de "voz en voz" en los barrios de la ciudad. En este caso, los hijos de Rosalía, vecina de Sonia y Marucha, trabajaban en esa maquiladora, ellos son los que les comunican a ambas hermanas la existencia de vacantes.

Pero para ingresar no basta con ir a la maquiladora en la que están contratando personal, se requiere también una "recomendación". Esta tiene que ser de algún obrero de la empresa a la cual se busca acceder. En este caso, Marta, hija de Rosalía, es la que recomendó a ambas hermanas.

Al mismo tiempo, empezamos a observar de cerca la jornada de trabajo. Cuando interrogábamos a estas obreras sobre cómo se enteraban de los empleos en las maquiladoras, "cómo entraban" a trabajar, una de ellas dijo: *"bien dormidas"*, cerró los ojos, simulando dormir, y se rió.

Con esta broma aludía al estado de ánimo que les significa tener que ir todos los días a la maquiladora: medio dormidas, pues cuando trabajan en el primer turno, el cual empieza a las 6 a.m., tienen que salir de sus casas en la madrugada.

La broma en realidad encubría su malestar por la rutina laboral que les implica levantarse diariamente hacia las 3:30 o 4:00 de la mañana, para así poder abordar un autobús de la empresa hacia las 4:30 a.m.

En realidad vemos que el trabajo industrial les impone a estos obreros y obreras una clara disciplina fabril: levantarse en la madrugada para iniciar las labores apenas despunta el día. Luego, el trabajo, sumamente repetitivo, da lugar a una actividad tediosa, aburrida, en la que el sueño vuelve a apoderarse de nuevo de estos obreros, hombres y mujeres.

Volviendo al tema del ingreso a las maquiladoras, veamos otra dimensión de ese proceso de ingreso en el testimonio de una obrera veracruzana, que, al momento de la entrevista (2004), hacía ya más de tres años que había llegado a la ciudad.

Moni: [...] *aparte iba recomendada* [por su tío Alberto, quien trabajaba en la misma empresa]. *Nada más me pidieron los papeles de estudio y que llenara la solicitud. Yo tengo ahí tres años con cuatro meses.*

Puede verse en ese testimonio que las redes de apoyo entre los migrantes, en este caso veracruzanos, son eficaces. A Moni, de unos 25 años de edad, la relación con su tío Alberto le permitió no sólo trasladarse desde el sur de Veracruz hasta Ciudad Juárez (más de 20 horas por carretera), sino que le permitió acceder a trabajar casi inmediatamente. Para ingresar a la empresa no le hicieron evaluación alguna; tampoco se le exigieron seis meses de residencia en la ciudad; simplemente su tío le pidió sus *"papeles de estudio"* (constancia de haber cursado la educación secundaria)[2] y que llenara la solicitud de ingreso. Fue suficiente la recomendación de su tío Alberto (individuo con poco más de 10 años de laborar en la empresa) para que Moni entrara a laborar. A la fecha de la entrevista (mayo-junio del 2004), ella continuaba laborando en la misma empresa en donde, por cierto, trabajan bastantes veracruzanos.

Cabe mencionar que este caso parece bastante excepcional, pues nosotros encontramos que en general las empresas han impuesto diversas condiciones para el ingreso a las maquiladoras, que también se aplican para los migrantes. Recordemos el siguiente testimonio que ilustra ese tipo de condiciones:

Marucha (originaria de Ciudad Juárez): ... *les dan* [las maquiladoras] *mucha preferencia a los de fuera* [el tono de la voz es de cierto resentimiento], *pero* ["los de fuera"] *también tienen que hacer sus requisitos, por ejemplo, tienen que tener cierto tiempo viviendo en Juárez, si acaban*

[2] Dicho documento lo solicita la maquiladora desde hace pocos años, antes solicitaban el certificado de primaria.

de llegar de fuera; así, luego luego, no... porque yo en muchas maquiladoras en las que he estado piden mínimo seis meses de residencia en Juárez.
E: *¿Tal vez para garantizar que no se vayan enseguida?*
Sonia: *Yo creo que ahí donde está ella no* [se refiere a Moni, obrera originaria del estado de Veracruz. Explica que Moni contó con mucha suerte. Hay un tono de cierta envidia en ella, que está casada con Alfredo, el tío de Moni, "jarochos" ambos].

Volvemos a encontrarnos con la división entre "los de fuera", los "del sur", y los originarios de Ciudad Juárez. Es que, como ya hemos visto, para el originario de Ciudad Juárez el "de fuera" representa una competencia por los puestos de trabajo y el salario. Y si bien el "de fuera" es preferido por las maquiladoras, esto no se da sin que haya exigencias por parte de las empresas: para ingresar, los "de fuera" deben demostrar tener al menos seis meses de residencia en la ciudad.

Cuando le preguntábamos a Marucha y a Sonia (originarias de Ciudad Juárez, con una trayectoria laboral de casi 20 años en las maquiladoras al momento de la entrevista, en 2004) las causas de esa medida por parte de las maquiladoras, no nos dieron una respuesta. Sólo Sonia señaló que en la maquiladora en la que trabajaba Moni, la veracruzana, no parecía existir esta restricción, aunque nosotros creemos que a Moni no le exigió la empresa seis meses de residencia por su parentesco con su tío Alberto, individuo con una importante antigüedad en la empresa: más de 10 años de trabajo continuos, sin interrupción.

Por nuestra parte, insistimos en ello, pensamos que esta restricción de las maquiladoras puede tener un sentido: la empresa busca incorporar a aquellos migrantes que ya se han asentado de alguna manera en el lugar y que no dejarán el trabajo inmediatamente, sea para regresar a su lugar de origen, sea para emplearse en otra maquiladora, o, incluso, para pasar "al otro lado".

Creemos que esta disposición está bastante extendida y que es una exigencia cruel, pues durante seis meses el migrante puede verse obligado a emplearse en actividades informales o ser sostenido por su red de apoyo, sin posibilidad de ingresar a alguna maquiladora.

Es una restricción que anuncia la estricta disciplina laboral de las maquiladoras, el control sobre el trabajo que el capital ejerce en este contexto, plasmada en los Reglamentos Interiores de Trabajo, como veremos en el siguiente capítulo.

Desde luego, la recomendación no garantiza estabilidad en la empresa o continuidad en ella. A través del testimonio de las hermanas Marucha y Sonia, empezamos a observar cuán inestable o precario es el empleo en las maquiladoras:

> Sonia: *Casi entran puros recomendados, ¿verdad?* [comenta con su hermana Marucha sobre la importancia de la recomendación para ingresar a la maquiladora]. *A nosotras nos recomendó Martha* [hija de Rosalía], *por eso ya casi nos dan vuelo*[3] *con ella; ahí nos traían en la mira, el supervisor iba y nomás, bueno, el encargado ¿verdad? Nos miraba a ver qué hablábamos... sí.* [Y aclara] *Martha fue la señora que tuvo problemas por hostigamiento* [sexual].

Es decir, la recomendación sirve para ingresar –tanto o más que la calificación del trabajador o algún examen de conocimientos; como hemos visto, dichos elementos no están presentes en la memoria de estas obreras como el requisito fundamental para ingre-

[3] Quiere decir que casi las despiden, casi "las vuelan de la empresa" junto con la persona que las recomendó.

sar–, pero también puede servir para lo contrario: para propiciar la salida de la empresa, es decir, para ser despedido o despedida.

En este caso, vemos cómo, cuando la obrera que recomendó a ambas hermanas tuvo problemas con los supervisores, ellas inmediatamente fueron puestas en "la mira" de los supervisores (también se refieren a un supervisor como el "encargado", porque es el "encargado" de supervisar la producción). Martha, la obrera despedida que las había recomendado, por cierto, denunció hostigamiento sexual y luego fue despedida, caso que retomaremos en el capítulo siguiente. En ese momento empezó la vigilancia hacia las dos hermanas. Como dice Sonia: *"Nos traían en la mira..."* Agregó al respecto: *"El encargado* [se refiere al supervisor] *nos miraba a ver qué hablábamos."*

Con el testimonio anterior descubrimos un aspecto de la cultura laboral en las maquiladoras: el acoso hacia las obreras de parte de los *"supervisores"* o de los *"encargados"*, en el lenguaje de estas obreras. Eso es lo que la obrera entrevistada revela cuando dice que estuvo *"en la mira"*, en la mira del supervisor, del *"encargado"*. Es decir, estuvo bajo estrecha vigilancia; acción que debe haber sido persistente, pues quedó grabada en la memoria de esta obrera. Al mismo tiempo, hemos visto que estas obreras se refieren a un incidente de acoso sexual, el que vivió la obrera de nombre Martha y que la llevó a salir de esta maquiladora.

El rostro del patriarcado en las líneas de producción aparece desde estos momentos; aparece con el rostro del acoso moral o emocional, vinculado al acoso sexual.

Las agencias de colocación: aceptación y rechazo obrero

No es únicamente a través de las redes de vecinos o familiares que se accede a laborar en las maquiladoras por medio de las recomendaciones. Encontramos otros mecanismos, más "modernos", por así decirlo: la contratación a través de agencias de colocación, en las que el uso del internet (para enviar curriculums y entrar en contacto con el solicitante del empleo) es cosa común desde hace años.

Estas agencias empezaron a operar, según la memoria de obreras entrevistadas, desde los años ochenta del siglo pasado. Veamos el siguiente testimonio:

> E: *¿Y cómo era que entrabas a esos puestos, había examen, algún tipo de selección?*
> Rocío: *Sí. Yo siempre estaba como afiliada a unas bolsas de trabajo, agencias de empleo; que también empezaron su "boom" por esos años* [ochenta], *y de pronto los trabajos también salían en el periódico. Pero llegas a convertirte en una especie de...*
> E: *Cazador de...*
> Rocío: *No. ¿Sabes qué? Quienes se convierten en eso* [en cazadores] *son las agencias, pero te quieren a ti* [al obrero] *para conseguir un trabajo y luego ellos ganan un porcentaje cuando te contratan a ti. Entonces sí hay cierto trato y cierta preferencia para ofrecerte las mejores ofertas que tienen. No es lo mismo cuando vas con una agencia que cuando vas por ti mismo, porque si vas con la agencia ya vas con un previo convenio que tiene la agencia ésta con la maquiladora.*

Hasta aquí, el mecanismo de ingreso a las maquiladoras a través de este tipo de agencias no parece presentar mayor problema. Son empresas intermediarias, entre la empresa y la fuerza de trabajo, las que sólo tienen como objetivo ubicar a las y los obreros en las empresas que los requieren, cobrando por ello determinados porcentajes a las maquiladoras.

Ante las respuestas de Rocío, tratamos trata de explorar más a fondo el papel de estas agencias de colocación:

> E: *Dicen ahora que esas agencias han empezado a sustituir al patrón.*
> Rocío: *No, yo no creo. Porque ahora yo estuve en dos* [agencias de colocación], *que ahora no son para nada lo que eran antes, porque antes eran como oficinitas; ahora son edificios y están en zonas estratégicas, en lugares de lo que llaman La Zona Dorada de Juárez, allá por el paseo de la Victoria, en Ejército Nacional. Yo fui hace una semana a dejar mi curriculum a dos, por si acaso sale alguna oportunidad.*

Para esta obrera, entonces, no existe ningún problema en estas agencias de colocación que las ve simplemente como eso: agencias intermediarias, que sirven precisamente para colocar a las obreras y obreros en los puestos de trabajo que requieren las maquiladoras. En su conciencia no existe el problema de la sustitución del empleador por la agencia.

Sin embargo, en el testimonio de Jesús podemos observar otra percepción. Este es su testimonio:

> Jesús: *Están ocupando mayormente mujeres las agencias* [de colocación], *y las maquiladoras están contratando pura gente de agencias. La* RCA, *Thompson de México, Thompson T.V. y Manufacturas Avanzadas, las tres corresponden a Thompson, anteriormente era la* RCA. *Manufacturas Avanzadas, es de capital francés, hace lo que son los chasises de los carros; la Toshiba también. Entonces son empresas muy grandes.* RCA *contrata a la mitad de su empresa por medio de agencias. Esto es completamente ilegal.*

Tenemos así otro punto de vista sobre el papel de dichas agencias de colocación. Este obrero, politizado, activista por los derechos de las y los obreros de las maquiladoras, ve una clara violación a los derechos de los obreros en las contrataciones a través de las agencias. Él observa una situación laboral nueva, pues cree que estas agencias están contratando a hombres y mujeres, sin ninguna obligación laboral para las empresas, tal y como se viene observando en otros contextos en las maquiladoras. Piensa que con dichas agencias como intermediarias de la relación laboral entre la maquiladora y los obreros, la maquiladora deja de aparecer como el empleador directo, siendo sustituido por la agencia de colocación.

Así las cosas, por ejemplo: ¿A quién demandaría el obrero, en el caso de que decida hacerlo por despido o por cualquier otra causa? ¿A la agencia de colocación o a la empresa? Ello en el caso de que la agencia sustituya a la maquiladora como el empleador directo. Ante estas circunstancias, es claro que estamos frente a una situación que habrá que continuar investigando.

Es necesario ubicar si estamos ante otro retroceso en las condiciones de trabajo de este sector de la clase obrera, que se sumaría al de la violación de sus derechos, al impedirles que accedan a la contratación colectiva y a tener una jornada de trabajo "humana".

Antisindicalismo empresarial y subalternidad obrera

Dejemos los mecanismos de acceso a la maquiladora y veamos qué sucede en el momento en que estos obreros, hombres y mujeres, están a punto de acceder a este tipo de empleo.

Observamos que el acceso a la maquiladora les significa a estas obreras y obreros, antes que nada, un interrogatorio. Pareciera que lo que busca el capital maquiladora es identificar a los y las obreras que hayan tenido contacto con algún sindicato.

Por ello, las obreras que entrevistamos señalan que lo primero que les preguntan los representantes de estas empresas es si han estado en un sindicato o no. De ser afirmativa la respuesta, enseguida les preguntan sobre el sindicato o central sindical con el que han tenido contacto.

El siguiente testimonio da fe de ello:

Sonia: *En el contrato siempre preguntan "¿Pertenecen a algún sindicato? Escriba cuál".* [cuando se refiere al "contrato", en realidad es el cuestionario que la empresa les pide que llenen a las obreras, al momento de buscar su ingreso a la maquiladora]. *Son tontos, porque seguramente uno les va a poner "sí, mire, a éste"* [ironiza]. *Uno ya sabe muy bien cómo están las fábricas en eso de los sindicatos, es muy ilógico que uno ponga que "sí", después lo van a traer a uno en la mira... de por sí.*

Lo anterior es un testimonio de las políticas antisindicales de las maquiladoras. Estas empresas preguntan directamente a las obreras y obreros sobre su posible pertenencia a algún sindicato. Pero vemos que la obrera conoce la intención de la empresa: ubicar a los que han estado en contacto con los sindicatos, a los cuales con probabilidad vigilará estrechamente.

La obrera sabe qué va a suceder si ella declara haber estado en algún sindicato: sabe que la *"van a traer en la mira..."*. Sabe que en las líneas de producción será vigilada estrechamente. Sabe que ese tipo de acoso laboral –aunque tal vez ella no lo vea como tal– se agudizará, si ella se presenta como alguien que ha tenido vínculo con algún sindicato ¿Qué hace esta obrera, entonces? Le oculta a la empresa su conocimiento sobre los sindicatos.

Aquí la obrera, al mismo tiempo que elude el problema, se presenta como alguien ignorante del tema. Recordemos la actitud de los obreros ante los estigmas que pesan sobre de ellos (ser "maquiloca", o "torreonero", o, simplemente, "fuereño", "del sur"). Ante éstos, las y los obreros prefieren ignorar el problema. Muchos de ellos saben que el estigma hacia ellos existe, sin embargo, no lo enfrentan, es decir, no confrontan a aquellos que al hablar los estigmatizan; prefieren, en cambio, aparentar que dicho estigma no les compete, no los involucra.

En este caso, la obrera sabe bien que existe una política de la maquiladora contraria a los sindicatos. Ante ello, la obrera opta por no evidenciarse, se sabe en desventaja, sabe que el poder lo tiene la empresa, y entonces opta por falsear la información que se le solicita.

Parecería que estamos ante un modo de vida de este sector de la clase obrera, es decir, la vida como *subalternidad*, siempre vivida por ellas y ellos "desde abajo", sin poder. Por ello es que optan por permanecer callados, asumiendo y aceptando la dominación.[4]

Sin embargo, otro testimonio nos indica que esas políticas antisindicales de las maquiladoras presentan matices no menores. Jesús, obrero de las maquiladoras desde adolescente (en 2004 tenía unos 35 años de edad) y activista por los derechos de las y los obreros en las maquiladoras, nos contó lo siguiente:

> Jesús: *Lo que me pasó en una ocasión cuando fui a hacer una solicitud a la Essex, yo le puse que sí pertenecía a un sindicato porque yo sabía que en la Essex había sindicato y era más fácil entrar. Entonces ellos me preguntaron que en cuál sindicato y yo les dije que en la CROC, y luego ya pidieron referencias a donde yo había estado trabajando anteriormente. Ahí eso me favoreció. Fue en las épocas en que todavía no era muy grillero.*[5]

Es que existen empresas como las Essex que aparentemente no tienen una actitud tan antisindicalista, pues durante bastante tiempo pactaron contratos colectivos con la Confederación Regional de Obreros y Campesinos (CROC). Por el testimonio que acabamos de presentar, podríamos sostener que en estas empre-

[4] La idea de la subalternidad de la clase obrera, como modo de vida, ha sido planteada recientemente por el antropólogo Saúl Moreno, para el caso de los trabajadores de PEMEX, en México. Véase Moreno 2007.

[5] Activista, de gente que "grilla", que hace ruido como los grillos.

sas un trabajador con antecedentes de haber estado sindicalizado en dicha central, muy bien podría ingresar a ellas sin demasiado problema.

Vemos que la empresa investigó el vínculo de Jesús con la CROC, lo cual demuestra los mecanismos de control de las maquiladoras. Creemos que otra hubiera sido la actitud de la empresa si Jesús hubiera dicho que estuvo afiliado a un sindicato de la Confederación de Trabajadores de México, central sindical que tuvo enfrentamientos con la CROC por el control de contratos colectivos en algunas maquiladoras del lugar. O del Frente Auténtico del Trabajo, sindicato proscrito de Ciudad Juárez desde fines del siglo XX, por su orientación "independiente". En el caso de la CTM, él podría haber sido visto como un "agente" de esta central sindical en una empresa con un sindicato afiliado a la CROC, y podría haber sido rechazado por ese motivo.

Por lo demás, este testimonio habla de la sagacidad de este obrero, el cual, como hemos dicho, era un activista de los derechos laborales de los obreros, cuestión que desde luego le ocultó a la empresa. Jesús sabía perfectamente que en la Essex había un sindicato y que éste pertenecía a la CROC. Por eso habló explícitamente de esta central sindical. Ello nos habla de su conocimiento sobre los sindicatos en este contexto y con ello desmiente el apoliticismo y/o el "atraso" de estos obreros, pues él podía identificar muy bien las centrales sindicales, podía distinguir la CROC de otras centrales como la CTM.

Finalmente, la contratación

Pero, ¿qué sucede al momento de superar los obstáculos para llegar a la contratación? Veamos. Las contrataciones en la industria maquiladora de exportación, en años recientes, se han ido volviendo temporales, en general, cada tres meses se renuevan los contratos individuales de trabajo, aunque hay contratos hasta por un mes. Al respecto, recordemos que la Ley Federal del Trabajo establece dos tipos de contratación: por "obra determinada" (temporal) o por "tiempo indeterminado" (de "base", cuando la naturaleza del trabajo es permanente, y se refiere al llamado "trabajo de por vida"). Sin embargo, en las maquiladoras de exportación parece que han empezado a predominar los contratos temporales.

También se establecen contratos por tiempo indefinido, entonces los obreros pueden permanecer más tiempo, pero con escasas probabilidades de conservar su empleo, como vemos a continuación en el siguiente testimonio.

> Obrera: *A una señora sí la jubilaron. Y a estos señores que andan ahí, o sea que el supervisor los quiere como que correr, que salgan. Ese señor ya tiene 12 años* [laborando] *y el otro ya tiene 18 años. Ese se me hace que va para los 60 años de edad, y la señora que jubilaron estaba desde que era CCE, de cuando estaba Cableados. Esa señora ya tenía como 20 años trabajando ahí y la jubilaron por su edad.*

Es decir, en estas empresas siempre ronda el fantasma del despido; la amenaza es constante, el empleo es precario y flexible. Una espada de Damocles ha pendido siempre sobre la cabeza de estos obreros: el despido, o la jubilación forzada.

Por lo demás, a la hora de la contratación, las empresas no les entregan a los trabajadores copia del contrato individual (como veremos en este mismo capítulo, en el apartado titulado "Recontratándose en la maquiladora"); tampoco llegan a conocer los contratos colectivos de trabajo, donde hay sindicatos.

Por ello, ya lo señalamos, lo que suele regir las relaciones laborales en esta industria son los Reglamentos Interiores de Trabajo (RIT), que establecen básicamente las obligaciones de los obreros y algunas obligaciones generales y hasta obvias de los empresarios.

Dichos RIT tampoco les son proporcionados a las y los obreros; las maquiladoras suelen colocarlos en las instalaciones de las empresas, en tableros cercanos al reloj "checador" o los comedores.

> Obrero: *Aquí los trabajadores no conocen su contrato, los estatutos del sindicato no los conocen, y eso yo les he estado diciendo: "Oye: mínimo sácale una copia del contrato para que lo conozcan los trabajadores". Los reglamentos son puras obligaciones para los trabajadores, no hay ningún derecho para los obreros.*

Por lo demás, los requisitos de contratación –que, obviamente, son individuales– implican una discriminación sexista, de clase, y tal vez hasta racista, tanto para mujeres como hombres, quienes deben tener determinado aspecto y determinada estatura. Veamos el siguiente testimonio:

> Obrera: *La empresa dice: "No cholos, no tatuados, no pelones". A los bajitos no los agarran* [no los contratan]. *Una compañera llevó a dos compas* [compañeros] *y no los contrataron por chaparritos.*

Este tipo de cuestiones son polémicas. Recordemos que en el artículo 123 constitucional y en la Ley Federal del Trabajo que reglamenta dicho artículo se establece claramente que el patrón es el que tiene la facultad para dirigir y/o administrar a la empresa. Es decir, la Ley Federal del Trabajo es una ley protectora del trabajo, pero a final de cuentas corresponde a un instrumento legal clasista que avala la dominación de una clase sobre otra, es decir, de los dueños de las empresas sobre obreros y obreras.

En ese sentido, la empresa tiene la facultad de establecer los requisitos para ocupar un puesto (complexión física del obrero u obrera, por ejemplo). Sin embargo, la empresa no puede exigir determinado aspecto, forma de vestir, ni incurrir en discriminación de ninguna índole, como de edad o sexo, pues la discriminación está prohibida en el artículo primero de la Constitución General.

También existe la exigencia de que las obreras no estén embarazadas los primeros tres meses de trabajo, lo cual es absolutamente ilegal, son disposiciones de estas empresas abiertamente violatorias de los derechos humanos y laborales de las obreras.

> Obrera: *Te piden el examen de orina, sí, ese es el examen de gravidez. Todavía hace tiempo, como en el año 1994 o 1996, la Favesa pedía las toallas sanitarias, al menos hasta que la trabajadora cumplía los tres meses en la empresa.*
> *Antes de entrar hay examen de si estás embarazada, una muchacha salió embarazada al mes y la echaron para afuera.*
> *Se hace el examen cada mes, por ejemplo, entran hoy y tienen tres meses para no embarazarse. Ya después ya te puedes embarazar.*

Constatamos así que existen los exámenes de embarazo, los cuales se aplican sobre todo a las obreras de nuevo ingreso. El aviso es claro: durante el primer contrato, en los primeros tres meses, la obrera no puede embarazarse so pena de ser despedida. Aparentemente, después de ese plazo la obrera puede ejercer su derecho a la maternidad.

Ahora les exigen a obreras y obreros el grado de secundaria, y el límite de edad para su contratación son los 35 años de edad, aproximadamente, lo cual indica una clara discriminación referida a la generación. Es muy raro encontrar obreros mayores a los 50 años, salvo en las áreas de limpieza. Nosotros encontramos que la mayoría se inició en la industria maquiladora desde los 15 o 16 años de edad, lo cual no es necesariamente ilegal. Recordemos que la Ley Federal del Trabajo permite laborar a los menores de 14 a 16 años de edad, sólo que en jornadas de seis horas. Sí está prohibido que los menores de 14 años trabajen.

Llama la atención que, hasta hace unos años, la práctica común para poder acceder a estos empleos era la alteración de las actas de nacimiento, lo cual habla de desconocimiento de la ley y, desde luego, de que la necesidad de trabajar puede ser más imperiosa que las disposiciones legales favorables a las y los obreros.

El antisindicalismo del obrero migrante

Ahora bien, nosotros encontramos entre obreras y obreros posturas diversas hacia los sindicatos, hacia la posibilidad de que existan estas organizaciones y, por ende, los contratos colectivos de trabajo.

Como hemos visto en un apartado anterior, algunos obreros tenían conocimiento de lo que es un sindicato y para qué puede servir. La obrera cuyo testimonio expusimos, por razones estratégicas, había decidido ocultar su conocimiento sobre los sindicatos. Sabía que la empresa la rechazaría si mencionaba su contacto con algún sindicato; en cambio, vimos que el obrero, de una manera audaz, admitió que había estado sindicalizado en la CROC, intuyendo que esa maquiladora lo aceptaría por esa razón. Al mismo tiempo, le ocultaba a la maquiladora su militancia por los derechos de las y los obreros.

Podemos suponer que ambos obreros, además de tener conocimiento de lo que es un sindicato o para lo que puede servir (la defensa de los obreros, la mejora de sus condiciones de vida), simpatizan con la idea de contar con estas organizaciones sindicales. Sobre todo, en el caso del obrero Jesús, incluso encontramos una militancia por los derechos de las y los obreros que ya lo había llevado a organizar un grupo autodenominado "Obrer@s en Lucha".

Pero también encontramos en estos obreros otra orientación, la del antisindicalismo, la del rechazo claro y abierto hacia los sindicatos. Parecería que estamos ante el extremo de esa *subalternidad* obrera a la que nos hemos referido. Es decir, encontramos al obrero totalmente plegado a las políticas antisindicales de las maquiladoras.

Es ese el obrero que valora sobre todo su interés más inmediato y, si se quiere, más elemental: contar con un puesto de trabajo, con un ingreso, sin importarle en qué condiciones vende su fuerza de trabajo, sin plantearse la mejora de esas condiciones de trabajo, en términos colectivos.

Se trata del obrero migrante, que sólo piensa en sostener la venta de su fuerza de trabajo en las condiciones que le impone la maquiladora, que no piensa en cambiar las cosas. Lejos, muy lejos de pensar en organizarse en una de las formas más elementales de asociación colectiva de los obreros en una empresa: el sindicato.

El testimonio que a continuación se presenta ilustra lo antes dicho. Se trata de un diálogo del entrevistador con un obrero migrante del estado de Coahuila, un "torreonero":

> E: *¿Había sindicato en esa empresa?*
> Obrero "torreonero": *No, ahí no había sindicato, era libre.*

El testimonio anterior revela que este obrero migrante ha asimilado el discurso de estas empresas: las maquiladoras en las que no hay sindicato son "libres", no cuentan con los sindicatos que oprimen al trabajador, o le roban las cuotas sindicales; argumentos anteriores, claro está, desde la lógica del capital, la cual vemos ha sido impuesta en la conciencia de este obrero y está presente en su discurso. Desde esta lógica, las pocas maquiladoras en las que hay sindicatos son espacios "sin libertad" para el obrero.

Por supuesto, en las maquiladoras en las que no hay sindicatos, sabemos, sí existe "libertad": la "libertad" para que el capital explote al máximo a los obreros, pues ellos carecen de un medio de organización y de defensa, como lo podría ser el sindicato –desde luego, estamos pensando en sindicatos verdaderamente representativos, muy escasos en la historia del movimiento obrero en México–.

Es indudable la gran hegemonía que el capital maquilador ha alcanzado en el discurso de este obrero. No parece haber otra explicación a la postura del obrero "torreonero" migrante. Sólo un discurso empresarial sumamente estructurado pudo haber llevado a este obrero a sostener que trabaja en una empresa "libre" por no tener sindicato. Si alguien está convencido de que su empresa es así, "libre", no se propondrá acabar con esa "libertad" organizando un sindicato.

Descubrimos entonces la gran fuerza ideológica con la que cuentan estas empresas. Nuestro análisis se complica realmente. La cultura obrera en este contexto no es, entonces, sólo la lucha por la sobrevivencia, la lucha por vender la fuerza de trabajo; no es sólo el mundo obrero precario y puro, sin contaminaciones.

Parecería que la cultura obrera aquí no es sólo *subalternidad*; no es sólo el problema de que los obreros conozcan los estigmas que sobre de ellos existen y los ignoren, o que conozcan el antisindicalismo de estas empresas y simplemente mientan a la hora del interrogatorio previo a ingresar al trabajo. No. Estamos ante un gran condicionamiento de la clase obrera por los empresarios de las maquiladoras (Thompson, 1977: 7-14).

El siguiente testimonio nos habla de esa hegemonía del capital. Habla Benedicto, militante sindical del Frente Auténtico del Trabajo (FAT) que en Ciudad Juárez cuenta con una oficina, el

Centro de Estudios y Taller Laboral, A.C. Relata una experiencia vivida en los años noventa del siglo pasado, en los años en que el FAT intentó levantar, en este medio, sindicatos independientes del control de las centrales ligadas al Estado:

> Benedicto: *Entonces nos metimos a un trabajo muy fuerte de organiza ción, eran 1,300 trabajadores* [en una maquiladora filial de la empresa General Electric]. *Yo estuve desde abril, mayo, junio y julio, ya en agosto y septiembre se dio la lucha así fuerte, casi todo ese año de 1994 estuve allá* casi *ya permanente, hasta la conclusión del recuento* [recuento legal que lleva a cabo la Junta de Conciliación y Arbitraje para conocer el número de obreros que apoyan al sindicato que demandó la titularidad del contrato].
> *Demandamos la titularidad* [del contrato colectivo de trabajo]. *Acababa de llegar Barrio* [Francisco Barrio, al gobierno del Estado, del Partido Acción Nacional], *nos entrevistamos con el Secretario General de Gobierno, un tal Romero... él abiertamente nos dijo que no iba a dar trámite a nuestra demanda. Nosotros demandamos la firma del contrato colectivo porque no tenían contrato, entonces solicitamos la firma del contrato colectivo con emplazamiento a huelga, pero nuestra sorpresa fue que la autoridad no le dio trámite.*
> *Entonces vienen las negociaciones, la presión internacional, porque nosotros tenemos una relación muy estrecha con el Sindicato de Electricistas de los Estados Unidos de Norteamérica.*
> *Pero nos pararon ahí, con toda la fuerza de la General Electric y del Estado. Entonces, nos llevaron a un recuento administrativo. Aceptamos un recuento de los trabajadores, para saber si los trabajadores querían o no sindicato, no para firmar el contrato colectivo, solamente para saber si era voluntad de los trabajadores.*
> *Nos llevaron a un recuento, y ahí es donde conocimos la estrategia de la transnacional, porque una semana completa prácticamente no trabajó la empresa ¿Qué hizo? Hizo reuniones con cada uno de los trabajadores, con cada grupo de trabajadores, grupos pequeños, llevaban trescientos*

trabajadores, ante un trabajador externo, experto en malas experiencias sindicales, les decía lo negativo, lo nefasto que son los sindicatos: que extorsionan, las cuotas, las marchas, los mítines, la corrupción.
El otro era el Director [de la empresa], *que jamás la gente había conocido, que vivía incluso en El Paso, él tenía su despacho ahí, no trabajaba acá en la empresa, pero vino personalmente a negociar con todos los trabajadores en grupos pequeños y con contrato en mano, el proyecto de contrato, y diciendo, pidiendo disculpas a la gente, porque él no estaba enterado de cuál era la demanda.*
Pero vio cláusula por cláusula [del pliego petitorio para registrar el sindicato] [Benedicto habla simulando ser el director de la empresa]:

"Esto que están pidiendo, tantos días de vacaciones... Nosotros les proponemos esto... Piden esto...",

Es decir, él estaba negociando en público [Benedicto continúa simulando ser el director]:

"Les doy mi palabra de que vamos a mejorar esto; hay cosas que vamos a dar nosotros, más de lo que está aquí planteado".

Y así, sin mayor presión.
Pero luego entró un tercero, ese fue un tipo de la gente que teníamos organizada por departamentos, que eran los delegados departamentales que habíamos nombrado ya, gente que pues se había entregado, había algunos que se desvelaban por visitar a compañeros, convencer, andar en las colonias, militancia real. Uno de ellos, a las 11 de la noche, después de que le tocó a él uno de los días [de reuniones en la empresa], *me fue a buscar y me dijo* [simula diálogo con delegado sindical]:

Obrero delegado sindical: *"¿Sabes qué, Benedicto? Ya nos ganaron".*
Benedicto: *"Pero, ¿cómo? ¿De qué me estás hablando? ¿Qué te pasa?"*

[con un tono de asombro, él está recordando su actitud ante el delegado sindical].

Y él, que era uno de los más combativos, me dijo:

Obrero delegado sindical: *"No, yo salí convencido con ese tipo que está ahí hablando* [el obrero externo llevado por la empresa para disuadir a los obreros de la necesidad del sindicato]; *reaccioné cuando yo estaba en la calle ¿Cómo es que me logró convencer si yo estoy convencido que el sindicato es la alternativa? Estamos luchando por eso, pero a mí me convenció, es un tipo que habla, pero impresionantemente, muy envolvente".*

Así nos llevaron al recuento para saber solamente si la gente quería sindicato o no. Obviamente que perdimos; la mayoría dijo "no" al sindicato.

Del testimonio anterior podemos desprender que el capital maquilador ha formado cuadros de agitadores, pero de agitadores en contra de los sindicatos auténticos, verdaderos antisindicalistas. No sólo vimos que las empresas cuentan con obreros convencidos de la "libertad" que les proporciona el capital, la "libertad" de no tener sindicatos. Además, cuentan con obreros dispuestos a actuar de una manera muy militante. Existe entonces un fuerte aparato de control ideológico del capital. Vimos además la capacidad del director de esa maquiladora para enfrentar a los trabajadores cara a cara y convencerlos de futuras mejoras en las condiciones de trabajo, pero sin necesidad del sindicato.

Sigamos con el testimonio de Benedicto:

Benedicto: *Mucha de la gente que trabaja en Ciudad Juárez, pues es gente migrante que viene del sur* [del país], *la mayoría viene de ciudades muy pequeñas o del campo, eso yo lo viví como experiencia; un compa-*

ñero que era muy negativo, que hacía campaña antisindical sin ninguna causa, o sea, simplemente porque él estaba convencido y lo hacía [el trabajo antisindical]. *Yo fui a hablar con él personalmente porque me dijeron "tienes que hablar con él". Fui con él y cuando le digo* [al obrero migrante, simulando un diálogo]:

Benedicto: *"Oye, ¿por qué tu negación a que el sindicato entre?"*

Lo primero que hizo fue arremangarse la camisa y me enseñó marcas por todos los brazos. Me dijo:

Obrero migrante: *"¿Sabes qué es esto?"*
Benedicto: *"No".*
Obrero migrante: *"Pues es la cosecha del algodón. Yo vengo del valle, en junio o julio empezamos a levantar el algodón, con esta temperatura a pleno rayo del sol, esto duele, y yo trabajo allá en el valle desde que sale hasta que entra el sol, gano la mitad de lo que gano aquí* [en la maquiladora], *aquí estoy bajo techo, con aire acondicionado. ¿Crees que yo voy a exponer esto?"*
Benedicto: *"Mira, la verdad lo reconozco, solamente te pido una cosa: no hagas labor en contra, solamente te pido eso, respeto tu posición, qué bueno que eres franco y lo dices, pero no hagas labor en contra, deja que los demás decidan por sí solos".*

Ante esto te preguntas: ¿Cómo luchas contra eso? Porque para ellos es un brinco del campo a una maquila, aunque las condiciones son pésimas, pero es una mejora para ellos.

Podemos ver así claramente la *subalternidad* de estos obreros. Aquí no hay simulación, aquí no se eluden los estigmas, no se oculta o manipula la información a la maquiladora. No. Aquí se está franca y abiertamente del lado de la empresa ¿Por qué? Porque la maquiladora es la que da el empleo, un empleo que nada tiene que ver con el trabajo agrícola; es, en cambio, el trabajo remunerado de una manera más o menos segura, es la que da el salario cada semana; es donde hay clima artificial, una temperatura estable que le permite al obrero estar alejado del calor y de otras condiciones propias del trabajo en el campo.

Es el empleo que le permite al obrero dejar atrás el trabajo rural, el trabajo con largas y extenuantes jornadas de trabajo, a cambio de un ingreso muy reducido (tal vez 30 o 40 pesos al día), para acceder al trabajo con largas y extenuantes jornadas de trabajo, también "de sol a sol", sólo que bajo techo, con clima artificial, con comedor, con prestaciones; implica acceder al salario mínimo, con 20 o 30 pesos más al día, con respecto al salario en el campo.

Podemos percibir una gran confusión en la conciencia de los obreros: el sindicato, si se instala en la empresa, no va a mejorar las condiciones de trabajo, al contrario, va a significar un retroceso en esas condiciones de trabajo. Para el obrero del cual nos habló Benedicto, lo mejor es quedarse en la situación actual, no hay necesidad de unión mínima entre los obreros, para este tipo de obreros en realidad no hay nada que mejorar o cambiar. La postura de este obrero es francamente conservadora. El único panorama que tienen enfrente estos obreros antisindicalistas se reduce a la lucha por la sobrevivencia, a vender su fuerza de trabajo en las condiciones impuestas por la empresa. La conciencia es de gran individualismo, sin visos de unidad con los demás, sin unidad en torno a objetivos laborales.

Recontratándose en la maquiladora

No podemos dejar de mencionar otra dimensión del complejo proceso de contratación en las maquiladoras: la que tiene relación con la muy frecuente recontratación que experimentan en diversas maquiladoras a lo largo de su vida laboral.

En efecto, como sabemos, la "rotación" de estas obreras y obreros es sumamente frecuente. En primer lugar, está el despido por el cierre de estas empresas, el cual es constante y se agudiza en determinadas épocas, tal y como ha sucedido en lo que va del siglo XXI en esta ciudad.

Ya hemos indicado la magnitud de la pérdida de empleos en el sector en este siglo, y, hasta la fecha (2010), el empleo no se ha recuperado ni tiene visos de ello.

Dejamos aquí apuntadas otras causas que propician la salida de obreras y obreros de las maquiladoras. Entre dichas causas podemos mencionar los despidos por acumular 4 faltas en un mes; por cambiar de ciudad, en segundo lugar; por renuncias voluntarias, en tercer lugar; y por rescisión de contrato laboral, en cuarto lugar –esta causal debería estar sumada a la primera, la de la cuarta falta en un mes, que también implica rescisión laboral–.[6]

Vemos así el complejo panorama que se refiere a la pérdida del empleo en el sector. En este apartado presentamos someramente una dimensión de esta cuestión: ¿En qué condiciones es que se recontratan estas obreras y obreros?

En estas páginas ya habíamos conocido a Rocío, trabajadora administrativa en un conjunto de maquiladoras durante toda su juventud, hasta que la necesidad de priorizar la atención a sus tres hijas pequeñas la llevó a tomar la decisión de dejar de trabajar por un lapso de 11 años. Esto fue posible al hecho de que ella está casada con un ingeniero en una maquiladora, el cual podía sostener a su esposa y a sus tres hijas.[7]

[6] Fueron 144 plantas las que aportaron datos hasta agosto de 2003 y proporcionaban empleo a 13,950 obreros. Tomado de *Norte de Ciudad Juárez*, 16 de septiembre de 2003, p. 7.

[7] Véase el apartado titulado: "Ascenso y pérdida de status en la maquiladora de una obrera avecindada en la ciudad", en el capítulo 2.

Recordemos que luego de esos 11 años sin un trabajo estable, tardó unos seis meses en conseguir un puesto de trabajo. Pero luego de 11 años, ya nada era igual, ni las maquiladoras ni ella misma. Para el 2004, año en el que ella vuelve a buscar un empleo permanente (había trabajado todos esos años de manera esporádica, como profesora de inglés y como cajera en tiendas por "medio tiempo"), tenía 43 años de edad. Como relatamos, Rocío no logró volver a un empleo como el que tuvo a fines del siglo pasado, en labores administrativas (asistiendo a ejecutivos norteamericanos, siempre hablando inglés), pues se topó con la discriminación que en ámbitos laborales viven las y los obreros "viejos" que en este contexto resultan ser los trabajadores ¡de 43 años!

Fue así que encontró un trabajo para el que le era útil su conocimiento de programas de computación y su manejo fluido del inglés, consistente en la organización y seguimiento de mudanzas a nivel internacional, pero con bajo salario: poco menos de 100 pesos diarios, es decir, 94 pesos al día, con una jornada de nueve horas diarias, de lunes a viernes, con un horario de 9:30 a.m. a 6:30 p.m., con media hora para comer. Muy atrás habían quedado para ella los horarios flexibles (cuando anteriormente podía ausentarse de la empresa prácticamente cuando ella quería) y el salario relativamente alto de esas épocas.

El lector recordará que Rocío encontró ese empleo a través de internet, enviando a muchas empresas su currículum, el cual de poco sirvió, pues ella se recontrató en los términos descritos más arriba, luego de una evaluación en grupo. Aquí no hubo red de conocidos o de amistades, ni recomendaciones de ningún tipo, sólo su currículum, la entrevista grupal, y la mediación de una agencia de colocación.

Pero la recontratación, aparentemente moderna, no estuvo exenta de irregularidades. Veamos el siguiente diálogo, que ilustra esas irregularidades bajo las que son contratados muchos de estos trabajadores.

E: *Pero te contrataron.*
Rocío: *Sí, firmé contrato*
E: *¿Y lo tienes, el contrato?.*
Rocío: *No, no me lo quisieron dar, no sé por qué. Les dije* [simula un diálogo con alguien de la empresa que la acaba de contratar]:

Rocío: *"¿Me lo puedo llevar, el contrato?"*
Representante de la empresa: *"No".*
Rocío: *"Bueno ¿Me pueden dar una copia?"*
Representante de la empresa: *"No. ¿Para qué la quiere?"*

E: *¿Lo leíste?* [el contrato]
Rocío: *Sí, pero no todo, mira, realmente asumo y entiendo que es la cuestión del salario, ahí venían* [en el contrato] *como 97 pesos, pero cuando la chica me habló por teléfono para ofrecerme el trabajo me dijo que eran 6, 000 pesos mensuales nominales. Entonces yo le dije* [continúa simulando el diálogo]:

Rocío: *"Oiga, pero lo que usted me dijo era más".*
Chica: *"Sí se lo vamos a pagar, pero en el contrato no puede decir eso, porque ahí no está incluido el bono de producción, que es aparte".*

E: *O sea, te pagan más realmente.*
Rocío: *Sí, me pagan más de lo que dice el contrato; si me pagaran lo que dice en el contrato, me pagarían la mitad de lo que gano en efectivo.*
E: *Sí, como 100 al día.*
Rocío: *104 pesos* [antes había señalado 94, aquí parece estar sumando alguna otra cantidad, alguna prestación que otorga la empresa].
E: *Y recibes más.*

Rocío: *Sí, saco más.* [Rocío ya no señala la cantidad que realmente recibe]
E: *¿Qué más tienes?*
Rocío: *Pues nada, el Fondo de Ahorro, el 50 % lo aporta el trabajador y el otro 50 % el patrón, el Seguro Social y no más, y ese bono de producción. Pero yo creo que le tienen que llamar de alguna manera porque el trabajo que tienen es cualificado, es un bono que le tenían que agregar al sueldo, es algo que tenían que agregárselo de alguna manera porque no tendrían a nadie trabajando con ese sueldo. De hecho, lo que ganamos no corresponde para nada con el trabajo que hacemos.*
E: *Deberían pagarles más.*
Rocío: *Claro, en X* [menciona una ciudad de Estados Unidos de América] *les pagan 14 dólares la hora por el mismo trabajo que hacemos nosotros.*
E: *O sea, más de 80 dólares al día, estamos hablando de cerca de 1,000 pesos al día.*
Rocío: *Lo que ellos ganan por una hora allá, nosotros lo ganamos aquí en un día.*
E: *Sí, más o menos.*
Rocío: *Nosotros ganamos aquí en una semana lo que ellos ganaban allá en un día.*
E: *Sí, claro, son casi 100 dólares al día allá* [en Estados Unidos de América].
Rocío: *Y eso yo gano en una semana con nueve horas de trabajo. Yo trabajo de 9 y media de la mañana a 6 y media de la tarde.*

Vemos así la forma en que Rocío fue recontratada: en primer lugar, la empresa no le entregó el contrato individual de trabajo que ambas partes acababan de suscribir, aun cuando es una obligación del empleador otorgar este documento al obrero. Como vimos, Rocío sólo leyó una parte del contrato. Ella se fijó, sobre todo, en el monto del salario que iba a devengar, el resto del contrato ya no lo leyó. Y aunque pidió el contrato, no se lo entregaron.

En segundo lugar, el contrato no contenía el monto real de las percepciones que Rocío iba a percibir. ¿Por qué esta irregularidad? Como vimos, el argumento de la empresa fue que ella realmente iba a recibir un bono, que, a decir de Rocío, prácticamente le doblaba el monto salarial señalado en el contrato.

Nosotros pensamos que esta situación podría estar relacionada más bien con la evasión de la empresa de las cuotas que debe pagarle al Seguro Social, pues mientras más alta es la remuneración del trabajador, mayor es la cuota patronal.

No encontramos otra explicación, pues el patrón está obligado a indicar en los contratos todas las percepciones y descuentos del obrero, tal como lo establece la Ley Federal del Trabajo.

Finalmente, la última irregularidad que encontramos en esta contratación: los salarios que las trasnacionales pagan en países como el nuestro son realmente bajos, en comparación con el pago del mismo trabajo en Estados Unidos de Norteamérica. Y aunque Rocío es consciente de esta situación, en realidad no le queda más alternativa que aceptar las condiciones laborales que implican una discriminación del capital transnacional hacia la fuerza de trabajo de países como México. Por esta fuerza de trabajo, aunque con la calificación requerida para desempeñar las tareas que la empresa exige, recibe una ínfima remuneración.

Hasta aquí varios de los elementos que hablan de las formas de contratación con las que nos encontramos hacia mediados de la primera década del siglo XXI. Observemos ahora la situación al interior de las maquiladoras que estudiamos, así sea esta una visión general sobre el complejo y cambiante panorama industrial en este contexto.

6
TRABAJANDO EN LA MAQUILADORA

El trabajo en las maquiladoras desde la subjetividad de obreras y obreros

En este último capítulo revisamos nuevamente las condiciones de trabajo en estas empresas y la percepción que de ellas tienen estos obreros. Nos centraremos en el salario, en la flexibilidad laboral, en la organización del trabajo, y en las llamadas "prestaciones" de obreras y obreros.

Ya sabemos que es este un recorrido por el mundo de la flexibilidad y la precariedad laboral. Ahora profundizaremos en un ambiente laboral marcado por el control de las obreras y de los obreros por parte de supervisores y gerentes, quienes, además de ese control, llevan a cabo prácticas de acoso sexual principalmente hacia las obreras, prácticas que implican acoso moral y emocional.

Recordaremos brevemente las diferencias étnicas de esta clase obrera, que desembocan en una fuerte división en ella, producto de la competencia en las líneas de producción entre originarios de la ciudad y los migrantes.

Aquí volvemos a encontrarnos con el *condicionamiento obrero* por parte del capital. Pero también veremos de nuevo ciertos elementos de *conciencia de clase*, los cuales despuntan en las y los obreros que entrevistamos.

Todo ello en medio de un contexto marcado por una *situación catastrófica* en la ciudad, situación a la cual ya nos hemos referido en estas páginas.

Algo parece claro en el estado de ánimo de obreras y obreros que presentamos en este capítulo final: en estas personas existe la sensación de una drástica declinación en las condiciones de trabajo que hasta fines del siglo pasado tenían en las maquiladoras. Estas condiciones, aunque precarias, les significaban distintas protecciones. Ahora aparece la percepción de la caída en el nivel de vida, a la cual se suma la de riesgo y peligro, por la extensión y profundización de la violencia, la cual se ha instalado en las calles –y en los hogares– de la ciudad.

El salario, los bonos y su caída libre

Los salarios en estas empresas siempre han sido bajos, si los comparamos con los que todavía ostentan otros sectores de obreros en el país, sobre todo los sindicalizados. Los salarios en las maquiladoras de la ciudad se rigen por el salario mínimo vigente para esta zona que, para el año 2004, era de 43 pesos por día más prestaciones, incluyendo los ya para entonces escasos "bonos", que son salario flexible, es decir, la remuneración a partir del cumplimiento de diversas exigencias de la maquiladora a los obreros, principalmente de puntualidad, asistencia y productividad, entre otras.[1]

Hacia el final de la primera década del siglo XX, vemos que sólo algunos bonos se conservan en las maquiladoras de esta ciudad. La pérdida de estos "bonos" se inició a principios del decenio, de tal manera que hacia mediados de la década el sala-

[1] No podemos profundizar en este aspecto de las remuneraciones de los obreros en las maquiladoras. Diremos que los bonos significaron un sobresueldo para el de por sí bajo salario de estos obreros, a cambio de mayor intensificación en las actividades y, desde luego, una fuerte competencia entre los mismos obreros por alcanzar las exigencias planteadas por las maquiladoras.

rio promedio en estas empresas era probablemente de unos 800 pesos a la semana.[2]

Sin embargo, de acuerdo a los testimonios de las obreras y obreros entrevistados, muy pocos alcanzan esa cantidad. La mayoría ganaba entre 400 y 500 pesos a la semana, para los años de 2004-2005. Es decir, un monto que difícilmente alcanzaba para cubrir las necesidades básicas de una familia, aun cuando es frecuente que la pareja y otros miembros del grupo doméstico trabajen.

Desde luego, y como ya hemos visto, debemos tener en cuenta que para el obrero recién incorporado al trabajo fabril, proveniente de regiones rurales lejanas o incluso de las zonas desindustrializadas del norte del país en donde no hay opciones laborales, estos bajos salarios se transforman en una suerte de "bendición". Recordemos que el obrero migrante aspira a la supervivencia, a través de la venta de su fuerza de trabajo a las maquiladoras.

Sobre estos salarios, veamos el siguiente testimonio:

> Armando: *A la semana vengo recibiendo 544 de puro salario. La percepción nominal es de 432, el séptimo día es de 72 y bonos por asistencia (63 pesos), puntualidad (56 pesos) y de despensa (56 pesos). Nos quitan 41 pesos de Crédito ISPT, 13 pesos de IMSS, 40 pesos de ahorro, 43 de cafetería y 2 de Fondo Unido.[3] De un total de 638 pesos, me descuentan 138.*

Además, los salarios en estas empresas aumentan en porcentajes sumamente reducidos. El aumento del salario mínimo anunciado

[2] Entrevista con el Lic. Juan Manuel Gámez, coordinador del Departamento de Estadísticas de la Asociación de Maquiladoras, A.C., Ciudad Juárez, 4 de agosto de 2003.

[3] Deducción que aporta obligatoriamente cada trabajador para esta fundación que tiene objetivos de asistencia o beneficencia.

para esta zona fronteriza a partir del 1° de enero de 2004 fue de 3%, lo que significó un aumento de 1.59 pesos. El salario pasó de 43.65 a 45.25 pesos por día, mientras que la canasta básica aumentó entre un 10 y un 15%.[4]
Como ya mencionamos, los ingresos adicionales con los cuales contaban de alguna manera estos obreros desaparecieron los últimos años, como sucedió con algunos de los "bonos" económicos que las maquiladoras otorgaban.

Entre los bonos con los que contaban, además de los ya mencionados, estaban los de antigüedad, de permanencia, de contratación, de recontratación y el de asistencia perfecta. Hacia mediados de la década, pocas empresas conservaban esa oferta de bonos.[5] Entre los que continuaban podían contarse los bonos de asistencia, puntualidad, despensa y el fondo de ahorro.

Sobre el fondo de ahorro hay que apuntar que éste se conforma con un monto proveniente de la empresa y otro del salario de los obreros. De este fondo suelen otorgarse préstamos a los mismos obreros.

El bono de despensa es (o era) una prestación de la empresa, consistente en un vale por cierta cantidad que se canjea o canjeaba en tiendas por alimentos.

Ahora bien, ¿qué alternativa tenían estos obreros ante los raquíticos sueldos que recibían? Ya lo sabemos: acceder a las horas extras, las cuales implican la prolongación de la jornada de trabajo, incluso al margen de las disposiciones de la Ley Federal del Trabajo. Nos volveremos a encontrar ante esta problemática, a la cual ya nos hemos referido en esta investigación.

[4] Tomado de *Diario Digital*, Sección Panorama, 20 de diciembre de 2003. http: www.diario.com.mx. Consulta del 20 de enero del 2004. Ver Referencias electrónicas.

[5] *Cfr. Diario Digital*, , sec., Panorama, 2 de octubre de 2003.

Jornada de trabajo flexible: control, sanciones, despidos y respuesta obrera

En estas empresas existen diversos tipos de jornadas de trabajo. Al analizar los Reglamentos Interiores de Trabajo (en adelante RIT), encontramos que en ellos se establecen diversos turnos. Hay jornadas "diurnas", "nocturnas" y "mixtas". La jornada "diurna" está establecida en 45 horas a la semana; la "nocturna" en 31 horas; y la "mixta" en 42 horas y media.[6]

Veamos el testimonio de una obrera sobre sus actividades durante una jornada de trabajo cualquiera:

> Obrera originaria: *Trabajamos 8 horas. Soy operadora. Nada más coloco dos plásticos en una tabla como de fierro y los ponemos en cajas de 220 piezas, es todo lo que hacemos ahí. De ahí van a otra área, donde le ponen otras cosas. Sacamos como 220 piezas cada media hora... son como tres mil piezas. Mi trabajo lo realizo sentada. Teníamos un tope de 16 cajas, pero como terminábamos media hora antes, ahora nos cambiaron el tope a 17 cajas.*

Por lo expuesto, podría pensarse que estas empresas operan con jornadas semanales de trabajo más cortas que las que marca la ley –recordemos que la Ley del Trabajo establece una jornada de 8 horas diarias durante los seis días laborables por semana, es decir, establece una jornada semanal máxima de 48 horas de

[6] Para reconstruir las condiciones de trabajo en estas empresas, analizamos los RIT de un conjunto de ellas. A falta de contratos colectivos de trabajo, las maquiladoras establecen en los RIT las normas de trabajo tal y como lo establece el capítulo V de la Ley Federal de Trabajo, documento al que también nos remitiremos enseguida. Esta información documental la analizamos y discutimos con los obreros entrevistados.

trabajo–. Pero el concepto de productividad en estas empresas exige que no se detengan ni un minuto. Por ello, los ritmos de trabajo son intensos, pero también son muy extensas las jornadas de trabajo.[7]

Además, la necesidad de mejorar sus ingresos llevó a estos obreros a extender su jornada de trabajo con "horas extras" que se sumaban a las 8 horas diarias. Como vimos desde los primeros capítulos de esta investigación, esta clase obrera está (o estaba) acostumbrada a laborar horas extras; a veces todos los días (sobre todo los migrantes) en magnitudes que obviamente rebasaban con mucho el tope semanal permitido por la Ley del Trabajo (9 horas a la semana).[8]

Recordemos que la "rotación" es (o era) intensa en estas empresas. Las y los obreros suelen o solían permanecer poco y las abandonan (o abandonaban) continuamente por diversos motivos. Uno de ellos tiene (o tenían) que ver con las jornadas intensivas y extensivas de trabajo que en éstas se dan (o daban).

Estas empresas ejercen, hasta la fecha, un control muy importante en la jornada de trabajo, hecho que se ha generalizado en la industria mexicana desde hace ya décadas. La Ley Federal del Trabajo las respalda en este sentido, al otorgarle al capital toda la capacidad para dirigir y administrar las fábricas y la organización del trabajo en ellas.[9]

[7] Como hemos insistido, esta imagen de la jornada de trabajo intensa y extensa ha cambiado, pues a lo largo de la década el sector fue entrando en crisis, y se volvieron comunes los despidos de personal, el cierre de empresas y los "paros técnicos".

[8] Para recordar las extenuantes jornadas de trabajo en la mejor época de estas maquiladoras a fines del siglo pasado, remitimos al lector al testimonio de Francisca, en el apartado "Una obrera juarense y su lucha por salir adelante", en el capítulo 1.

[9] Tal y como lo señala el artículo 134 de la Ley del Trabajo, vigente hasta el año 2010, en sus diversos incisos.

Es así que puede observarse en los RIT analizados que la empresa puede suspender o establecer turnos de trabajo; fijar unilateralmente los horarios de entrada y salida; cambiar a las y los obreros de puesto de trabajo y de turno; cambiar el día y la forma de pago, entre algunas de las atribuciones más notables del capital.

La flexibilidad en los puestos de trabajo es entonces muy amplia. Así, estas obreras y obreros son desplazados por mandato de la cadena de mando, en las líneas y áreas de producción, para ejecutar diversas tareas; así, pueden ser cambiados de turno, siempre de acuerdo a las exigencias de la producción.

Incluso existe una categoría de obreros que se denomina "soporte", cuya función es sustituir a quienes están en las líneas de trabajo, en caso de que falten o vayan al baño. También existen puestos que se denominan precisamente "multifuncionales", los cuales cumplen una función similar a la de aquellos denominados como "soporte".

Pero, ¿cómo asumen la flexibilidad en los puestos de trabajo estos obreros? Veamos el siguiente diálogo con dos obreras originarias de la ciudad y con una obrera migrante originaria del estado de Veracruz, una "juarocha", a quienes ya conocíamos, diálogo que nos puede ayudar a responder la pregunta que nos hacemos:

E: *¿Considerarían aburrido el trabajo?*
Sonia: *Si no nos dejan platicar, sí se vuelve aburrido, porque estar así todo el día pasando piezas y pasando piezas...*
E: *¿Es la misma actividad todo el día?*
Marucha: *Pero sí llega el momento que sí se fastidia uno de hacer lo mismo, lo mismo.*
Sonia: *Yo ya iba a renunciar, ¿verdad? Porque me sentía muy presionada en esa máquina, porque era mucha presión estar dando a toda la línea y todos los días lo mismo, y como pusieron una terminal nueva batallé*

mucho, pero mucho, porque las máquinas apenas las estaban probando, y sacaba yo mucho scrap,[10] *y era mucha presión y no podía, y las máquinas muy feas, no, digo: "Ya me voy a ir", le decía a Marucha. Le digo a mi jefe: "Ponga a otro a que se enseñe para que me quite a mí un día de perdida y me desaburra".*[11] *Nada más que las máquinas las amoldaron más a esa terminal, y ahora ya no batallo y ahora está muy suave, pero yo ya me iba a salir porque ya no aguantaba esa máquina, estaba aburrida de todos los días llegar y lo mismo. Y ayer ya nos cambiaron de línea, y ayer estuvimos en otra y anduve pa' llá y pa' cá, me aprendí casi toda la operación de toda la línea.*

Marucha: *Lo que pasa es que como casi no hay personal, no se llena todo lo que es la línea completa. Sonia acababa en un lugar y se tenía que ir a otro para seguirle dando ¿Por qué? Porque falta gente.*

Sonia: *Y como hacía mucho material de uno* [de uno de los puestos en los cuales faltaba el obrero], *pues me pasaba al de enseguida, pero sí es bueno, porque sí se "desaburre" uno y aprende uno más.*

Ambos testimonios nos presentan un panorama complejo sobre la flexibilidad del trabajo en estas empresas. Por un lado, el cambio tecnológico le dificulta el trabajo a la obrera; la obrera tiene que pugnar para mantener el ritmo de trabajo que había alcanzado con anterioridad. No recibe ninguna capacitación por parte de la empresa para manejar la nueva máquina y tiene que enfrentarse a ésta sin conocimiento previo.

Luego a la obrera la cambian de puesto de trabajo, la envían a otra línea de producción. Ella dice: *"anduve pa'llá y pa'cá"*, y en lugar de sentir que su trabajo se intensifica, se siente beneficiada: el trabajo ya no es aburrido, y, además, siente que se capacita, que

[10] Palabra en inglés que significa trozo o pedazo, y con la que se refieren al desperdicio que se genera en la producción de la maquila.

[11] Quitarse el aburrimiento.

aprende cosas nuevas. Dice: *"me aprendí casi toda la operación de la línea"*.

Llamamos la atención sobre la intensificación del trabajo por la ausencia de obreras y obreros en las líneas de producción. Ante la falta de personal, quienes cubren los puestos son los mismos obreros que se presentaron a laborar. Sin embargo, esto no resulta un problema para Sonia, ella cubre los puestos vacantes y así no se aburre en un solo puesto. Además, ella se "capacita" de esta manera. Todo lo anterior es una forma inesperada de aceptar la flexibilidad del trabajo, por parte de esta obrera.

Otra obrera, migrante, tiene la misma percepción que las obreras originarias del lugar. Veamos el siguiente testimonio:

> Moni: *Prefiere uno que lo estén cambiando de operación, para no estarte aburriendo en una sola. Al menos yo, a mí, ya tengo tiempo que me tienen ahí mismo, desde que me regresaron a otra línea y yo les digo la semana pasada: "Ándeles, les ayudo, me enseñan en la otra máquina", y sí me pasaron y sí aprendí y me traían...*
> E: *Tú también prefieres cambiar de puesto.*
> Moni: *Yo sí, para no estarme aburriendo ahí.*
> E: *Sí puedes cambiarte* [de puesto de trabajo].
> Moni: *Es bueno estar cambiando a varias operaciones.*
> E: *¿Y si uno quiere y pide, lo cambian de puesto? ¿Cómo es que lo mueven?*
> Moni: *No, el supervisor...* [continúa hablando como si ella fuera el supervisor]: *"Tengo mucho trabajo, ándele, véngase conmigo".*
> *El lunes tenía mucho trabajo, otra actividad que no era lo que yo hacía y le digo: "¿Qué? ¿Le ayudo ahí?". Y me dice* [el supervisor]: *"Ándele, quiere aprender, pues véngase". Pero para que me 'trajiera'* [trajera] *de allá para acá, porque no era lo mismo, se llama el 'flasch'; lo metía a encender otra vez y ahí era la cápsula, no era toda la lámpara, tenía que salir a otra línea a arenarla, y regresar, y así no más andaba. Todo el día*

anduve de línea en línea, pero haciendo mi mismo material y se me fue bien rápido el día, ya no estuve haciendo lo mismo todo el día.

Vemos así de nuevo que la flexibilidad en los puestos no es rechazada por estas obreras, sino que es aceptada como algo natural, incluso es deseada, pues así pueden salir de la rutina y la monotonía diarias.

Así, la flexibilidad extrema que el capital impone en estas empresas inesperadamente resulta una alternativa para obreras y obreros, y no sólo para salir del aburrimiento, sino también para "capacitarse". La empresa así se despoja de la obligación laboral de brindar capacitación a los obreros y obreras, establecida en la Ley Federal del Trabajo.

Pasemos ahora a ver otro aspecto relevante del control del trabajo por el capital en las jornadas de trabajo flexible de las maquiladoras. Primero, debemos señalar que la Ley Federal del Trabajo exige bilateralidad en ciertos aspectos de la organización del trabajo, exigencia legal que sí es acatada por las maquiladoras. Nos referimos a la bilateralidad para establecer los RIT, así como para establecer las comisiones, tales como la de higiene y seguridad.[12]

Así, en los RIT que analizamos puede verse que se establecieron bilateralmente entre representantes de la empresa y de los obreros, aunque, claro está, no contamos con elementos como para saber qué tan "bilateral" fue este proceso.

Lo que sí podemos afirmar es que las maquiladoras impusieron en esos RIT sus puntos de vista. Es decir, que la bilateralidad por sí misma poco significa si las medidas "pactadas" entre capital y trabajo sólo benefician a una de las dos partes, por regla general, al primero.

[12] Véase el capítulo V de la Ley Federal del Trabajo.

En efecto, los RIT analizados están plagados de medidas que, como la ley lo establece en sus artículos del 422 al 425, deben servir para establecer horarios de entrada y salida, así como medidas disciplinarias para el buen desempeño de las actividades en la maquiladora, para salvaguardar la salud y la higiene en ella, así como los derechos y obligaciones de capital y trabajo.

Sin embargo, para alcanzar tales objetivos, lo que a final de cuentas contienen los RIT son, en su gran mayoría, medidas disciplinarias para las y los obreros, y sólo de manera muy general contienen las obligaciones de las maquiladoras para con la fuerza de trabajo.

Un conjunto de esas medidas disciplinarias en los RIT se apega a los artículos 422 a 425 de la Ley Federal del Trabajo, los cuales se relacionan con el establecimiento de horarios de entrada y salida, lugar y momento en el que debe comenzar la jornada de trabajo, días y lugares de pago, normas para prevenir riesgos de trabajo y prestación de los primeros auxilios, normas para la limpieza de diversos lugares del establecimiento, protecciones a menores y a mujeres embarazadas, normas para los exámenes médicos y aplicación de medidas profilácticas, permisos y licencias, entre otras.

Otras medidas coadyuvan a la seguridad en las maquiladoras, tales como guardar orden y disciplina en el lugar de trabajo, el uso de identificaciones, el cuidado de artefactos y prendas destinadas a la seguridad, el aviso inmediato de enfermedad y/o accidente a los supervisores, obligación del obrero de someterse a exámenes médicos en cualquier circunstancia, la existencia del departamento médico, el cual brinda los primeros auxilios en caso de accidente, hasta simulacros de evacuación e incendio.

Pero igualmente vemos que esas medidas devienen en prohibiciones, sanciones y castigos de diversa índole que, vistas en conjunto, hablan de un gran control de obreras y obreros por parte del capital.

Destaca la aplicación de medidas disciplinarias con impacto en el de por sí raquítico salario de estos obreros y obreras, tales como suspensiones en el trabajo, las cuales, se dice, no deben exceder de ocho días, en apego a los límites que la Ley Federal del Trabajo establece a este tipo de sanciones.

Otras sanciones que implican medidas disciplinarias diversas devienen del uso indebido de uniformes y materiales de trabajo, y del código de barras (la identificación); también por tardarse más de los 30 minutos destinados para tomar alimentos, por retardos, por faltas injustificadas, y por hacer "puentes", es decir, las faltas antes o después de algún día festivo o conmemorativo.

Conviene detenerse en estas últimas sanciones, porque claramente buscan disciplinar a las y los obreros para que no falten al trabajo y para que no incurran en impuntualidad.

Esas sanciones de nuevo significan descuentos al salario y, vistas en conjunto, rebasan los límites establecidos por la ley. Por una "falta injustificada" se aplica un descuento de un día de salario; por dos faltas de 2 a 5 días sin salario; por tres faltas el descuento puede ir de 5 a 8 días sin salario; y a la cuarta falta en un período de 30 días se da fin a la relación laboral, sin responsabilidad para la empresa.

Hay que decir que hasta aquí la maquiladora se encuentra dentro de la ley, en términos de que sus medidas disciplinarias no exceden 8 días de castigo (artículo 423, fracción X); no lo está en cuanto a los descuentos que aplica, pues ante las faltas al trabajo dentro de un período de 30 días, realmente establece multas, las cuales están prohibidas por la Ley Federal del Trabajo, como lo señala su artículo 107.

Hacer "puente" también implica otra multa: tres días de descuento al salario del obrero. Los retardos también se castigan con descuentos: al tercer retardo la maquiladora descuenta un día de salario, otra multa.

Vemos así que las sanciones en la maquila exceden con creces los límites establecidos por ley; son muchas sanciones y descuentos al salario, los cuales, además, pueden sumarse, dando lugar a un ambiente laboral sumamente agresivo por parte del capital.

Veamos ahora otros aspectos del trabajo en las maquiladoras, que hablan claramente de ese gran control sobre obreras y obreros. Por ejemplo, las y los obreros sólo están autorizados a ir al baño luego de contar con el permiso respectivo. Sólo está autorizada la comunicación entre ellas y ellos en torno a cuestiones relacionadas con el trabajo, prohibición increíble y anticonstitucional, pues se prohíbe la libertad de expresión, de comunicación. Como ya dijimos, existe la prohibición a realizar los "puentes".[13]

Las medidas disciplinarias y los castigos son de diversa índole; las hay legales y otras que no están apegadas a la ley. Desde luego están los despidos y sus diversas causas, entre ellas, por incumplir con normas diversas, sobre todo de seguridad, y la conocida cuarta falta en un período de 30 días. Pero también está la práctica común del despido sin apego a la ley, lo que hace que este empleo sea sumamente flexible.

En efecto, la experiencia del despido está muy presente en estos obreros, hombres y mujeres, sin duda agudizada por la crisis de este sector industrial a lo largo del siglo XXI. Es esta una experiencia muy sentida, muy dolorosa, pues significa la pérdida del trabajo en una época de crisis del sector, cuando no es sencillo volverse a contratar en las maquiladoras de la ciudad.

El siguiente es el testimonio de una obrera, empleada en el comedor de una maquila, hasta que le rescindieron el contrato a partir de la reestructuración que se llevaba a cabo en la empresa.

[13] Al respecto hay que decir que el "uso y la costumbre" llevó a que las maquiladoras aceptaran los "puentes" colectivos, a cambio de que los obreros repusiesen el día que habían faltado, reposición que casi siempre se llevaba a cabo el día sábado.

> Obrera (originaria de Ciudad Juárez): *Creía que a mí no me iba a pasar esto, porque siempre fui muy trabajadora y siempre cumplí. No falté, no llegué tarde, siempre que me pidieron que me quedara a trabajar* [horas] *extra lo hacía, pero me corrieron. Primero comenzaron a recortar líneas de producción, luego empezaron a disminuir los días de trabajo y la actividad en general, hasta que ya no fue necesario que funcionara el comedor de la empresa. Para mí fue la friega,*[14] *porque ahorita ya tengo 45 años y ya no me quieren ocupar en ninguna parte, por eso ahora limpio casas de conocidas; pero, para acabarla de amolar,*[15] *a ellas* [a las trabajadoras domésticas] *también se les está acabando el trabajo.*

Vemos así la experiencia directa, viva, de la rescisión del contrato de una obrera. Esta obrera no estaba en labores de producción, trabajaba en el comedor de la empresa. Aunque ella era originaria del lugar, no podemos decir que ella trabajara a un ritmo más pausado que el resto de los obreros, como hemos encontrado en algunos testimonios que aquí hemos expuesto. Aquí, ella se esmeraba por cumplir, continuamente se quedaba a laborar horas extras. Sin embargo, ello no impidió que fuera despedida.

El relato refiere también el ambiente que se vive en una maquiladora cuando está en "paro técnico", es decir, en vías de cerrar o de cambiar de razón social. Primero empieza el "recorte" de personal en las líneas de producción; luego disminuyen los días de trabajo, es decir, llegan los "descansos" para las y los obreros. Primero un día, luego dos, y hasta tres días sin laborar en una semana, con la consabida reducción en los salarios de por sí bajos y el despido. Y así, hasta que, como dice el testimonio de Clara: "*ya no fue necesario que funcionara el comedor de la empresa*". Es decir, ya casi no había obreros.

[14] La afectación, el daño.

[15] De fastidiar.

Nos topamos inmediatamente con uno de los rasgos que definen la cultura obrera en las maquiladoras: el miedo, el miedo al despido. Contra lo que suponíamos, esta obrera o empleada de la maquiladora sí le teme al despido, pues la crisis del sector se manifiesta en la falta de empleos –a pesar de la oferta, a todas luces insuficiente, en algunas nuevas maquiladoras–. En el fondo, vemos que estos obreros no quieren verse obligados a buscar un nuevo empleo, temen no ser recontratados, sobre todo cuando ya no son "jóvenes".

En efecto, en el caso de Clara, el miedo es todavía mayor. Como bien hemos visto, en las maquiladoras un obrero es "viejo" a los 40 o 45 años de edad. Difícilmente será recontratada o recontratado. A esa edad es "desechable" y desechada por la maquiladora, la cual representa un sistema fabril cruel e injusto.

Vemos que Clara no volvió a emplearse en una maquiladora en razón de su edad. Tuvo que trabajar realizando labores domésticas, en casas de *"conocidas"*.

Es este un caso típico de rescisión de contrato, pero en el marco de una reorganización de la maquiladora. Clara sólo obtuvo una indemnización que no era la que le correspondía por ley. La tomó simplemente y se retiró de la empresa. Su caso no llegó a los tribunales, como debió suceder.

Ahora bien, ¿cómo asumen las y los obreros este panorama plagado de medidas disciplinarias, sanciones y castigos?, ¿acaso luchan contra él?

Como en la cuestión de la flexibilidad del trabajo arriba descrita y en lo que al control del trabajo se refiere, observamos la misma situación: una actitud condescendiente de estos obreros, si acaso de cierta molestia ante las medidas disciplinarias, pero con las cuales se puede convivir sin mayor problema. Medidas que, incluso, se pueden ignorar. ¿Cómo?

Parecería muy simple, nosotros observamos un gran desinterés por parte de estos obreros hacia esas medidas disciplinarias y los RIT en los que se encuentran plasmadas. Las y los obreros entrevistados se desprendían con mucha facilidad de ellos, nos los regalaban, no les interesaba conservarlos, ya los conocían bien o simplemente no les interesaban.

En nuestras entrevistas ubicamos que los problemas que más inquietaban a obreras y obreros eran, además del miedo al despido, la prohibición que existe de platicar entre ellos durante la jornada de trabajo y las sanciones que de esto se derivan; las limitaciones para ir al baño durante la jornada de trabajo; las prohibiciones en torno a las prendas de vestir de estos obreros, entre otras.

Todo lo anterior se suma al ambiente opresivo existente en las maquiladoras. Recordemos que los sindicatos están prácticamente prohibidos. En las entrevistas que efectúa la empresa a obreras y obreros con vistas a emplearlos, se les interroga acerca de los sindicatos, luego se les puede acosar si están vinculados de alguna manera con alguna obrera u obrero que ha sido despedido;[16] y así, hasta que aquel que protesta o se opone a alguna arbitrariedad de la maquiladora, que hace política, enseguida es catalogado como "grillero" o "grillera", lo cual será suficiente para ser ubicado por supervisores y gerentes como alguien nocivo para la maquiladora y el colectivo. A partir de ahí, ese obrero u obrera será objeto de prácticas de acoso laboral con el objetivo de que abandone la maquiladora.

En realidad estamos ante un nuevo estigma en estas empresas, una nueva figura obrera: el "grillo", o el "grillero", el que hace ruido (como grillo), el que "hace política", el que capta la animadversión de sus compañeros, pues ha sido marcado por la empresa con un nuevo atributo desacreditador: el "grillero" es nocivo y debe salir de la maquiladora, "por el bien de todos".

[16] Como vimos en el capítulo 5, titulado "Contratándose en la maquiladora", en el apartado "Antisindicalismo empresarial y subalternidad obrera".

En cuanto al despido, parece claro que lo que predomina entre estos obreros es la aceptación del mismo. Registramos pocas acciones colectivas oponiéndose al despido. Todo parece resolverse a través de una negociación individual entre trabajo y capital: cada obrero u obrera pelea su indemnización, buscando que ésta se apegue lo más posible a la ley. Por eso, en años recientes, parece que han ido en aumento las demandas individuales de estos obreros en la junta de conciliación y arbitraje. Pero hasta ahí llega la lucha: una vez que se ha negociado la indemnización, el obrero u obrera se retira para buscar contratarse en otra maquiladora, si es que esto es posible.

Previo al despido, registramos acciones colectivas e incluso paros en las líneas de producción por parte de algunos grupos de obreros, con un sentido claramente defensivo: impedir el cambio de algún supervisor o gerente que ha tenido una actitud condescendiente y de respeto hacia obreras y obreros, tal y como lo establece la Ley Federal del Trabajo; son acciones que buscaban *la defensa del gerente o supervisor amigo*.[17]

Veamos al respecto el siguiente diálogo entre el entrevistador y un obrero:

> Obrero migrante, originario de Veracruz: *Sólo en una ocasión, sí, en el turno de la tarde hicieron un paro de labores porque corrieron al gerente de personal, un gerente que acusaron de que robaba a la empresa. Y toda la gente que estábamos, estábamos muy contentos con él, porque era muy accesible, nos daba mucha confianza para hablar con él y cualquier cosa que necesitábamos trataba de ayudarnos.*
> E: *Y lo sacaron.*
> Obrero: *Sí.*

[17] Véase el inciso VI del artículo 132 de dicha Ley.

E: *En lugar de que la empresa viera eso como algo positivo.*

Obrero migrante de Veracruz: *¡Ajá!, a él lo sacaron* [despidieron al gerente] *porque supuestamente robaba a la empresa y es como mucha gente decía: "A lo mejor sí robaba, pero estábamos muy contentos con él", porque si él robaba pues robaba para todos, porque él tenía muy contenta a la gente; cuando era el día de las madres les hacía muy bonitos festejos y les enviaba mariachi, en grande se los hacía y ellas* [las obreras] *estaban muy contentas; y los días de campo... era muy rara la gente que faltaba a esos días festivos. Y ahora que entraron ellos* [se refiere a una nueva administración] *tratan de ahorrarse todo el dinero que... lo hacen* [el festejo] *ahí en la empresa, en el estacionamiento. En una ocasión, no sé qué se iba a festejar, casi no fue ni una cuarta parte de la gente; ellos estaban muy molestos porque todo se les quedó ahí.*

El anterior es un testimonio relevante para nosotros; revela que, antes del despido de obreras u obreros, estos pueden llevar a cabo determinadas acciones, como desempeñar su trabajo con eficiencia y lograr un buen ambiente de trabajo en acuerdo con algún gerente u otra autoridad en la maquiladora. A cambio, ellas y ellos logran (o lograban) ser retribuidos con beneficios diversos: festejos, música de mariachis en el día de las madres, días de campo. Es (era) una especie de intercambio en la línea: producción a cambio de un trato amable y con concesiones, es decir, con beneficios.

Pero sucede que la época de bonanza, en la que se mantenía este tipo de gastos "excesivos", ha pasado. Por ello, la nueva administración de la maquiladora en cuestión no sólo canceló los festejos, sino que despidió al gerente acusándolo de robo. La respuesta, infructuosa pero respuesta al fin, por parte de las y los obreros fue el paro, un reclamo por mantener al gerente, quien había sido condescendiente con ellas y ellos, algo inaceptable para la dirección de esta maquiladora. Suponemos que las y los obreros que llevaron a cabo el paro fueron despedidos. Y una suerte de boicot al festejo que organizó la nueva administración, al faltar tres cuartas partes del personal a la celebración.

Escalafones, organización del trabajo y "prestaciones"[18]

Sigamos con nuestro recorrido por las condiciones de trabajo en estas maquiladoras. Como mencionamos, prácticamente no hay tolerancia en el horario de entrada. Esto le costó la vida a una obrera, a quien la empresa le impidió el ingreso a laborar, por llegar unos minutos tarde. Esta obrera desapareció durante el retorno a su casa. Más tarde la encontraron asesinada.

> Obrera originaria: *No hay tiempo de tolerancia, llegas un minuto tarde, y lo cuentan como retardo. Si llego tarde un minuto es una amonestación por escrito, pasándose dos es un descanso de un día, y por sacar un rechazo también lo descansan dos días, porque no hiciste tu trabajo bien.*

Ya hemos hablado sobre las jornadas intensivas y extensivas que en estas empresas tienen lugar. A ello debemos sumar la aguda competencia, que se presenta entre las y los obreros, por los estímulos económicos o bonos (que ya mencionamos en este capítulo) y por los ascensos en los escalafones. Si bien la lucha por los ascensos se da entre todos los obreros independientemente de su género, una dimensión muy aguda de esta competencia corres-

[18] Como veremos, las "prestaciones" es un conjunto de beneficios que las maquiladoras ofertan a obreros y obreras. Una parte importante son de ley, como las que corresponden al Instituto Mexicano del Seguro Social y algunos de sus beneficios. En realidad, el nombre de "prestaciones" no es correcto, pues estamos ante beneficios que son legales y obligatorios para los patrones. Sin embargo, mantenemos esta denominación porque entre los obreros de este país e incluso en los medios sindicales así se conocen estos beneficios: como "prestaciones" de las empresas a sus obreros.

ponde a las pugnas entre migrantes y originarios, pugnas que ya conocemos.

Veamos el siguiente testimonio de una obrera migrante de Veracruz:

> Obrera veracruzana: *Ya estoy en el último nivel, son 8 niveles... los que están entrando ahorita ganan como 380 a la semana, y los del último nivel ganan 850 a la semana, aparte las deducciones que tienen.*

En ese testimonio puede verse la considerable diferencia entre los diversos niveles salariales, de casi 500 pesos. Esta obrera, además de estar ubicada en el nivel más alto, recorrió el escalafón de una manera muy rápida, por los intensos ritmos de trabajo con los que solía laborar.

Sin embargo, en el momento en que realizamos estas entrevistas, la crisis del sector ya golpeaba claramente la posibilidad que estos trabajadores tenían de ascender en los escalafones. Veamos el siguiente testimonio:

> Obrera originaria: *Son 5 niveles y yo estoy ganando apenas el primer nivel, todavía no me suben al otro; hasta los 6 meses le suben a uno a segundo nivel, antes no. Antes, al mes te subían al segundo nivel, pero cuando entramos nosotros estaban detenidos los niveles; apenas los abrieron, pero ya el segundo nivel está hasta los seis meses; el tercero hasta el año, y luego otros seis meses para llegar al otro nivel. Y luego no es mucho lo que le suben a uno.*

Vemos así el "recorrido escalafonario" de estos obreros y cómo ha variado hacia mediados de la primera década del siglo XXI. Antes de esta época los ascensos se daban relativamente rápido, al mes de haber ingresado obreras y obreros podían ascender al segundo nivel. Pero ya en la primera década del siglo XXI, con la crisis del sector (y de la economía en general) los ascensos estuvieron detenidos, simplemente no los había. Dice la obrera: *"apenas los abrieron"*, refiriéndose a los concursos para los posibles ascensos; *"y luego no es mucho lo que le suben a uno"*, agrega.

Pasemos a otros aspectos de las condiciones de trabajo. Los descansos dedicados a la ingesta de alimentos los tienen por ley y varían según el turno en que se labore. Por lo general éstos duran 30 minutos como lo dicta la ley, aunque encontramos maquiladoras que establecen dos descansos durante la jornada de trabajo: uno de 30 minutos y otro de 20. Estos descansos son parte de la jornada de trabajo, también de acuerdo a la ley, y la mayoría están computados en sus jornadas de trabajo.

En pocas empresas se mantienen las pausas para hacer ejercicio, donde cada determinado tiempo las y los obreros cuentan con cinco minutos para ejercitarse. Y es que en épocas recientes muchas maquiladoras han eliminado estos espacios. Las obreras que no están en las líneas de producción y se encuentran sentadas se las ingenian para pararse con cualquier pretexto, por lo menos para estirar las piernas. Pero en algunas empresas no pueden pararse de sus asientos, sólo cuando van al baño.

> Obrera originaria: *El trabajo es muy monótono, no tienes tiempo de ejercicios ni de pararte. Mi posición de trabajo es sentada, después de mucho tiempo duele la espalda. Hay material que es muy pesado y duelen mucho los brazos, estoy toda reumática que no me puedo levantar.*

En general, podemos decir que los derechos de maternidad de las trabajadoras en los RIT sólo aluden a la obligación que tiene la obrera de dar aviso a las autoridades de la maquiladora sobre su embarazo; y no se hace ninguna referencia a los derechos que ellas tienen por ley, mucho menos a los relacionados con el periodo de lactancia. El despido puede ser una consecuencia del aviso del embarazo, como se ha constatado en este y otros contextos maquiladores.

El servicio médico es otra de las prestaciones que tienen por ley (inciso XVII del artículo 132). Todas las maquiladoras deben tener un consultorio con un médico y una enfermera, para atender problemas de salud que se presentan durante las horas de trabajo. Pero recurren a otra "prestación" que consiste en el acceso al seguro de enfermedad y maternidad del Instituto Mexicano del Seguro Social (IMSS), la única instancia autorizada para otorgar y extender incapacidades, valorar las enfermedades y accidentes de trabajo, fijar pensiones, atender embarazos y enfermedades de los dependientes económicos de los obreros registrados como derechohabientes, sean los padres, esposas o "concubinas", hijos o hermanos menores.

Más allá de la situación por la que desde hace años atraviesa el servicio del IMSS, caracterizada por el desabasto de medicinas y equipo, la saturación de consultas médicas, de donde se derivan problemas de negligencia, entre otras cuestiones; la realidad, para las y los obreros de las maquiladoras, es muy clara: el IMSS les brinda a ellos y sus familiares la oportunidad de recibir atención médica gratuita. Sin este servicio, la situación en muchas de estas familias sería aún más dramática.

Veamos el siguiente testimonio:

> Obrera originaria: *Y yo no hacía las cosas por hacerlas, porque temía que me corrieran, y en ese instante yo necesitaba el seguro, porque tenía a mi papá enfermo, yo tenía que aguantarme de todo por el Seguro Social.*

La misma obrera agregó:

> *A mí el trabajo éste me tiene hasta la madre, lo que me importa cuidar es el seguro de mi padre, porque una clínica sale muy cara, y era por lo que me aguantaba todo eso, pero yo no me dejaba de ninguno. Entonces yo más bien ya los tenía hartos a ellos* [se refiere a los supervisores y gerentes de la maquiladora] *¿Sí me entiendes por qué no querían conmigo?*

En el testimonio anterior encontramos expresada de manera muy clara y hasta descarnada una orientación en estas obreras y obreros: la maquiladora les significa, además del pago por su fuerza de trabajo, diversas "prestaciones", sobre todo la "prestación" del IMSS que les ofrece el servicio médico para ellos y sus familias. Parecería que no hay mayor adhesión o lealtad hacia las maquiladoras por parte de estos obreros, sólo un vínculo utilitario muy claro: el del salario y la inscripción al IMSS.

Aunque el servicio de guardería es otra de las prestaciones que les brinda el IMSS, muchas obreras no hacen uso de éste porque las guarderías les quedan muy lejos, no se adecúan a sus horarios de trabajo o porque no confían en la calidad del servicio y prefieren recurrir a otras redes de apoyo familiar o vecinal. En la mayoría de los casos, ellas mismas le pagan a una vecina para que les cuide a sus hijos o se organizan en grupos de vecinas para rotarse el cuidado de los menores.

Si ambos padres trabajan en la misma maquila o algún otro familiar, es muy común que los menores se entreguen, a quien estará a su cuidado, en las puertas de las maquiladoras.

Veamos el siguiente testimonio:

> Obrero originario: *La mujer está en la mañana en el trabajo y el hombre en la tarde. El muchacho se lleva a los niños a la fábrica y se los entrega a la mujer, y se devuelven en la ruta con ella. Otras cosas que se miran, es... que yo conozco a unos de Veracruz, yo creo que se pusieron de acuerdo y una de las compañeras cuida a los niños de las demás, son cuatro parejas, y las otras tres se van a trabajar.*

El tiempo de lactancia es otra "prestación" que poseen por ley las obreras. Durante este periodo, la empresa cede un tiempo de la jornada laboral para que las madres estén con sus hijos y puedan alimentarlos; media hora en la mañana y media hora en la tarde. Pero, obviamente, es una prestación que está fuera de su alcance por un motivo muy simple: para ejercerla la guardería tendría que estar en la empresa o muy cerca de ella, lo cual no es frecuente.

Otras "prestaciones" son el servicio de cafetería (por ley) y el de transporte. Respecto a la primera, existe en todas las empresas de los obreros que entrevistamos. Antes les daban el bono de comida, el cual era pagado por la empresa; en años recientes las empresas fueron deduciendo este bono del salario de los obreros.

Otro cambio que observamos es el que tiene que ver con los alimentos. Hasta hace unos años, si los obreros u obreras no comían el menú completo, se les devolvía la cantidad de dinero correspondiente al valor de los alimentos que no consumían; ahora no se les devuelve nada. Si no quieren ir a la cafetería, pueden llevar sus alimentos y consumirlos ahí, pero nadie puede salir de la empresa, tal y como sucedía con anterioridad.

> Obrero originario: *Sí se hacía una fiesta de Navidad antes, ahora "ya no la vamos a hacer"* [refiriéndose a los anuncios de la maquiladora en ese sentido]; *que la cafetería, si antes se subsidiaba el 100 por ciento, ahora el 50 por ciento. El transporte, si antes se subsidiaba el 100 por ciento, ahora el 50 por ciento, "ustedes tienen que pagar tres pesos"* [simula el anuncio de la maquiladora en ese sentido]. *Les quitan estas prestaciones que eran un atractivo de las maquiladoras.*

En efecto, el transporte lo proporcionan las maquiladoras, sin embargo, actualmente no todas cubren el costo total. Los camiones están bastante deteriorados, su estado es similar al de los del servicio público en la ciudad, las llamadas ruteras.

Como lo hacen casi todas las líneas de camiones urbanos, las ruteras llegan al centro de la ciudad. Algunas de éstas se adentran en las colonias con calles pavimentadas; otras, las que llegan a las zonas del poniente y oriente como Rancho Anapra, dejan a obreras y obreros en las calles principales que están pavimentadas. De ahí ellos tienen que caminar hacia sus casas, la duración de los recorridos a pie varía, pudiendo rebasar hasta los 30 minutos.

Por los problemas de inseguridad, la mayoría de veces los familiares esperan a las obreras en las "paradas" de los camiones. En Anapra, por ejemplo, entran durante el día tres camiones de personal, mientras que el transporte público sólo pasa una vez al día, lo que afecta a las obreras si no alcanzan el transporte de la empresa. Entonces tienen que abordar el transporte público. El trayecto a la maquila (y de vuelta a sus hogares) suele durar una hora o más.[19]

> Obrera originaria: *El camión tiene un horario y si llego tarde ya lo perdí, y entonces tengo que agarrar la rutera al centro y luego otro. La empresa está en el Parque Industrial San Lorenzo. En el camión de la empresa se hacen como quince minutos, y si me tengo que ir en rutera hago como hora y media.*

Las vacaciones son otra prestación que establece la ley, y en la maquila presenta algunas modalidades. Por ejemplo, las y los

[19] Conocida también como Lomas de Poleo, Anapra es una zona desértica (donde también han aparecido cadáveres de mujeres asesinadas) ubicada en el noroeste de la ciudad. Rodeada de cerros, se divide en dos partes: "Loma Alta" y "Loma Baja". Sus habitantes invadieron esta área hace años, la cual hasta hace muy poco cuenta con servicios públicos, aunque éstos no llegan a toda la zona. Las personas acceden a la luz "colgándose" de los postes de luz pública [colgando cables de dichos postes que llevan electricidad a las viviendas]; se pueden observar camiones o trailers utilizados como vivienda por los habitantes del lugar.

obreros pueden o podían tomar vacaciones en diciembre o cambiarlas y ejercer las vacaciones en otros períodos del año.

Otras prestaciones son el aguinaldo y el reparto de utilidades, los cuales no siempre les son otorgados. Algunas maquiladoras no dan reparto de utilidades, argumentando que en esas empresas no se producen ganancias.

> Alex: *Hay empresas que les maquilan a otras, y dicen que no generan utilidades porque la matriz está en otro país. En este caso es muy difícil ver si hubo utilidades o no.*
> *Hay empresas que han retirado algunos incentivos y comodidades que existían:*

> Obrero originario: *Ahorita la gerente general es una americana* [en realidad, norteamericana]. *Desde que entró esa gerente ahí ha habido muchos cambios, por ejemplo, ya nos quitaron los relojes que había en la pared, para que no supiéramos la hora, pero ya pusieron uno en medio con números rojos y con dos minutos menos. Por ejemplo, ahorita son las 3:20 y en el reloj ese son las 3:18, o sea, se roban minutos. Otro cambio fue quitarnos los relojes* [que había] *en la entrada. Antes usábamos 6 relojes checadores para entrar y ahora sólo usamos dos, y se hacen las dos líneas y yo decía: "pinches gerentes, por qué no llegan a esta hora para que vean la línea* [de obreros para ingresar a la maquiladora] *y el frío que hay en la mañana". O sea, supuestamente traen un programa de gerente continuo, y yo le digo a un gerente* [simula un diálogo con un gerente]:

> *–"Véngase a la empresa para que vea la línea".*
> *Y me dice:*
> *– "No, nosotros no checamos".*

– *"¡Por eso, para que vea las líneas!"*

Nos bajamos del camión corriendo y llegamos a hacer las líneas.[20]

Otras prestaciones que tienen son el INFONAVIT y el FONACOT. La primera es una institución creada para la adquisición de viviendas económicas con un fondo creado entre empresas y sindicatos. Esto obviamente representa también un beneficio para las empresas pues, por lo general, las unidades habitacionales del INFONAVIT las construyen cerca de los parques industriales, lo que garantiza la puntualidad y el acceso directo de las y los obreros a la maquiladora. El FONACOT es otro fondo con las mismas características, pero dedicado a la adquisición de muebles y equipo para el hogar, por medio de un crédito.

Finalmente, diremos que nosotros encontramos que en pocas maquiladoras funcionan las Comisiones Mixtas de Higiene y Seguridad, supuestamente obligatorias según lo que dicta la ley.

Es indudable: los accidentes en el trayecto, son también bastante comunes, entre estos últimos se encuentran los asaltos a mano armada y los ataques en contra de las obreras y obreros, ya mencionados en otro capítulo.

Obrera originaria: *Yo me bajo del camión y a volar, patas pa'qué las quiero. Ya tuve una experiencia de asalto, y uno puede gritar y tirar de mordidas, pero todo sucede en un instante. Y me salieron y me golpearon y no supe nada. Estaba haciendo mucho frío, no supe cuántos fueron, me hirieron con un arma blanca y ni grité ni pataleé.*

[20] Filas para entrar a la empresa. En la jerga local, "línea" alude a cualquier fila que se tenga que realizar, de gente o de automóviles, incluso. La "línea" también se refiere a las líneas de producción.

El acoso moral y sexual

Veamos ahora otro aspecto de las condiciones de trabajo en estas empresas: la del acoso moral hacia las obreras (y obreros), el cual llevan a cabo sobre todo los supervisores y gerentes, aquellos que concentran poder, capacidad de control y de acoso hacia las obreras, por regla general.

Nosotros pensamos que una forma de acoso moral en estas empresas es la del acoso sexual. Ello parecería bastante obvio, si recordamos que hablamos de un sector laboral con una importante participación femenina, a pesar de que en años reciente ha crecido la incorporación de los hombres.[21]

El acoso sexual se explica, desde luego, por la existencia de una cultura patriarcal sumamente arraigada en Ciudad Juárez, como ya hemos podido demostrar. Recordemos que Ciudad Juárez es hoy la ciudad del miedo, la ciudad con mayores índices de violencia en el mundo, en la que existe una arraigada cultura patriarcal, la cual se expresa en las empresas que aquí estudiamos.

Pero no sólo eso. El imaginario de la ciudad está plagado de prejuicios, como también ya describimos. Desde luego, están los prejuicios en contra de las mujeres, más si son pobres y migrantes. Recordemos que en Ciudad Juárez, desde que se instalaron las maquiladoras, a sus obreras se les concibe como las "maquilocas".

Este complejo dispositivo de dominación que llamamos patriarcado está en la cultura de la ciudad, y obviamente también en las maquiladoras, en las líneas de producción. Ahí su principal vehículo son los supervisores de producción y otros representan-

[21] Del total de población ocupada en Ciudad Juárez (479,771), según el censo del 2000, 122, 988 eran operadores de maquinaria fija. De éstos, 65,780 eran hombres y 58,208 mujeres. Tomado de INEGI, 2004.

tes de las maquiladoras, como los gerentes y demás encargados de organizar la producción.

Ellos dominan a las obreras, pues muchas de éstas ni siquiera piensan en la existencia de dicho dispositivo de dominación.

Transcribamos el siguiente testimonio de un obrero:

> Obrero migrante: *Sí, hay mucho acoso* [pero] *no tenemos esa cultura* [las y los obreros], *no sabemos ni qué es agresión sexual, ni qué es acoso; nosotros, bueno, yo antes pensaba que una agresión sexual... yo no sabía que existía la agresión sexual, yo pensaba que el acoso sexual tenía que ser algo fuerte, ¿no? Como que ya llegara alguien y me abrazara y me agarrara las nalgas a huevo,*[22] *entonces para mí eso era acoso sexual. Y resulta que eso es agresión sexual, ya no es acoso... no tenía yo esa idea.*

Veamos otro testimonio de un obrero que parece corroborar una suerte de aceptación de las obreras al acoso sexual, en donde seguramente puede entrar en juego la seducción, el amor, el "ligue", y, por supuesto, el engaño, el cual tanto hombres como mujeres pueden llevar a cabo en sus relaciones.

> Obrero migrante: *Con una de ellas* [con una obrera] *hablé y le dije:*
> – *Oye, ¿qué onda? ¿Tú ya te revolcaste*[23] *con fulanito el supervisor?*
> – *Sí, y a ti qué te importa.*
> – *Oye, ¿pero tú no crees que te están utilizando sexualmente, como un objeto?*
> – *No, él me prometió que se iba a divorciar de su esposa, así que yo sí le creí.*

[22] A la fuerza.

[23] La idea del entrevistado el respecto, se refiere al hecho de tener relaciones sexuales, de la unión de dos cuerpos restregándose.

Otro elemento adicional para explicar la aceptación del acoso sexual por parte de algunas de las obreras: la posibilidad de acceder a algunos privilegios en las líneas de producción como permisos, horas extras, etc.; y, sobre todo, a cierto poder, pues a él se accede a través de los vínculos con supervisores o gerentes.

Podemos decir que un sector de estas obreras son profundamente pragmáticas e interesadas en su búsqueda del símbolo que puede sintetizar muchas de las aspiraciones en las sociedades que se rigen por la ganancia y el lucro: el dinero.

Veamos el siguiente testimonio de una obrera:

> Obrera originaria: [...] *y es que también hay que ver a las mismas chavas, o sea, más bien se fijan en el billete... porque hay chavillas... por ejemplo, yo conozco varias chavas que salen con puro supervisor o ingeniero y... o sea, son operadoras, pero, bueno, se oyen ahí los rumorcillos, platican las historias de: "¡Ah! es que salí con éste".*

Así, el patriarcado, los prejuicios profundos que se han incubado en esta región, la ausencia de una amplia cultura feminista y las complejas relaciones de género de nuestros días, predominan en este contexto ¿Con qué efectos en el problema que intentamos estudiar? Sigamos con nuestro análisis.

La manifestación más evidente de acoso en este contexto es el que denominamos sexual. Sabemos de 8 obreras que han denunciado el acoso sexual en un video. Todas ellas hablan de diversas formas de acoso sexual, desde las insinuaciones, los "piropos", las invitaciones, los acercamientos físicos, las proposiciones indecorosas, los besos forzados y sorpresivos, hasta las amenazas de despido y, finalmente, los despidos.[24]

[24] Véase el video titulado *El acoso sexual se ha convertido en un problema laboral dentro de la industria maquiladora*, 2006.

En ese sentido, no parece existir una gradación coherente y lógica de acciones encaminadas a ejercer acoso sexual. Las acciones de acoso señaladas pueden aparecer desde el principio de este tipo de acciones. Por ejemplo, puede haber ofertas sutiles para ganarse a la obrera, como los ascensos en el escalafón, con la consiguiente mejora en sus ingresos. Igualmente, el acosador, desde un principio, puede ejercer un acoso sistemático, directo y abierto, prescindiendo de los rodeos, de los galanteos, de las invitaciones.

En nuestra investigación constatamos lo anterior. Enseguida exponemos el testimonio de un joven obrero, el cual nos platicó la experiencia que él y su hermana tuvieron al respecto:

> Obrero originario: *Yo tuve una experiencia en una maquiladora... Yo entré ahí a laborar, pero yo decidí meter a mi hermana a trabajar, porque ahí es a base de recomendación.*[25] *Yo la recomendé y todo; entonces el señor de Recursos Humanos la empezó a acosar; o sea a mis espaldas. A mí nunca me dijo nada de que: "¡Ay! ¡Cómo está tu hermana! ¿Es casada o no?". Siempre la invitaba así, le proponía, le llegó a decir que si no salía con él, la iba a correr y aparte me iba a correr a mí. Mi hermana no le hablaba porque la llegó a besar a la fuerza en la oficina. Y mi hermana nunca dijo nada por miedo de que me corrieran; porque, como me comentó mi hermana, ella se agüitaba,*[26] *porque pues yo la metí a trabajar y que me corrieran por su culpa que no, no era así la cosa.*

Aquí el gerente de Recursos Humanos se propuso desde un principio obtener un beneficio sexual de esta obrera, por el medio que fuera. Por ello la acosó en su oficina, la besó sin su consentimiento, y llegó a amenazar de despido tanto a la obrera como a su hermano, amenaza que finalmente cumplió.

[25] Refiriéndose a que se entra a laborar por recomendación de alguien que trabaje en la empresa.

[26] Entristecerse, ponerse triste.

Antes de llevar a cabo los despidos, este gerente ejerció formas de acoso moral en contra de ambos hermanos. Al hermano lo envió a un área que desconocía. Él empezó a incurrir en errores en el trabajo. Los jefes de grupo,[27] en claro acuerdo con el gerente, se negaron a capacitarlo, alegando que ya portaba la bata de color azul, la cual usan los obreros con cierta antigüedad en las empresas.

Obviamente, la hermana también fue objeto de prácticas propias de acoso moral en el trabajo. Ella vivió la *"carrilla"*, tal y como se refieren a ella estos obreros. Volvamos al testimonio anterior:

> *Yo sé con quienes se maneja el señor* [se refiere al Gerente de Recursos Humanos], *se maneja con los jefes de grupo y son los que te dan carrilla, igual hicieron con mi hermana, le dieron carrilla; con los materialistas también* [se refiere a los trabajadores materialistas, que surten de material a las líneas]. *Le echan poco material y se le acumula el trabajo, se le acumuló y la producción estaba parada, y va a ser por culpa de ella porque tiene que pedir material.*

Este testimonio explica mucho la mecánica de las prácticas de acoso moral y sexual en las maquiladoras. Sigamos:

> *Dijo el señor éste de Recursos Humanos que quién podía más, si ella* [su hermana] *o él, que al cabo lo apoyaban porque ya tenía tiempo* [en la maquiladora]; *entonces dijo que nadie podía con él; y, en efecto, nadie podía con él, porque a mí me corrieron y a mi hermana también.*

En suma, ambos hermanos fueron sujetos de prácticas de acoso laboral, como mover al obrero de su lugar; llevarlo a un área de tra-

[27] En ocasiones son obreros u obreras que han ascendido a este cargo, fungen como personal de confianza de la empresa.

bajo desconocida para él; darle poco material a la obrera para que se le acumulara trabajo, con toda la intención de presionarlos.

Podemos ver también la estructura de lo que podemos denominar *pandilla acosadora sexual*: el jefe de Recursos Humanos es el jefe "tóxico" que cuenta con aliados incondicionales, los cuales conforman un círculo de hombres leales a él: desde los jefes de líneas, hasta los obreros materialistas, pasando por supervisores y gerentes.

Resulta ineludible referir la protección de la maquiladora hacia el gerente, tal y como él se lo señaló a otro obrero: *"Al cabo lo apoyaban porque ya tenía tiempo"*. Se revela así la seguridad del acosador, el cual siente claramente que cuenta con el respaldo de la maquiladora, es decir, de toda la cadena de mando de ella.

Otro caso de acoso sexual confirma lo dicho: la existencia de la *pandilla acosadora sexual*, sus acciones de acoso sistemático hacia las obreras. Vemos que incluso la pandilla controla un espacio de la empresa para llevar a cabo relaciones sexuales con las obreras durante el segundo turno de labores.

Habla una ex obrera de la maquila, ligada a un grupo de acción de la Iglesia Católica:

> *Mi papá quedó decepcionado de las maquilas. Hizo una denuncia con unos accionistas de la empresa donde él trabajaba sobre situaciones de acoso sexual.*
>
> *Nosotros empezamos a tener contacto con Estados Unidos por medio de la Pastoral donde yo he estado participando* [se refiere a la Pastoral Juvenil Obrera], *con organizaciones que tienen acciones en esa empresa, que era donde estaba mi papá trabajando.*
>
> *Mirábamos que teníamos un proceso, que los trabajadores pudieran compartir las condiciones y que las hicieran saber a los accionistas* [de la empresa] *de qué era lo que se vivía desde adentro, para que no sola-*

mente se quedaran con los informes que presentaban los gerentes o los directores de operaciones, que no se quedaran con lo que les decían en la sala de juntas, sino que escucharan a los trabajadores en otros espacios en donde éstos no se sintieran intimidados, para que hablaran con más honestidad de lo que estaba pasando adentro. Y entonces, en una de esas, dentro de los accionistas, nos pidieron testimonios, que si nosotros teníamos contactos, y uno de nuestros contactos era mi papá.

Y sacaron a la gente. Sacaron al supervisor que estaba haciendo el acoso sexual, era una situación muy dura porque el acoso sexual se vivía en el segundo turno y ellos [los supervisores] *manejaban zonas que eran como parte del almacén. En esas zonas habían acondicionado un cuarto en donde se llevaban a las chicas ahí. Entonces mi papá dijo dónde estaba y todo, y sacaron a este señor.*

Esta denuncia tuvo un curso complejo. Se llevó a cabo en los Estados Unidos de Norteamérica, en la sede de la casa matriz de la empresa. En el desarrollo de esta acción contó mucho, a nuestro parecer, el grupo de la Pastoral Juvenil Obrera (PJO) el cual supuestamente había logrado un acuerdo con la empresa en Estados Unidos, para lograr la protección del obrero que iba a denunciar el acoso sexual. ¿Qué sucedió? Sobrevinieron las prácticas de acoso moral sistemático hacia el obrero que había hecho la denuncia:

Ex obrera de la maquila vinculada a la PJO: *Y entonces llega y lo llaman, el señor éste* [gerente de la empresa] *le dice:*

–Tenemos que hablar contigo. A ver, ¿qué pasó? Dínoslo porque a nosotros nunca nos dijiste lo que fuiste a decir allá. ¿Por qué tenías que irlo a decir allá?

Y entonces empiezan a armar toda esa estrategia de aislarlo, de prohibirle a sus compañeros que le dirijan la palabra.

Este obrero resistió esas acciones de aislamiento, típicas del acoso moral en el trabajo. Luego se dieron cambios en la empresa, hubo reacomodos y despidos de personal, probablemente por el incidente señalado.

Veamos cómo concluyó este caso:

> Ex obrera vinculada a la PJO: *Cuando lo reubican a él* [a su papá, el obrero que había llevado a cabo la denuncia], *pues ya están haciendo como todo el recorte*[28] *del personal en otras plantas, y cuando él llega dura un año y lo recortan también a él. En la misma planta donde él estaba, abrieron con otra compañía que iba a hacer lo mismo y contrataron gente de la compañía anterior que ya tenía experiencia, y cuando él fue le dijeron que a él no lo querían, que no querían saber nada de él.*

A partir del testimonio expuesto, podemos decir que el acoso moral y sexual en las maquiladoras tiene un claro componente grupal; son prácticas colectivas, que ejercen grupos especializados en el acoso sexual.

Veamos otro testimonio que corrobora lo antes dicho:

> *Yo los oía y todo eso* [a supervisores y gerentes], *hacían alarde, porque a ellos les encantaba hacer días de campo, hacer carnes asadas y llevarse a las trabajadoras de tal y tal línea. Y ese güey* [gerente de la empresa] *invitaba al supervisor y a los ingenieros de alto rango...y se ponían a pistear,*[29] *y ya se ponían a coger a la que se ponía primero peda,*[30] *por la cual habían apostado.*

[28] Despido.

[29] A tomar alcohol, popularmente conocido como "pisto".

[30] "Coger "significa tener relaciones sexuales; "ponerse pedo", significa emborracharse.

Más adelante, este obrero dio otros elementos sobre las prácticas de estos grupos:

> *Hacían sus apuestas... luego, el sonreírle a la muchacha* [a la obrera], *o el irle a dar un beso en la mejilla, eso significaba que ya se la había cogido.*

Encontramos que esas pandillas, además, cuentan con estrategias probadas para continuar ejerciendo sus prácticas de acoso, como generar ambientes laborales densos, tóxicos. Así, supervisores o gerentes pueden aislar a la obrera acosada de las demás obreras de la línea de producción, a través de rumores y calumnias, según consta en testimonios que se encuentran en el video ya referido. El supervisor o gerente suelen presentar a la obrera como la "fácil", la que busca "beneficios" y "privilegios", la que busca ascender de puesto antes que las otras obreras; así, es común que ponga en contra de esa obrera al resto de las obreras de la línea.

Es común que este tipo de prácticas logren aislar a la obrera acosada. Después, muy difícilmente esa obrera encontrará apoyo o respaldo entre las demás obreras. Entre el colectivo de obreras en una línea es común que tomen como verdad los rumores y calumnias que el acosador (y su grupo) ha difundido. Como sostiene una obrera acosada sexualmente en el video que aquí hemos retomado en ocasiones: el resto de las obreras se referían a la situación de ella de una manera sumamente cruel, con expresiones como la siguiente: *"andaba de puta y ahora anda de espantada"*.

Es decir, la realidad entonces queda trastocada. La obrera que es víctima de acoso sexual aparece como la mujer "fácil" que propició el acoso; incluso, aparece como una hipócrita, *"espantada"*, como una *"puta"*, lo cual no resulta muy difícil en este contexto: como sabemos, desde hace mucho estas obreras han sido imaginadas, en la ciudad y en las empresas, como las "maquilocas".

CONCLUSIONES

Nuestro propósito fue indagar en la cultura de la clase obrera que labora las maquiladoras de exportación en Ciudad Juárez, tal y como nosotros la encontramos en la primera década del siglo XXI. No repetiremos aquí los planteamientos teóricos que nos animaron y que expusimos en la Introducción de este escrito. Trataremos en cambio de exponer algunos de los temas más relevantes de la cultura obrera en este contexto.

Es claro que nos estamos refiriendo a un sector heterogéneo de la población de Ciudad Juárez. Hemos visto que esta clase obrera se compone de migrantes, los cuales son minoritarios en este contexto, pero con un peso simbólico significativo; y también de originarios de la ciudad o del municipio de Ciudad Juárez, sector indudablemente mayoritario.

Vimos que en esta clase obrera conviven las percepciones de jóvenes originarios de la ciudad con la de jóvenes migrantes, algunos de este grupo asumen la identidad de "cholos", se visten, se comportan y hablan como tales.

Vimos también obreras de la "segunda edad" (por así decirlo), al lado de mujeres jóvenes migrantes de regiones cercanas (relativamente cercanas) o lejanas (desde la llamada región "lagunera" o del estado oriental de Veracruz). Vimos que a ellas (y a ellos) las motivaba, sobre todo, la posibilidad de acceder a un empleo y a un salario con el fin de alcanzar la reproducción de su fuerza de trabajo, de ellas mismas y de sus familiares.

Estas obreras (y obreros) trataban de "*salir adelante*" junto con sus hijos, aunque como vimos, para ello hayan tenido que esclavizarse al trabajo en las maquiladoras, en muchos casos transformándose en auténticos *esclavos modernos*, cumpliendo con jornadas de trabajo intensivas y extensivas.[1]

En los testimonios de "los del sur" –como denominan los originarios de Ciudad Juárez a "los otros", a los migrantes–, encontramos claramente esos elementos de subordinación a las maquiladoras. A ellos también les interesa insertarse en éstas y *vender su fuerza de trabajo al capital.* Entran (o entraban) en competencia por los puestos del trabajo, intensificando los ritmos de trabajo, con tal de mejorar rápidamente en las empresas y obtener mejor ingreso.

Hace años se dijo que los obreros en México no deseaban que sus hijos fueran obreros, que querían verlos pasar a las filas de la pequeña burguesía o la burguesía a través del estudio. Hoy esa afirmación, propia de las épocas de "bonanza" económica del país, no resulta exacta. Ahora vemos que estos individuos, desposeídos de medios de producción, huyen de regiones depauperadas, en las cuales no hay fuentes de trabajo ni futuro. Lo que buscan es precisamente *ser obreros* y *vender su fuerza de trabajo, un salario, un ingreso*, que les permita acceder a bienes y reproducirse de la misma manera que los obreros originarios.

Hoy, su destino es (más bien, era) el mismo que el de sus padres: insertarse en el trabajo dentro de la maquiladora, pero, como vimos, en Ciudad Juárez esto ya no resulta posible una vez que el sector maquilador entró en crisis y ya no garantiza siquiera empleos precarios. De esto hemos hablado bastante en este escrito, cuando hemos señalado la pérdida de empleos en el sector en la

[1] La idea de la esclavitud moderna está desarrollada por David Dusster (2006).

ciudad, la generalización del paro técnico, la pérdida de "prestaciones" que por un período estos obreros, hombres y mujeres, tuvieron a su alcance.

Entonces un elemento común a estos obreros es el de la *subalternidad* ¿Con qué efectos? Esa *subalternidad*, ese *condicionamiento* por parte del sistema, los lleva a aceptar el orden de cosas, el cual pocas veces es cuestionado por ellas y ellos, aunque tengan cierta conciencia de que están en un sistema jerárquico e injusto.

En el trabajo en las maquiladoras, en los capítulos finales de este libro,[2] observamos de nuevo ese *condicionamiento obrero*: la aceptación del sistema maquilador, con sus condiciones de ingreso al empleo y sus controles jerárquicos, en donde domina el capital casi totalmente, en donde el despido es muy frecuente, pues las y los obreros no cuentan con una mínima defensa de sus intereses inmediatos.

Encontramos incluso a obreras y obreros migrantes que asumen militantemente la defensa de las empresas, rechazan la organización sindical con tal de conservar sus empleos, que nosotros vemos como precarios, pero que para ellos son como una "bendición" por las "prestaciones" que reciben o recibían por parte de las maquiladoras.

Sin embargo, no todo es oscuridad. A lo largo de los capítulos vimos que, en medio de la *subordinación obrera*, hay atisbos de conciencia de clase, mejor dicho, hay una suerte de *instinto de clase* en estas obreras y obreros. Ellos pueden usar diversas *máscaras* para encubrir su condición de migrantes y así eludir los prejuicios que al respecto portan los originarios de Ciudad Juárez. Pero además, son conscientes que son "los de abajo", que

[2] Véase capítulos 5 y 6: "Contratándose en la maquiladora" y "Trabajando en la maquiladora".

están ante un sistema político y económico injusto, frente al cual hay poco que hacer.[3]

Podría decirse que más bien estos obreros, hombres y mujeres, piensan que el sistema político local es corrupto, ineficiente, que no va a hacer nada por ellos; por ello, no les importan las elecciones, los procesos electorales, la democracia electoral. Saben que las maquiladoras les tienden trampas para conocer si tienen antecedentes sindicalistas y, ante los interrogatorios, suelen mentir, ocultar de nuevo lo que saben –si no todos, algunos de ellos sí saben lo que son los sindicatos–. Es una especie de "discurso oculto" el de estos obreros y obreras, tal y como Scott se refirió a este tipo de actitudes de los dominados (Scott, 2000: 22).

Pero no podemos simplificar las actitudes de resistencia de estos obreros. Vimos que hay una actitud de lucha diaria en medio de la difícil y violenta cotidianidad que los rodea. En este sentido, vimos el testimonio de una mujer de la "segunda edad" que nos reveló su rebeldía e inconformidad ante la situación que vivía en una maquiladora y, en general, dentro de la ciudad, por el riesgo y el peligro. Esta obrera, de una manera ambivalente, se retraía hacia su ambiente familiar; parecía caer en el individualismo, pero en realidad era su defensa ante un contexto riesgoso, al tiempo que se vinculaba con activistas, buscando el contacto con una organización de *expertos* en la defensa de los derechos laborales, con el propósito de desarrollar alguna acción en contra de la maquiladora donde trabajaba, manifestando así cierto instinto de clase.

También vimos ciertas actitudes de defensa desde las familias obreras. Es decir, vimos que no todo es descomposición y violencia en este contexto. Los compañeros y esposos, o los hijos, salen

[3] La cuestión del empleo de las máscaras por los sujetos en la vida cotidiana en Goffman, 1989, pp. 46-62.

a las calles en la madrugada a esperar el regreso de la obrera, compañera o madre, que regresa de la maquiladora.

En todo ello vimos capacidad de resistencia de estos obreros. Pero no sólo hablamos de resistencia. Creemos haber ilustrado su capacidad de enfrentar la adversidad y de buscar rehacerse ellos mismos. Encontramos lo que la Psicología Social ha denominado *resiliencia.*[4]

Como parte de ese proceso complejo denominado *resiliencia*, observamos elementos de *conversión religiosa*, conversión que les permite reordenar sus vidas y darles un sentido, en un proceso que parece característico de la región (y probablemente de otras regiones), y que ya había sido detectado por otros investigadores (Vila, 2007).

Pueden ser muchos los caminos hacia esa *conversión religiosa*, nosotros observamos uno de ellos: la búsqueda por reconocer y asumir una identidad sexual distinta a la supuestamente hegemónica, es decir heterosexual, por parte de un obrero que vivía su situación como pecaminosa, y su lucha por asumirse como tal, con una identidad sexual diferente. La búsqueda de este obrero se dio primero en el seno de una de las estructuras más poderosas, verticales, sexistas y autoritarias que existen: la Iglesia Católica. En medio de rupturas, este sujeto portador de la experiencia rompió con esa poderosísima estructura y se vinculó con una organización, el FAT (de origen católico, por cierto), en el cual encontró un ambiente propicio para seguir trabajando por el bien y por los derechos de las y los obreros de las maquiladoras.

[4] La Psicología Social ha denominado así esa capacidad de los individuos para resistir y superar las situaciones más adversas, y salir fortalecidos de ellas (como la sobrevivencia en los campos de concentración). La física se refiere a la *resiliencia* como la capacidad de los materiales para resistir cualquier impacto. La bibliografía al respecto es muy extensa y ha sido poco reflexionada para los estudios del trabajo en México, en particular, para pensar las capacidades de las y los obreros para sobreponerse a situaciones adversas. Véase Frankl, 2004; Manciaux, 2007; Poletty y Dobbs, 2008.

Es este un camino complejo que pasa por el activismo y la militancia. El contacto con otros sistemas de ideas, con los llamados *sistemas expertos* (Giddens, 2000), significó el contacto con individuos que participan en organizaciones con objetivos de justicia social, lo cual le plantea al obrero u obrera la posibilidad de trabajar por esos objetivos, es decir, por objetivos superiores, con los que sus vidas cobran un nuevo sentido.

Desde luego, no podemos magnificar estos elementos de conversión religiosa, pues encontramos otras posibilidades en estos individuos en su lucha por *salir adelante*, por darle un sentido a sus vidas. Vimos un caso de un migrante veracruzano que se desplazó a Ciudad Juárez buscando su maduración, su crecimiento personal, en un proceso personal de *búsqueda por encontrarse a sí mismo*. Es decir, que los caminos de estos individuos por *salir adelante* son complejos y diversos.

Entonces, la cultura obrera en este contexto tiene múltiples rutas, múltiples caminos. Vemos que puede encontrarse la subordinación obrera al capital, al punto de que muchos de ellos son verdaderos *esclavos modernos*, mientras que otros asumen actitudes de defensa de su trabajo en la maquiladora, oponiéndose a los sindicatos con tal de conservar su empleo. Pero está también la resistencia cotidiana y la capacidad de rehacerse, es decir, la capacidad de *resiliencia*, al tiempo que se establecen vínculos y contactos con organizaciones que les permitan desarrollar su *instinto de clase,* proceso en el que ellas y ellos pueden encontrarle un *nuevo sentido a la vida*.

Esas situaciones (*subalternidad/resistencia/resiliencia*) se dan, sin embargo, en un contexto internacional, nacional y regional sumamente adverso para estos obreros, hombres y mujeres que impiden el desarrollo de los elementos de *resiliencia*. Por ello, entre estos obreros y obreras predominan los elementos de subordinación y aquellos que van conformando *sentimientos de desastre, de catástrofe,* por la disminución de las condiciones de vida y de trabajo que han vivido al menos durante las últimas dos décadas (fines del siglo XX, primera década del siglo XXI).

En efecto, en ellos y ellas hay *sentimientos catastróficos*, sentimientos de que lo poco o mucho que tenían en las maquiladoras y en Ciudad Juárez se ha perdido; y que hoy se encuentran en una situación en la que se ha instalado el miedo, incluso el terror.

¿Existe hoy alguna alternativa a estos sentimientos generalizados entre los obreros? Parecería que no la hay. La cultura en la ciudad, desde hace tiempo, lo impide de diversas maneras. En este sentido, los capítulos 3 y 4, titulados "Prejuicios y estigmas" y "Peligro, miedo y resistencia" , respectivamente, nos permitieron ver una cultura regional sumamente clasista, generada desde las élites del poder que impregna de estigmas a sectores amplios de las clases populares de la ciudad, incluida la clase obrera de las maquiladoras.

Esos estigmas dividen a las y los obreros, enfrentan a unos con otros, impiden hasta la fecha –y no parece que haya variación alguna hasta el momento– la unidad de estos obreros, tal y como llegó a suceder en otras épocas y en otros contextos similares.

Además, la violencia en la ciudad, que viene dándose de manera aguda desde fines del siglo XX, primero con los *feminicidios* y luego con la violencia generalizada en la primera década del siglo XXI, permea hoy toda la cultura en la ciudad. En la Introducción nos referimos a esta situación que hoy hace de Ciudad Juárez la ciudad más violenta del mundo, con el mayor índice de asesinatos.

Así, vemos un medio ambiente con una gran carga de estigmas de unos hacia otros, con lo cual se ha creado una aguda diferenciación entre los elementos de esta clase obrera, diferenciación que vemos en los puestos de trabajo, en la competencia entre migrantes y originarios; vemos que la cultura obrera de la ciudad está impregnada de la violencia que ahí existe.

Atestiguamos cómo esa violencia ha llegado a todos los sectores de la ciudad, y, desde luego, a la misma clase obrera. Contamos más de una treintena de obreras jóvenes asesinadas y/o desaparecidas en dos décadas de violencia e impunidad en la ciudad. Falta el recuento de los obreros asesinados en todo este periodo.

El miedo es parte ya de la cultura obrera y de la misma ciudad. Aunque haya *resistencia* a ello, aunque la pérdida de algún familiar, de alguna hija haya llevado a familias enteras al contacto con *sistemas expertos*. Tal es el caso del contacto de madres y familias con hijas desaparecidas y/o asesinadas con ONGs dedicadas a la lucha en contra de la violencia, contra la impunidad y por la justicia.

Los años de 2008 y 2010 son los años de mayor violencia en la historia de la Ciudad Juárez. Ante ello, tal vez nos hemos quedado cortos y la palabra "miedo" hoy no sea la adecuada para caracterizar la situación que aquí se vive. Tal vez terror sea la palabra adecuada. Por eso el éxodo en un número que tal vez hoy se aproxima al cuarto de millón de habitantes, entre los que se incluyen miles de "juarochos", muchos de ellos trabajadores en las maquiladoras, y que posiblemente estén retornando a su estado de origen, en el momento en que escribimos estas líneas (2010).

Ante una situación así, definitivamente hay poco futuro para la *resistencia* y la *resiliencia* en las clases subalternas en la clase obrera. Porque ahora no se trata sólo de sobrevivencia en los términos ya expuestos, sobrevivencia diaria a partir de acceder a un salario en una maquiladora. No. Ahora se trata de sobrevivir, pero realmente de sobrevivir, de conservar la vida, de no caer acribillado o acribillada por las balas en cualquier calle de la ciudad. Y si bien no podemos hablar de parálisis entre estos obreros(as), las condiciones para la *resiliencia* y la *resistencia* son hoy más difíciles que antes, o tal vez sean ahora más fáciles, por la situación tan seria que se vive en la ciudad.

Pero es este un sector subalterno que, a pesar de la situación tan adversa, puede darnos sorpresas. Ya vimos sus capacidades de *resistencia* y de *resiliencia*. También los hemos visto protagonizar episodios que pueden percibirse como un rayo en cielo despejado. Ejemplo de ello es el motín en la maquiladora Foxconn de capital asiático (con contratos para la Apple Corporation), donde obreros indignados incendiaron el comedor y atacaron con piedras el área de dormitorios del personal de confianza de la maquiladora.

¿Qué sucedió en Foxconn? La madrugada del 18 de febrero del 2010, obreros y obreras fueron obligados a permanecer en la maquiladora y a laborar horas extras en contra de su voluntad. La maquiladora argumentó que no había camiones para transportar a los obreros, pues a éstos se les había impedido llegar porque los detuvo un retén del ejército.[5] Los obreros estallaron indignados. No era la primera vez que esto sucedía, por lo que decidieron destruir y quemar la cafetería de la maquiladora, además atacaron a pedradas el área de dormitorios del personal de confianza. En todo el incidente no hubo heridos de ninguna de las partes. En respuesta, a los pocos días la maquiladora despidió a todos los obreros y obreras del turno que llevó a cabo esta acción, unos 300.[6]

¿Qué sucedió en esa maquiladora? Un estallido, un motín obrero seguramente espontáneo, provocado por una situación que afectaba directamente la dignidad de estos obreros: el engaño, una vez más, por parte de la maquiladora para obligarlos a continuar trabajando en el siguiente turno como si fueran sus esclavos.

Con el motín en Foxconn, podemos preguntarnos ¿Se abre un período de lucha obrera en las maquiladoras de Ciudad Juárez? No lo sabemos. Sólo recordemos que las luchas por la dignidad

[5] Los retenes son puestos militares de revisión. Éstos son comunes a partir de la ocupación militar de la ciudad desde 2008.

[6] Tomado del periódico *La Jornada*, 26 de febrero 2010, p. 33.

fueron la base de la organización obrera a fines del siglo XIX y principios del XX en Europa y los Estados Unidos de Norteamérica, cuando los obreros manufactureros se resistían a perder el control sobre el trabajo, ante los embates de los nuevos sistemas de producción por parte del capital. También fueron la base de la organización de artesanos que se convirtieron en destructores de máquinas a principios del siglo XIX en Europa, quienes, organizados en las sectas luditas europeas, recurrían al motín como un arma de lucha contra el maquinismo que les arrebataba el control de los procesos productivos.

¿Estamos ante el inicio de un período de luchas por la dignidad de las y los obreros en las maquiladoras en Ciudad Juárez? Preferimos dejar esta pregunta sin respuesta. Tal vez así el lector de esta investigación tenga cierto atisbo de esperanza acerca de todo lo que aquí se ha planteado.

REFERENCIAS

Aboites, Luis, (1996) *Breve historia de Chihuahua*, México, Fideicomiso Historia de las Américas, FCE, El Colegio de México, Serie Breves Historias de los Estados de la República Mexicana, primera reimpresión.

Aguilar, Ricardo, (2006) (selección, prólogo y notas), *Antología de cuento chicano del siglo XX*, México, Ediciones Eón, The University of Texas at El Paso.

Arenal, Sandra, (1986) *Sangre joven. Las maquiladoras por dentro*, México, Nuestro Tiempo.

Aziz, Alberto, (1994) *Chihuahua: Historia de una alternativa*, México, Ediciones La Jornada y CIESAS.

———, (1996) *Territorios de alternancia (El primer gobierno de oposición en Chihuahua)*, México, CIESAS y Triana Editores.

———, (2000) *Los ciclos de la democracia. Gobierno y elecciones en Chihuahua*, México, CIESAS, Universidad de Ciudad Juárez y Grupo Editorial Miguel Ángel Porrúa.

Balderas, Jorge, (2002) *Mujeres, antros y estigmas en la noche juarense*, Chihuahua, Instituto Chihuahuense de Cultura, Colección Solar.

———, (2006) "Ese obscuro objeto del deseo: las obreras en los antros de Ciudad Juárez" en *Entre las duras aristas de las armas. Violencia y victimización en Ciudad Juárez*, Patricia Ravelo y Héctor Domínguez (coords.), México, Publicaciones de la Casa Chata, CIESAS, pp. 115-166.

Bendesky, León, Enrique de la Garza, Javier Melgoza y Carlos Salas, (2003) *La industria maquiladora de exportación en México: mitos y realidades*, México, Informe de Investigación al Instituto de Estudios Laborales.

Carrillo, Jorge, (1994) *Dos décadas de sindicalismo en la industria maquiladora de exportación. Examen en las ciudades de Tijuana, Juárez y Matamoros*, México, UAM-Iztapalapa y Miguel Ángel Porrúa, Colección Las Ciencias Sociales.

Carrillo, Jorge y Alberto Hernández, (1985) *Mujeres fronterizas en la industria maquiladora*, México, SEP-Cefnomex.

Cirese, Alberto Mario, (1979) *Ensayos sobre las culturas subalternas*, México, Cuadernos de la Casa Chata, núm. 24.

Cruz, Francisco, (2008) *El Cártel de Juárez*, México, Planeta, Colección Temas de hoy.

Dalton, Margarita, (2010) *Mujeres: género e identidad en el Istmo de Tehuantepec, Oaxaca,* México, Publicaciones de la Casa Chata, CIESAS.

De la Garza, Enrique, (1983) *El método del concreto-abstracto-concreto (Ensayos de metodología marxista)*, México, Cuadernos de Teoría y Sociedad, núm. 3, UAM-Iztapalapa, División de Ciencias Sociales y Humanidades.

———, (1991) "Cultura y crisis del corporativismo en México" en *Transición a la democracia y reforma del Estado en México*, José Luis Horcasitas, Javier Hurtado y Germán Pérez (comps.), México, Universidad de Guadalajara, Grupo Editorial Miguel Ángel Porrúa y Facultad Latinoamericana de Ciencias Sociales de México, Colección Las Ciencias Sociales, pp. 235-268.

———, (1992) "Reestructuración productiva, estatal y de los sujetos obreros en México" en *Crisis y sujetos sociales en México*, Enrique de la Garza (coord.), México, Centro de Investigaciones Interdisciplinarias en Humanidades de la Universidad Nacional Autónoma de México y Grupo Editorial Miguel Ángel Porrúa, vol. I, pp. 53-106.

———, (2000) "La flexibilidad del trabajo en América Latina" en *Tratado Latinoamericano de Sociología del Trabajo*, Enrique de la Garza (coord.), México, El Colegio de México, Facultad Latinoamericana de Ciencias Sociales, UAM, FCE, pp. 148-178.

——— (coord.), (2005) *Modelos de producción en la maquila de exportación. La crisis del toyotismo precario*, México, UAM-Iztapalapa y Plaza y Valdés Editores.

De la O, María Eugenia, (1994) *Innovación tecnológica y clase obrera. Estudio de caso en la industria maquiladora electrónica R.C.A.*, Ciudad Juárez, México, UAM-Iztapalapa y Miguel Ángel Porrúa.

———, (2006) "Del norte al sur: expansión territorial, fuerza de trabajo y comportamiento laboral en México" en *La industria maquiladora de exportación: ensamble, manufactura y desarrollo económico*, Kevin J. Middlebrook y Eduardo Zepeda (coords.), México, Ediciones y Gráficos Eón y UAM-Azcapotzalco, pp. 105-148.

De la O, María Eugenia, Enrique de la Garza y Javier Melgoza, (1997) "La cultura obrera: la construcción teórica de un objeto de estudio" en *Los estudios sobre la cultura obrera en México*, María Eugenia de la O, Enrique de la Garza, Javier Melgoza (coords.), México, UAM-Iztapalapa, Dirección General de Culturas Populares, Consejo Nacional de Culturas Populares, pp. 15-71.

De la O, María Eugenia y Cirila Quintero (coords.), (2001) *Globalización, trabajo y maquilas: las nuevas y viejas fronteras en México*, México, Plaza y Valdés Editores, Centro de Investigaciones y Estudios Superiores en Antropología Social, Fundación Friedrich Ebert, Centro Americano para la Solidaridad Sindical Internacional de la AFL-CIO.

Délano, Bárbara y Rosalba Todaro, (1993) *Asedio sexual en el trabajo*, Santiago de Chile, Centro de Estudios de la Mujer.

Domínguez, Héctor y Patricia Ravelo (coords.), (2006) *Entre las duras aristas de las armas. Violencia y victimización en Ciudad Juárez*, México, Publicaciones de la Casa Chata.

Dusster, David, (2006) *Esclavos modernos. Las víctimas de la globalización*, Barcelona, Tendencias.

Espinosa, Alfredo, (1989) "Vida, pasión y muerte del regionalismo chihuahuense" en *Cuadernos del Norte. Sociedad, política y cultura*, Chihuahua, año 2, núm. 7, noviembre-diciembre, pp. 12-20.

Ferraro, Joseph (coord.), (2003) *Debate actual sobre la Teología de la Liberación*, México, Departamento de Sociología de la División de Ciencias Sociales y Humanidades, UAM-Iztapalapa.

Frankl, Víctor, (2004) *El hombre en busca de sentido*, España, Editorial Herder.

Garma, Carlos, (2007) "Pluralismo religioso en el contexto internacional. Las controversias y polémicas con las agrupaciones" en *¿A dónde va la antropología*?, Ángela Giglia, Carlos Garma y Ana Paula de Teresa (comps.), México, UAM-Iztapalapa, Juan Pablo Editores, Tecnigraf, pp. 251 y 252.

Giddens, Anthony, (2000) *Modernidad e identidad del yo. El yo y la sociedad en la época contemporánea*, Barcelona, Ediciones Península, Colección Historia, Ciencia y Sociedad, núm. 257.

———, (2007) *Sociología*, Madrid, Alianza Editorial.

Giménez, Gilberto, (2000) "Materiales para una teoría de las identidades sociales" en *Decadencia y auge de las identidades*, José Manuel Valenzuela (coord.), México, El Colegio de la Frontera Norte y Plaza y Valdés, pp. 45-78.

———, (2005) *Teoría y análisis de la cultura*, México, CONACULTA, Instituto Coahuilense de Cultura, Colección Intersecciones, vol. I.

Girard, René, (1998) *La violencia y lo sagrado*, Barcelona, Anagrama, tercera edición.

Goffman, Erving, (1989) *Las presentación de la persona en la vida cotidiana*, Argentina, Amorrortu.

———, (2003) *Estigma. La identidad deteriorada*, Buenos Aires, Amorrortu, novena reimpresión.

González de la Vara, Martín, (2002) *Breve historia de Ciudad Juárez y su región*, México, Center for Latin American Studies (New Mexico State University), El Colegio de la Frontera Norte, Universidad Autónoma de Ciudad Juárez, Ediciones y Gráficos Eón, Colección Paso del Norte.

González, Sergio, (2002) *Huesos en el desierto*, Barcelona, Anagrama.

Gramsci, Antonio, (1974) "Relaciones entre ciencia-religión-sentido común" en *Antología. Selección, traducción y notas de Manuel Sacristán*, España, Siglo XXI, segunda edición, pp. 367-381.

Guadarrama, Rocío, (1995) "De la cultura obrera a las culturas laborales: reseña de un debate" *El Cotidiano. Revista de la realidad mexicana actual*, Grupo Editorial Eón y UAM, noviembre-diciembre, pp. 19-24.

Gunder, Frank y Martha Fuentes, (1990) "Los nuevos movimientos sociales son viejos, pero tienen algunas características nuevas" en *El juicio al sujeto*, Rafael Béjar, Otto Fernández y Ma. Luisa Torregrosa (comps.), México, FLACSO-Miguel Ángel Porrúa.

Gutiérrez, Luis Enrique, (1999) *La industria maquiladora y su impacto en la estructura urbana de Juárez, 1960-1980*, Tesis de Maestría en Planificación y Desarrollo Urbano.

Hathaway, Dale, (2000) *Allies Across de Border. Mexico's "Authentic Labor Front" and global solidarity*, Canadá, South End Press.

Herrera, Fernando, (2000) "Las migraciones y la sociología del trabajo en América Latina" en *Tratado Latinoamericano de Sociología del Trabajo*, Enrique de la Garza (coord.), México, El Colegio de México, Facultad Latinoamericana de Ciencias Sociales, UAM, FCE, pp. 566-591.

Iglesias, Norma, (1985) *La flor más bella de la maquiladora*, México, SEP-Cefnomex.

Manciaux, Michel (comp.), (2007) *La resiliencia: resistir y rehacerse*, Argentina, Gedisa Editorial.

Márquez, Margarita y J. Romero, (1988) "El desgaste de las obreras de la maquila eléctrico-electrónica" en *Salud Problema*, UAM-X, núm. 14, pp. 9-24.

McCarthy, Cormack, (2007) *Meridiano de sangre*, México, Editorial Random House Mondadori, Colección De Bolsillo.

Melucci, Alberto, (1989) *Nomads of the Present*, Philadelphia, Temple University Press.

———, (1996) *Challenging Codes: Colective Action in the Information Age*, Cambridge y Nueva York, Cambridge University Press.

Méndez, Luis, (2005) *Ritos de paso truncos: el territorio simbólico maquilador fronterizo*, México, Ediciones y Gráficos Eón y UAM-Azcapotzalco.

Middlebrook, Kevin J. y Eduardo Zepeda (coords.), (2006) *La industria maquiladora de exportación: ensamble, manufactura y desarrollo económico*, México, División de Ciencias Sociales y Humanidades de la UAM-Azcapotzalco y Ediciones y Gráficos Eón.

Morales, Josefina (coord.), (1999) *La industria maquiladora y sus trabajadores*, México, Cuadernos de Trabajadores, núm. 27, septiembre-octubre.

Moreno Andrade, Saúl Horacio, (2007) *Dilemas petroleros. Cultura, poder y trabajo en el Golfo de México*, México, Publicaciones de la Casa Chata, Centro de Investigaciones y Estudios Superiores en Antropología Social.

Nieto, Raúl, (1998) *Ciudad, cultura y clase obrera. Una aproximación antropológica*, México, CONACULTA y Dirección General de Culturas Populares.

———, (2005) "La ciudad industrial y la cultura obrera" en *La antropología urbana en México,* Néstor García Canclini (coord.), México, CONACULTA, UAM y FCE, Serie Biblioteca Mexicana.

Novelo, Victoria, (1986) "Propuestas para el estudio de la cultura obrera" en *Nueva Antropología*, México, vol. 8, núm. 29, abril, pp. 65-83.

Nueva Ley Federal del Trabajo 2003, (2003), México, Berbera Editores.

Orozco, Víctor, (1991) *Chihuahua; sociedad, economía, política y cultura*, México, UNAM.

Páez Varela, Alejandro (coord.), (2009) *La guerra por Juárez. El sangriento corazón de la tragedia nacional*, México, Planeta, Colección Temas de hoy.

Pequeño, Consuelo, (2003) "Mujer, trabajo y maquiladora" en *Chihuahua hoy 2003. Visiones de su historia, economía, política y cultura*, Víctor Orozco (coord.), Ciudad Juárez, Universidad Autónoma de Ciudad Juárez, pp. 461-472.

Poletti, Rosette y Bárbara Dobbs, (2008) *La resiliencia. La capacidad de resistir a situaciones adversas y salir fortalecido*, México, Serie Prácticos-Psicología, segunda reimpresión.

Quintero, Cirila, (1990) *La sindicalización en las maquiladoras tijuanenses*, México, Dirección General de Publicaciones del Consejo Nacional para la Cultura y las Artes, Serie Regiones.

———, (1992) *Reestructuración sindical en las maquiladoras mexicanas, 1979-1990*, México, Tesis de Doctorado, Centro de Estudios Sociológicos de El Colegio de México.

Quintero, Rosario y Mariela Arzola, (1999) *Mujeres y seguridad. El caso de la maquiladora en el municipio de Juárez,* México, Tesis de Licenciatura en Sociología, ICSA, Universidad Autónoma de Ciudad Juárez.

Ravelo, Patricia, (1999) "Perspectivas teórico–metodológicas para el estudio de la salud de las obreras de las maquiladoras de Chihuahua" en *La medicina tradicional en el norte de México*, Silvia Ortiz (coord.), México, INAH, col. Científica, Serie Antropología física, pp. 351-363.

———, (2001) *Trabajo, enfermedad y resistencia entre costureras de la Ciudad de México. Un estudio acerca de sus representaciones, experiencias y subjetividad*, México, Secretaría del Trabajo y Previsión Social, Serie Cuadernos de Trabajo, núm. 21.

———, (2002) "Estrategias y acciones de resistencia en torno de la violencia sexual" en *El Cotidiano. Revista de la Realidad Mexicana*, México, UAM-Azcapotzalco, núm. 116, noviembre-diciembre, pp. 55-62.

———, (2006) "Violencia y victimización en Ciudad Juárez. Percepción de trabajadoras y trabajadores sobre el sistema de gobierno" en *Entre las duras aristas de la armas. Violencia y victimización en Ciudad Juárez*, Patricia Ravelo y Héctor Domínguez (coords.), México, Publicaciones de la Casa Chata, CIESAS, pp. 21-54.

Ravelo, Patricia y Sergio Sánchez, (2005) "Identidad y cultura en torno de las condiciones de vida y de trabajo del sector obrero de las maquiladoras de Ciudad Juárez" en *Chihuahua hoy, 2005. Visiones de su historia, economía, política y cultura*, Víctor Orozco (coord.), México, Instituto Chihuahuense de Cultura y Universidad Autónoma de Ciudad Juárez, tomo III, pp. 97-148.

Ravelo, Patricia y Héctor Domínguez (coord.), (2006) *Entre las duras aristas de las armas. Violencia y victimización en Ciudad Juárez*, México, Publicaciones de la Casa Chata, CIESAS.

———, (2006) "Los cuerpos de la violencia fronteriza" en *Nómadas*, núm. 24, Colombia, Universidad Central, abril, pp. 142-151.

Restrepo, Luis Carlos, (2001) *La fruta prohibida*, Bogotá, Editorial Panamericana.

Reygadas, Luis, (2002) *Ensamblando culturas. Diversidad y conflicto en la globalización de la industria*, Barcelona, Editorial Gedisa.

Robles, Emiliano; Luis A. Gómez, Jorge Robles y Dale Hathaway, (2000) *El Frente Auténtico del Trabajo. Cuarenta años de lucha libertaria*, México, El Atajo.

Romano, Antonio, (1999) *Élites panistas en Ciudad Juárez durante los noventa: Reclutamiento y redes políticas*, tesis de Maestría en Ciencias Sociales para el Diseño de Políticas Públicas, México, Universidad Autónoma de Ciudad Juárez, otoño.

Salzinguer, Leslie, (2003) *Genders in Production*, Berkeley, University of California Press.

Sánchez Díaz, Sergio G., (1995) "La cultura político-sindical en las maquiladoras o del misterio de la caída de una lideresa sindical" en *Memorias del Quinto Congreso Internacional de Historia Regional*, Ricardo León (ed.), México, Universidad Autónoma de Ciudad Juárez, pp. 327-352.

———, (2000) *Del nuevo sindicalismo maquilador en la ciudad de Chihuahua. Un ensayo sobre el poder entre la nueva clase obrera*, México, Centro de Investigaciones y Estudios Superiores en Antropología Social, Serie Antropologías.

Santiago, Guadalupe, (1997) *Procesos productivos y condiciones de trabajo en la industria maquiladora: caso Surgikos*, México, Centro de Estudios Regionales de la Universidad Autónoma de Ciudad Juárez, Cuadernos de Trabajo, Serie Sociología, núm. 31.

Sariego, Juan Luis, (1997) "Cultura obrera y procesos de trabajo: debates y propuestas", en *Los estudios sobre la cultura obrera en México,* de la O, María Eugenia, Enrique de la Garza y Javier Melgoza (comps.), Conaculta/UAM, México, pp. 89-103.

Scott, James C., (2004) *Los dominados y el arte de la resistencia. Discursos ocultos*, México, Era, Colección Problemas de México, primera reimpresión.

Solís, Marlene, (2009) *Trabajar y vivir en la frontera. Identidades laborales en las maquiladoras de Tijuana*, México, El Colegio de la Frontera Norte y Miguel Ángel Porrúa.

Tedlock, Dennis, (1998) "Preguntas concernientes a la antropología dialógica" en *El surgimiento de la antropología posmoderna*, C. Geertz, J. Clifford *et al.,* Carlos Reynoso (comp.), Barcelona, Gedisa, pp. 275-288.

Thompson, E. P., (1977) *La formación histórica de la clase obrera. Inglaterra: 1780-1832 (El árbol de la libertad)*, Barcelona, Editorial Laia, Ediciones de Bolsillo, tomo I, pp. 7-14.

Tiano, Susan, (1994) *Patriarchy on the Line. Labor, Gender and Ideology in the Mexican Maquila Industry*, Philadelphia, Temple University Press.

Valenzuela, José Manuel, (2002) *Jefe de Jefes: Corridos y narcocultura en México*, México, Plaza y Janés.

Várguez Pasos, Luis, (2009) "Cultura y Trabajo en la industria maquiladora de Yucatán" en *Trabajo precario. Expresiones en distintos contextos laborales*, Florencia Peña, Abel Pérez y Sergio Sánchez (coords.), México, INAH/ENAH, CONACULTA, PROMEP, México, pp. 195-214.

Vázquez Palacios, Felipe (comp.), (2003) *Contando nuestros días. Un estudio antropológico sobre la vejez,* México, Centro de Investigaciones y Estudios Superiores en Antropología Social, pp. 189-190.

Vega, Rosalba y Ma. del Socorro Velásquez, (1993) *Partidos y elecciones, 1991-1992. Síntesis periodística*. México, Reporte temático, Universidad Autónoma de Ciudad Juárez, mimeo, núm. 2, septiembre.

Vila, Pablo, (2007) *Identidades fronterizas. Narrativas de religión, género y clase en la frontera México Estados Unidos*, Ciudad Juárez, El Colegio de Chihuahua y Universidad Autónoma de Ciudad Juárez, Colección Sin Fronteras.

Zemelman, Hugo, (1987) *Uso crítico de la teoría. En torno a las funciones analíticas de la totalidad (I)*, México, Universidad de las Naciones Unidas y el Colegio de México (Centro de Estudios Sociológicos).

Revistas y boletines

Ajo, Mirna y Patricia Ravelo, (2003) "Sabemos que salimos, pero no sabemos si vamos a regresar. Vulnerabilidad y percepción del riesgo en trabajadoras de la maquila de Ciudad Juárez" en *Género y Salud en Cifras, Boletín de la Secretaría de Salubridad*, vol. 1, septiembre-diciembre, pp. 19-24.

Alfic, Miriam y Luis Méndez, (2000) "La frontera norte: nuevo territorio simbólico" en *El Cotidiano. Revista de la realidad nacional*, núm. 102, julio-agosto, pp. 71-85.

Almada, Hugo, (1995) "La industria maquiladora y su impacto en la migración y el empleo" en Revista *Nóesis,* Universidad Autónoma de Ciudad Juárez, año VI, núm. 15, julio-diciembre, pp. 121-153.

Pequeño, Consuelo, (2005) "Consideraciones para el estudio del trabajo de las mujeres en la industria maquiladora" en *Género, feminismo(s) y violencia desde la frontera norte,* Revista *Nóesis,* número coordinado por Consuelo Pequeño y Susana Báez, núm. 28, julio-diciembre.

Quintero, Cirila, (2001) "Experiencias organizativas en la industria maquiladora de México" en *Nueva Antropología. Revista de Ciencias Sociales*, México, UAM, CONACULTA, INAH, Plaza y Valdés editores, núm. 59, abril, pp. 75-91.

Ravelo, Patricia y Sergio Sánchez, (1997) "Las mujeres en los sindicatos en México. Los dilemas de género y clase" en *Espiral*, Universidad de Guadalajara, núm. 9, vol. III, mayo-agosto, pp. 139-164.

Ponencias

Arroyo, Manuel, (2003) "Maquiladoras, pobreza y género. Niveles escolares y dimensiones". Ponencia presentada en el Diplomado Internacional en Género, Masculinidades y Políticas Públicas, Ciudad Juárez, UACJ, 28 de agosto.

Luján, Beatriz, (2002) "Los sindicatos de las maquiladoras de Ciudad Juárez". Ponencia presentada en el II Foro Fronterizo (No) Violencia y Relaciones de Género en la Frontera Norte, Ciudad Juárez, Chihuahua/El Paso, Texas, del 8 al 13 de marzo.

Martínez, Lourdes, (2000) "La política de seguridad pública del Estado mexicano y la prevención del delito: El caso de Ciudad Juárez, Chihuahua". Ponencia presentada en la Primera Reunión Binacional sobre Crímenes contra Mujeres, El Colegio de la Frontera Norte de Ciudad Juárez, 3 y 4 de noviembre.

Rodríguez, Efraín, (2007) "Homofobia en 10 familias en Ciudad Juárez". Ponencia presentada en el Seminario Género, Violencia y Diversidad Cultural, UPN, 29 de junio.

Villaveces, Santiago, (2000) "¿Por qué erradicamos? Entre bastiones de poder, cultura y narcotráfico". Ponencia presentada en el X Congreso Mundial de Sociología Rural, Río de Janeiro, agosto, disponible en <http://www.mamacoca.com>.

Hemerografía

Norte de Ciudad Juárez
25 de abril de 1991, p. 5A.
Cano, Luis Carlos, 11 de agosto de 1991, p. 5B.
———, 10 de octubre de 1991, p. 10B.
Gabina, Burciaga, 24 de marzo de 1991, p. 5A.
Hernández, Pablo, 29 de diciembre de 2008, "Homicidios, principal causa de mortalidad en Ciudad Juárez", p. 1A.
Luján, Francisco, 3 de octubre de 2002, "Impide partidismo esclarecer crímenes", sec. Seguridad, p. 2.
Semental, Gabriel, 16 de septiembre de 2003, "Causan bajas más de 37 mil en maquila", sec. Negocios, p. 7A.
———, 7 de octubre de 2003, "Tiene Juárez las maquiladoras más importantes de México", p. 9A.

El Diario
4 de enero de 1991, p. 4B.
13 de marzo de 1991, p. 6B.
24 de abril de 1991, p. 1B.
16 de mayo de 1991, p. 3B.
Medina, Fernando, 10 de mayo de 1992, p. 5.
Orquiz, Martín, 3 de noviembre de 2001, "Repunta maltrato por la crisis", sec. Juárez, Ciudad Juárez, Chihuahua, pp. 1B y 6B.
Pérez Espino, José, 18 de marzo de 1991, p. 1B.
———, "La policía y vialidad, sin patrullas", sec. Seguridad, p. 9B.
Rosales, Juan, 22 de enero de 1992, p. 3B.
Zaragoza, Rosario, 1 de noviembre de 2001, "Sostienen empleo empresas nuevas", sec. Industria, p. 1F.

La Jornada

5 de abril de 2009, "Desmilitarizar Chihuahua", desplegado, sec. Política, p. 9.

26 de febrero de 2010, p. 33.

Proceso

29 de marzo de 2009, núm. 1691, pp. 6-9.

El Universal

19 de mayo de 2009, p. A-16.

18 de febrero de 2010, sec. Cartera, B-1.

Referencias electrónicas

Coalición pro Justicia en las maquiladoras, disponible en <http://coalitionforjustice.info/>.

Comisión Nacional de la Industria Maquiladora de Exportación de México, disponible en <http://www.cnime.org.mx>.

El Diario Digital, disponible en <http:www.diario.com.mx>.

El Universal disponible en <www.eluniversal.com.mx>.

8 de septiembre del 2003, "Caen hasta 50% ramas vinculadas a la maquila".

7 de octubre del 2003, "En aumento los despidos".

Cruz, Juan Manuel, 19 de septiembre de 2003, "Por despido injustificado mayoría de las demandas".

Orquiz, Martín, 2 de octubre del 2003, "Pierden sus beneficios empleados de maquila", sec. Panorama, disponible en <http: diario.com.mx>.

Rodríguez, Sandra, 2 de octubre del 2003, "Pierden sus beneficios empleados de maquila", sec. Panorama.

———, 4 de octubre del 2003, "Maquilas: cierran 142 desde 2000".

———, 17 de noviembre del 2003, "Culpan a industrias de enfermedades".

———, 20 de diciembre del 2003, "Aumenta $ 1.59 el mínimo en Juárez", sec. Panorama.

News yahoo

18 de febrero de 2009 <http://mx.news.yahoo.com.mx/s/afp/m_xico_crimen>.

Ovallc, Lilian, "Las fronteras de la 'narcocultura' " en *AlMargen, Periodismo de investigación, medios y literatura,* disponible en <http://www.almargen.com.mx/news/imprimc.php? IDNOTA=835>, 12 de agosto de 2010.

Promoción financiera, (2006) *Resumen ejecutivo*, municipio de Juárez, disponible en <http://es.wikipedia.org/wiki/Ciudad_Ju%C3%A1rez>, 15 de octubre de 2007.

Referencias Estadísticas del Consejo Nacional de la Industria Maquiladora de Exportación, consultas electrónicas varias, disponible en <www.cnime.org>.

Wikipedia, Enciclopedia libre

Ciudad Juárez, disponible en <http://es.wikipedia.org/wiki/Ciudad_Ju%C3%A1rez>, 15 de octubre de 2007.

Referencias audiovisuales

Bonilla, Rafael (director), (2005) *La Batalla de las Cruces. Protesta social y acciones colectivas en torno de la violencia sexual en Ciudad Juárez*, México, CIESAS, CONACYT y Campo Imaginario, DVD.

Cielo Producciones, (2006) *El acoso sexual se ha convertido en un problema laboral dentro de la industria maquiladora*, México, International Labour Found, Coalición Pro Justicia en las Maquiladoras, Sedepac, Red de Mujeres Sindicalistas, Colectivo Feminista Binacional, Comité de Obreros en Lucha, Servicio y Paz.

Entrevistas adicionales

Ceniceros, José Armando. Obrero de la maquiladora Río Bravo, 26 de diciembre de 2003.

Gámez, Juan Manuel. Departamento de Estadísticas de la AMAC, 2003.

Grajeda, Leticia. Obrera de la maquiladora Federal Mogul, 23 de diciembre de 2003.

Herrera, Liliana. Responsable de la Fiscalía Especial de Homicidios y Desapariciones de Mujeres, 7 de junio de 2002.

Loyola, Adela. Abogada del Centro de Crisis Casa Amiga, 31 de octubre de 2001.

Mendoza, Patricia. Obrera de la maquiladora Río Bravo, 26 de diciembre de 2003.

Morán, Alma. Representante sindical de la CROC en la empresa ES y obrera, 30 de octubre de 2003.

Pérez, Alejandro. Obrero, sindicalista e integrante del grupo Obreros en Lucha, 23 y 30 de octubre, 5 y 13 de noviembre de 2003.

Estadísticas y documentación general

Asociación de Maquiladoras, A.C. (2002) *Historia y perspectivas de la industria maquiladora*, Comité de Estadísticas.

——— (2003) *Industria Maquiladora 2003*, Comité de Estadísticas, Ciudad Juárez, Chihuahua.

——— (2003) *Comité de Estadísticas*, enero.

——— (2004) *Comité de Estadísticas*, enero.

Cámara de Diputados del H. Congreso de la Unión (2006) LIX Legislatura, "Comisión Especial para Conocer y Dar Seguimiento a las Investigaciones Relacionadas con los Feminicidios en la República Mexicana y a la Procuración de Justicia Vinculada" en *Violencia feminicida en Chihuahua*, Patricia Ravelo (coord.), Cámara de Diputados, LIX Legislatura, México.

Centro de Estudios y Taller, A.C., Folleto informativo.

Coalición Pro Justicia en las Maquiladoras (2000) *Conozco mis derechos en el trabajo, pero ¿cuáles son mis obligaciones? Guía sobre la Ley federal del Trabajo*, parte 1.

——— (2003) *¿Cuáles son mis derechos en el trabajo? Guía sobre la Ley Federal del Trabajo*, parte 2.

Comité Mexicano de la Campaña Continental Contra el ALCA (2003) *Las promesas del libre comercio en México no se cumplieron* (volante distribuido en el Centro de Estudios del Trabajo y Taller Laboral, A.C.), marzo.

Federación Mexicana de Asociaciones Privadas de Salud y Desarrollo Comunitario (1996) *Programa de Educación y Prevención del Sida con Trabajadores de la Industria Maquiladora de Exportación (reporte narrativo para AIDSCAP)*, enero.

Fundación del Empresariado Chihuahuense, A.C., Juárez-gobierno municipal 95-98 (s/f) *Vertebración. Unir para fortalecer* (Directorio de Servicios de Asistencia Social).

Instituto Nacional de Estadística, Geografía e Informática (2000) *XII Censo General de Población y Vivienda 2000, tabulados básicos*, Aguascalientes, tomo I.

INEGI (2001) *XII Censo General de Población y Vivienda 2000, tabulados básicos*, Chihuahua, tomo I.

——— (2004) *La población hablante de lengua indígena de Chihuahua*, 2004.

——— (2005) *Cuaderno estadístico municipal*, Ciudad Juárez, Chihuahua. Edición 2004.

——— (2005) *Conteo de población y vivienda 2005*, principales resultados por localidad, Chihuahua.

INEGI Chihuahua (2002) *Perfil sociodemográfico*. XII Censo General de Población y Vivienda 2000.

INEGI y gobierno del estado de Chihuahua (2003) Aguascalientes, *Anuario Estadístico del estado de Chihuahua.* Edición 2003.

Instituto Municipal de Investigación y Planeación (IMIP) (2004) *Mapas, parques industriales*, Ciudad Juárez, marzo.

Reglamento Interior de Trabajo de la empresa EES, S.A. de C.V., (firmado el 30 de agosto de 1995).

Reglamento Interior de Trabajo de la empresa Río Bravo Eléctricos, S.A. de C.V., (firmado el 5 de septiembre de 1980).

Reglamento Interior de Trabajo de la empresa Sistemas Eléctricos y Conmutadores, S.A. de C.V., (firmado el 29 de julio del 2000).

Secretaría Confederal de la Mujer (2003) *Guía sindical para abordar el acoso sexual en el trabajo*, Secretaría Confederal de la Mujer de CC.OO, Madrid.

ANEXO I
ESTADÍSTICAS SOBRE LAS MAQUILADORAS EN CIUDAD JUÁREZ

Cuadro I
Población ocupada por sector de actividad en Ciudad Juárez (al 14 de febrero de 2000)

Población ocupada	*%*
Sector secundario	53.1
Sector terciario	42.5
Sector primario	0.6
No especificado	3.8

Fuente: Elaboración propia a partir de los datos del INEGI, *Cuaderno estadístico municipal,* Juárez, Chihuahua, 2004.

Cuadro II
Número de empresas y obreras (os) (Algunos años, entre 1975 y 2010)

Año	*Núm. de empresas*	*Núm. de obreras/os*
1976	81	23 580
1980	121	39 402
1982	129	42 695
1986	180	86 526
1988	248	110 999*
1990	290	128 829
1992	267	128 901
1994	232	140 047**
1996	330	168 000***
2000	380	250 000****
2003	413	215 000****
2004	303	196 500****

Continúa...

2006	284	239 166*****
2010	343	178 089******

Fuente: Santiago, G., (1997) y agregados nuestros a partir de 2000, con base en documentos de la Asociación de Maquiladoras, A.C. de Ciudad Juárez, y otras fuentes.

* Desarrollo Económico de Ciudad Juárez, 1989. Datos de 1975-1989.

** Sistema de Información Regional. Datos de 1990-1994.

*** Información de AMAC, 1995-1996.

**** AMAC, Comité de Estadísticas, 2003 y 2004.

***** Comisión Nacional de la Industria Maquiladora de Exportación de México, agosto del 2010.

****** *La Jornada*, 20 de diciembre del 2010, pág. 25, con información de INEGI.

Cuadro III
Información de la AMAC sobre la industria maquiladora (Enero de 2000 y enero de 2004)

	2000	*2001*	*2002*	*2003*	*2004*
Total de empresas maquiladoras en Cd. Juárez	380	---	---	413	303
Total de empresas maquiladoras afiliadas a la AMAC	---	---	---	170	170
Total de empleados en la industria maquiladora en Cd. Juárez	---	---	---	215,000	196,500
Total de empleados en plantas afiliadas a AMAC (80%)	---	---	---	172,000	162,000
Plantas que cerraron durante el año	---	42	13	13	---
Total de empleos de maquila perdidos	---	45,000	10,120	---	---
Empresas establecidas	---	---	37	53	---
Aportación de empresas maquiladoras al municipio (contribución voluntaria)	---	1.5 millones Dlls.	---	---	---
Aportación de empresas maquiladoras al municipio (contribución voluntaria al gobierno provisional)	---	---	365,000 Dlls.	---	---
Empleos generados	---		250,000	220,000	215,000

Fuente: Elaboración propia a partir de los datos de la AMAC, Comité de Estadísticas, enero 2003 y enero 2004.

ANEXO II
CARACTERÍSTICAS DE LOS ENTREVISTADOS PRINCIPALES*

Los originarios

Nombre del entrevistado (a)	*Edad*	*Estado civil*	*Escolaridad*	*Origen*
Riqui	17-18	Soltero	Secundaria	Municipio de C. Juárez
Rosalía	45	Unión libre	Secundaria	Municipio de C. Juárez
Arturo	16-17	Soltero	Secundaria	Municipio de C. Juárez
Jesús (+)	30	Separado	Secundaria	Municipio de C. Juárez
Francisca	50-51	Soltera	Primaria	Municipio de C. Juárez
Marta (+)	37-38	Viuda	Secundaria trunca	Municipio de C. Juárez
Silvia	29-30	Unión libre	Secundaria	Municipio de C. Juárez

Los otros

Nombre del entrevistado (a)	*Edad*	*Estado civil*	*Escolaridad*	*Origen*
Rocío	43-44	Casada	Estudios universitarios truncos, maestra de inglés	Ciudad de Chihuahua
Celia	30	Soltera	Estudios universitarios truncos	Santa Bárbara (sur del estado de Chihuahua)
Andrés	31	Soltero	Preparatoria	Ciudad de Chihuahua
Pedro	34	Soltero	Secundaria	Región de La Laguna, Coahuila
Alberto	35	Unión libre	Secundaria	Pueblo Nuevo, Veracruz
Moni	24	Soltera	Preparatoria	Pueblo Nuevo, Veracruz

*Los datos corresponden a los años 2004 y 2005, años en los que se realizaron las entrevistas.

(+) Fallecidos para el año 2010.

Diálogos desde la subalternidad, la resistencia
y la resiliencia. Cultura obrera en las maquiladoras
de Ciudad Juárez en el siglo XXI,
se terminó de imprimir el 13 de mayo de 2011,
en los talleres de Artes Impresas Eón, S.A. de C.V.,
Fiscales núm. 13, Col. Sifón, C.P. 09400,
Del. Iztapalapa, México, D.F., Tels.: 5633 0211
y 5633 9074 ‹info@arteon.com.mx›
La edición estuvo al cuidado de Ma. Esther G. Bonilla y
el autor, y consta de 1 000 ejemplares.

Foto: Arturo Lara "Flama".

Foto: Arturo Lara "Flama".

Foto: Arturo Lara "Flama".

Foto: Arturo Lara "Flama".

Foto: Arturo Lara "Flama".

Foto: Julián Cardona, *Empleadas de maquiladora*.

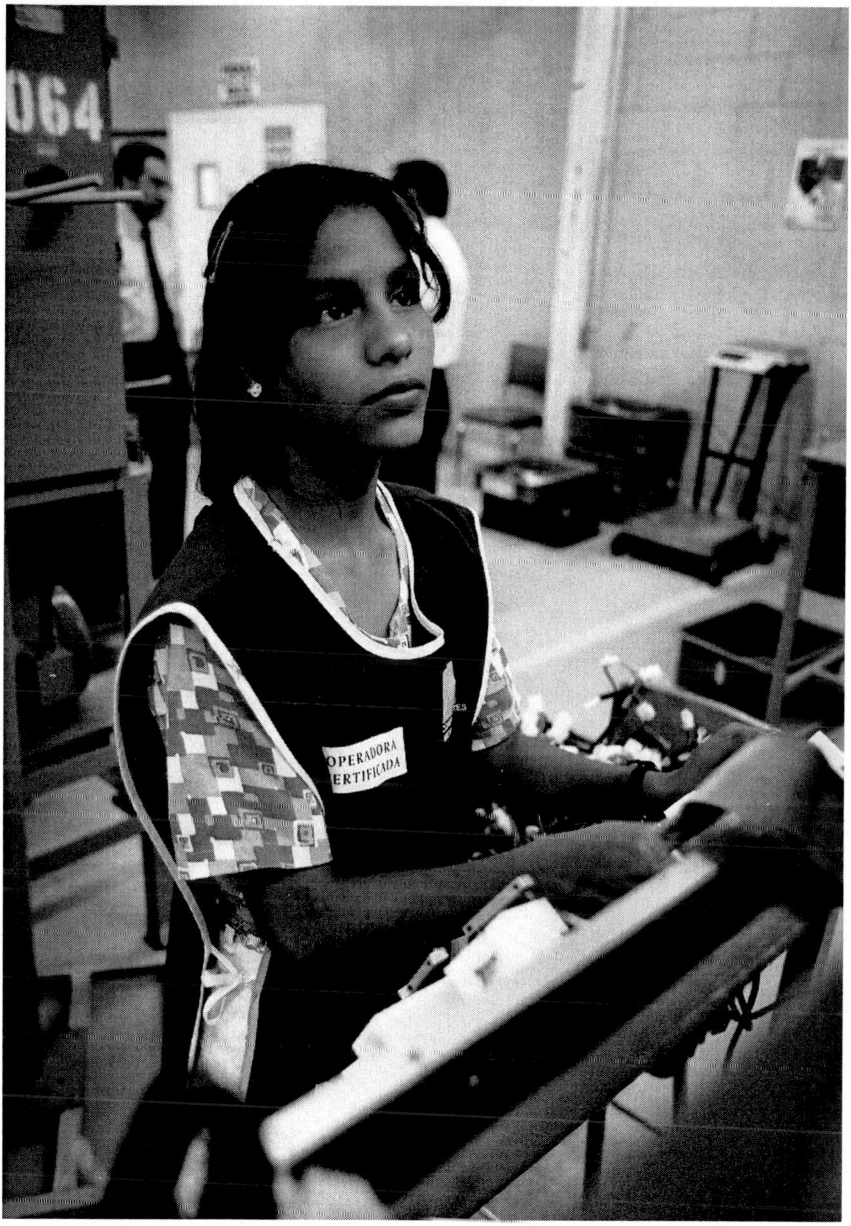

Foto: Julián Cardona.

Foto: Julián Cardona.

Foto: Julián Cardona.

Foto: Julián Cardona.

Foto: Julián Cardona.

Foto: Julián Cardona.

Foto: Julián Cardona.

Foto: Julián Cardona.

Foto: Anónimo, *Los cuates*.

Foto: Anónimo, *Pachuco*.

Made in United States
North Haven, CT
10 November 2026

22084249R00182